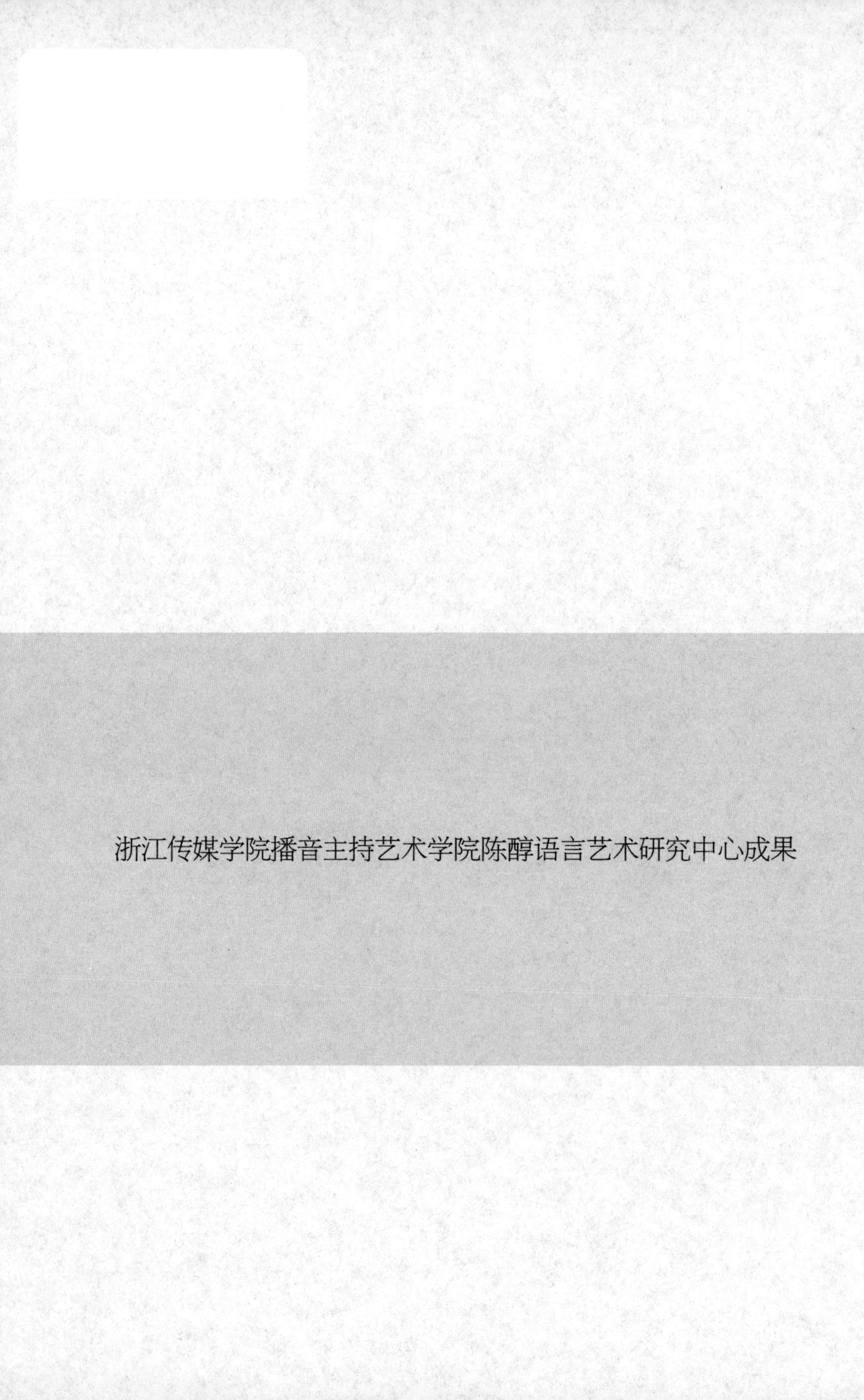

浙江传媒学院播音主持艺术学院陈醇语言艺术研究中心成果

听君细陈 如饮甘醇

——陈醇播音艺术研究

仲梓源　著

中国书籍出版社
China Book Press

图书在版编目（CIP）数据

听君细陈　如饮甘醇：陈醇播音艺术研究/仲梓源著.--北京：中国书籍出版社，2021.12

ISBN 978-7-5068-8851-6

Ⅰ.①听…　Ⅱ.①仲…　Ⅲ.①播音—语言艺术—研究—中国　Ⅳ.①G222.2

中国版本图书馆 CIP 数据核字（2021）第 259738 号

听君细陈　如饮甘醇：陈醇播音艺术研究

仲梓源　著

责任编辑　李　新

责任印制　孙马飞　马　芝

封面设计　中联华文

出版发行　中国书籍出版社

地　　址　北京市丰台区三路居路 97 号（邮编：100073）

电　　话　（010）52257143（总编室）　（010）52257140（发行部）

电子邮箱　eo@chinabp.com.cn

经　　销　全国新华书店

印　　刷　三河市华东印刷有限公司

开　　本　710 毫米×1000 毫米　1/16

字　　数　307 千字

印　　张　18

版　　次　2021 年 12 月第 1 版

印　　次　2021 年 12 月第 1 次印刷

书　　号　ISBN 978-7-5068-8851-6

定　　价　75.00 元

前　言

上海人民广播电台著名播音艺术家、播音指导陈醇先生，作为中国播音史上一位杰出的代表人物，其播音艺术创作和风格，不但在伴随着新中国成长起来的一代播音员中具有典型的代表性，在推动地方台的播音艺术形成自己风格方面也起到了积极作用。陈醇先生除了拥有大量播音艺术创作代表作品，还有不少学术论著、学术观点，这些都为中国播音学的理论创建和业务发展充实了内容。本书试图通过对陈醇先生70年播音艺术生涯的概括和总结，分析陈醇先生“深沉稳健、舒展自如”的播音艺术风格及其成因，进而深入探讨陈醇先生播音艺术生涯中的创作实践和创作理念，以期为现今播音艺术创作实践以及年轻的播音主持从业者带来些许启示。

这是一本关于中国播音艺术家的书。

中国的播音艺术家当中，陈醇先生无疑是非常独特的一位，在广播电视媒体并不发达的时代，身处地方媒体，却能够在全国范围内闻名遐迩，足以表明其播音艺术的深厚造诣，以及在听众当中如何地深入人心；陈醇先生能够深耕于广播媒体，却能够成为上海电视台开播时第一档新闻直播节目的播音员，而之后又不断地参与各类电视节目的台前幕后的播音主持以及解说工作，足以见得陈醇先生在播音主持业务领域的驾驭能力；陈醇先生精于有声语言表达的创作实践，同时又勤于思考、善于总结，还针对广播电视播音主持领域的一些现象和问题有着自己的态度和观点，很多都形之于文字，足见陈醇先生对业务方面的真知灼见；陈醇先生一直在广播电视实践一线，既是一位播音艺术家，同时又是一位播音主持艺术领域的教育专家，兼任多所专业院校的教授，还参与专业院系以及专门机构的筹建。尽管这是一本关于播音艺术家的书，但是对于这样一位中国播音史上具有代表性的播音艺术家，陈醇先生的独特性和重要性，在这样一本拙作当中实在是难以尽说的。

如果说“声如其人”的话，我们在陈醇先生的作品当中听到的真实，融入的是他对作品、对作者、对听众真实的情感，没有丝毫矫揉造作之娴；说他坚强，因为他在文革时期经受住了苦难的考验，面对逆境他没有丝毫的退缩；说他理性，是因为在大风大浪的中，他总是能够非常清晰明确地认清自己的方向，不会在动荡和混沌当中迷失自我。陈醇先生的人生态度，常用“没心没肺”来自我解嘲，为人处世要少个心眼，多些气量。陈醇先生一不计较，二不攀比，他说：“若以自己对社会的贡献来衡量自己从社会中的获得，我是获得大于付出，已经心满意足了。我想，一个人不计得失，不重名利，心境平和，宠辱不惊，超然物外，那就会不怨不怒，不气不恼，胸襟开阔，什么事情都能看得开”。纵观业内存在的急功近利和浮躁风气，就不可能走陈醇先生的道路，否则，就必须甘于寂寞、志存高远，脚踏实地从一点一滴地做起。

陈醇先生从没有离开热爱的话筒，而是把自己对祖国、对人民的爱，用醇厚的声音通过话筒、通过录音永久地记录下来，呈给我们以大量的播音精品。陈醇先生非常赞同巴金先生的那句“把心交给读者”，自己也是用毕生心血“将心交给听众”。

这是一本记录中国播音历程的书。

人民广播走过了80周年的漫漫征程，陈醇先生的播音艺术生涯也整整走过了70个年头。作为人民广播的亲历者和见证者，陈醇先生用毕生的经历书写着中国广播播音主持的一段传奇。这不但是陈醇先生播音艺术生涯的一座丰碑，也是中国播音史上的一个奇迹！

“用真情吐字归韵，传和谐顿挫之声”。从北京高碑胡同的孩童到中央广播局学员；从徐州到南京再到上海；从大城市到边远山区平原；从地方到全国……这些人生经历给陈醇以丰厚的人生积淀，每一部作品都是这种积淀的“厚积薄发”。陈醇先生在长达70年的播音艺术生涯，用真心和真诚汇聚成对人民广播事业的满腔热血，浇灌出中国播音史上的一朵奇葩。陈醇先生用自己对有声语言创作的热爱和钻研形成了“深沉稳健、舒展自如”的播音艺术风格，也用自己的身体力行为我们带来了无限的思考和启示。如今，耄耋老人依然续写着他与话筒的不解之缘。

这是一本探讨中国播音艺术的书。

陈醇先生的语言功力之深厚，让他能够驾驭各种各样的稿件，从新闻、评论、通讯、专题，到诗歌、散文、小说，再到现场报道、解说等等，在横跨半个多世纪的播音艺术生涯中，陈醇先生几乎涉猎了广播电视媒体的各类节目和稿件，每种节目、每个栏目、每篇稿件，都有其独特的表达方式，同时又是相互融通的。陈醇先生在宽广的播音艺术创作领域得到了全方位的锻炼，他将这些不同节目、不同稿件的不同语言表达艺术很好地区分开来，同时又将它们辨证地统一起来，这些不同类型的创作不但留存下来的作品数量巨大，而且都有代表性作品，这在业界是难能可贵的，在中国播音史上并不多见。所以探讨和研究陈醇先生的业务实践以及概括分析其播音艺术代表作品，这本身就覆盖了播音艺术业务的主要领域，对陈醇先生不同文体代表作品的品鉴与解读，从某种意义上来说也就是在探讨播音艺术的创作本体。

地域和文化总是水乳交融、相互渗透的。陈醇先生出生在古都北京，深厚的历史文化底蕴在陈醇幼年的时候就潜移默化地影响着他的思想意识。十八岁陈醇来到了彭城古都徐州，在南京短暂停留之后又来到了洋溢着“海派”文化的上海。这种地域和时空以及文化的交错，让陈醇先生能够很好地“贯通南北”，北方的粗犷、江南的细腻；北方的大气、江南的温婉，无不影响着陈醇的播音艺术创作。陈醇先生播音风格中“深沉稳健”所体现出的，既有华北平原一马平川的豪爽大气，又有九曲黄河势不可挡的磅礴气势；而“舒展自如”所体现的，则既有江南水乡秀美灵动的韵味，又有万里长江大浪淘沙的底蕴。

陈醇先生的播音艺术研究，并不局限于播音艺术，而是整个有声语言艺术的研究，因为其语言艺术既包括了几大文体的创作，还包括影视剧配音和解说，甚至影视剧表演等等领域，可谓是涉猎全面而广泛，这在同辈播音员当中是极为鲜见的。

这是一本分析中国播音风格的书。

艺术风格是每一位艺术家所特有的，陈醇先生在半个多世纪的播音艺术生涯中形成了个人“深沉稳健、舒展自如”的总体风格。

记得早年我因为硕士论文请教张颂老师时，张老师说：“在陈醇的播音创作中会体现一种伽达摩尔说的‘视域的融合’，就是把作品、作家的风格，和自己对作品的理解、自己的表达风格融合在一起。他绝不追求自我张扬，更不会去哗众取宠，而是老老实实地进行理解、感受、表达。让人一听，觉得既是鲁迅的，也是陈醇的；既是巴金的，也是陈醇的。陈醇在这一方面就树立了一个很好的榜样。所以他的播音在听众当中、观众当中的影响，不仅名闻遐迩而且愈久弥坚，印象很深。”

因此研究和探讨播音艺术家的播音艺术风格，确实是中国播音史研究当中播音主持艺术语言创作领域的一个重要课题，因为在实践中有些有声语言创作往往只是文字文本的有声版，要么是有声创作者的个性凸显，听不出、体味不到原作的意蕴和内涵，要么是能够听出来原作的意蕴，而有声创作者的创作风格特征也消退或弥散了。如何让原作的意蕴与有声语言二度创作相互渗透、相得益彰，通过对陈醇先生播音风格进行深入研究，或许能够找到答案或启示。

这是一本体现中国播音观念的书。

陈醇先生从事播音艺术的70年间，历经了中华人民共和国成立以来社会主义建设与发展的不同历史阶段，见证了广播电视媒体从起步到辉煌的不同发展时期，对广播电视媒体尤其是广播电视媒体直接与受众沟通交流的播音员主持人岗位及事业有着颇多的感触和思考，形成了具有时代特征以及兼具普适价值的观点和理念，比如关于播音员主持人概念的，比如关于表达创作的，比如关于职业素养的，比如关于行业规范的等等。所以将这些内容都整理并梳理在一起，对年青从业者来说，既便于大家了解和知悉老一辈工作者的优良传统，同时又能够从中汲取营养和精华，从而进一步传承并发扬光大。

陈醇先生特别强调语言艺术工作者的基本功，无论是在公开场合，还是在私下交流，陈先生都一再强调基本功的重要性。我们看到当前播音主持艺术教学有时会急功近利、追求速成，削减或者压缩基本功的教学和训练，而盲目跟着媒体跑的现象，太多实例证明，基本功不过硬，在业务岗位上终将昙花一现，所以这些教训应该再次提醒专业教学一定要深耕并夯实业务基本功！业务基本功就是以不变应万变！业务教学结合一线需求进行必要的练习是可行的，但应注意适量和适度，如果期望通过模拟一线实践练习来替代专业基本功，必然导致人才培养的揠苗助长、本末倒置。

对有声语言创作者来说，必须要夯实思想基本功、业务基本功、文化基本功这三个基本功。基本功本身就是一种至关重要的功力，这种功力基于对待事业和专业的态度，而并非简单、表层、浅显、狭隘，停留在嘴皮子上的所谓基本功。提高思想水平、加强业务训练、增加文化积淀这样夯实的三位一体的基本功，才是传承前辈优良传统的保证，才能适应当前和未来不断变化的新形势、新形态、新内容、新受众，才能有所创新，有所发展。继承不是目的，在继承的基础之上不断地创新才是行业的发展方向。具备了扎实的基本功，有了牢固的根基之后，有声语言传播和创作者才能在实践中不断进行调整、适应、提高，才不至最终仅仅流于某一种形式的变化或花样的翻新，而是创出特色、创出风格。

人民广播的传统是与中国人民同呼吸、共命运、心连心的。人民广播事业必须面对如何继承和发展这样一个课题。继承，要求我们必须把过去的优良传统保留下来；发展，我们应该去糟粕、取精华，并且能够结合时代发展变化的现实情况、展望未来发展趋势，不断开拓创新，让中国人民广播事业优良传统在新的历史阶段发扬光大。我国人民广播的传统、声语言传播和创作实践的传统等等这些传统的积淀，在业界已成为共识。陈醇先生说："时代发展，要与时俱进，不开拓不创新肯定不行。""不能说国外的东西就都是好东西，要学习人家优良的东西，同时要结合中国国情和民族的传统。"陈醇先生辩证地阐释了如何继承传统，同时认为那些优良的传统，有些我们做到了，有些我们还远远不够，甚至有些被我们在无意间丢弃了。因此，我们现在面临的一项重要任务，就是让新中国播音主持事业的优良传统继续下去，发扬下去。

就是这样一本包含了很多内容的书，写作过程本身就是一次对相关问题的重新学习和思考。这次写作是在笔者硕士学位论文《听君细陈，如饮甘醇——陈醇播音艺术研究》原有框架基础上，将陈醇先生大量有声文本按照主要文体进行了专章的概括与分析，同时结合陈醇先生的创作体会，其中既有过往刊发过的文献资料，也有笔者多年间与陈醇先生交流的实录，能够较为完整体现出陈醇先生从创作案头准备到完成语言表达艺术创作的创作思路和过程。文中还对陈醇先生不同时期代表性作品进行了他人视角的分析，分析过程中笔者常与陈醇先生沟通交流，以期这种他人视角的文本分析既不偏离创作者的初衷，又能保持相对客观。

陈醇先生播音艺术的研究，个人认为，无论谁来进行研究都一定会硕果累累，因为陈醇先生就是一位名副其实的"宝藏先生"，你会发现陈醇先生留存的作品实在是太多了，光是作品条目就已有洋洋洒洒好几本，一时难以数得过来，更别说逐一聆听赏析了。另外，对新中国成立以来中国播音事业发展进程中的大事要事，陈醇先生都能记得清清楚楚，对自己亲历或参与的各种活动，都会做一些记录，所有这些细节都能让我们感受到陈醇先生的认真与用心。如果说能够保存下来海量的作品尚且属于工作范畴，那么半个多世纪以来一直坚持记录着创作实践心得体会的习惯绝不是一般人做得到的。正是因为陈醇先生大量流传至今的经典文本以及那些有据可查的历史文献，都为中国播音史的研究者提供了全面、详细、珍贵的研究资料。

中国播音主持事业的继承和创新亟待解决两大问题：一个是理论建设，一个是保存经典。一方面要加强中国播音学的理论建设、中国播音史的理论建设、各类播音主持业务的理论建设等等，另一方面应该让那些能够成为文化记忆的经典作品本身来说话，而且还要不断创造出新的经典。通过理论建设和保存经典的探索积累，中国播音主持事业才会在继承优良传统的基础上获得新的更大的提升与发展。

陈醇先生70载播音艺术生涯不但是中国播音史不可或缺的厚重一笔，更以其播音艺术风格和人生经历所具有的时代性、历史性和普泛性潜移默化地影响着年青一代的播音主持从业者。无论是播音员主持人还是从事播音主持艺术教学的教师，都应该秉承着老一辈播音艺术家所积累的优良传统，开拓创新、锐意进取，为新时期中国播音主持事业做出自己的贡献。

在纪念人民广播事业诞生80周年的时候，恰逢陈醇先生播音艺术生涯70周年，作为老一辈播音艺术家，陈醇也寄语年青一代播音主持工作者：年青人要把握住时代的脉搏，发挥现有的优势，做出更好的节目，教出更好的人才，为今后的传媒事业做出更多更好的贡献！

仲梓源

2021年11月

目　录
CONTENTS

绪　论 ·· **1**

第一章　陈醇播音艺术生涯的五个阶段 ································ **8**

第一节　起步阶段：1951 年 8 月在徐州台参加工作
—1953 年初离开江苏台 ·· 13

第二节　成熟阶段：1953 年 3 月华东台
—1968 年在上海台暂别工作岗位 ······································ 17

第三节　沉淀阶段：1969 年下放吉林—1978 年 7 月结束北广借调 ········ 24

第四节　巅峰阶段：1978 年暑期—1996 年退休 ························ 28

第五节　拓展阶段：退休后至今 ······································ 34

第二章　陈醇新闻播报艺术 ·· **40**

第一节　昔日上海“第一声” ·· 41

第二节　沪上荧屏开拓者 ·· 50

第三节　刻苦勤奋夯基础 ·· 54

第四节　新闻素质尤重要 ·· 61

第三章　陈醇小说播讲艺术 ·· **72**

第一节　播前认真准备 ·· 73

第二节　用心分析人物 ·· 79

第三节　具体感受细节 ·· 91

第四节　区分“播讲”和“扮演” ······································ 104

第四章　陈醇散文朗读艺术 …… **116**
第一节　精读原作聚散明 …… 117
第二节　把握线索脉络清 …… 124
第三节　融情于声见意境 …… 130
第四节　语言精妙动人心 …… 136

第五章　陈醇诗歌朗诵艺术 …… **151**
第一节　诗歌言志“情”为率 …… 152
第二节　品味“意境”情托声 …… 163
第三节　“韵味”“节奏”更点睛 …… 172

第六章　陈醇解说配音艺术 …… **184**
第一节　吃透内容，重在理解 …… 185
第二节　抓住特点，合情合理 …… 196
第三节　明确身份，画龙点睛 …… 207

第七章　陈醇播音艺术风格及成因 …… **219**
第一节　陈醇“深沉稳健、舒展自如”的播音艺术风格特点 …… 220
第二节　陈醇播音艺术风格外在成因 …… 221
第三节　陈醇播音艺术风格内在成因 …… 229

第八章　陈醇播音主持艺术观念 …… **239**
第一节　陈醇播音主持艺术工作思考 …… 240
第二节　陈醇播音主持艺术创作理念 …… 251

参考文献 …… **268**

后　记 …… **274**

绪 论

一部“中国播音史”，向世人展示的是中华人民共和国广播电视发展进程中有声语言——播音主持艺术的每个历史阶段，其中每个历史时期的播音创作都是由代表人物和代表作品共同组成的。如果说这些代表人物和代表作品是颗颗“珍珠”，而中国播音发展演进的过程是一条“红线”的话，那么整个“中国播音史”就是由中国播音发展演进过程把每个时期代表人物及其代表作品串联起来的光彩夺目的珍贵项链。

“中国播音史”上涌现出了众多造诣深厚的播音艺术大家，在著名播音员齐越、夏青、林田、费寄平、潘捷等伴随中华人民共和国成长起来的播音界“五大名牌”之后，又有像葛兰、林如、方明、铁城等著名的后起之秀；除了这些曾经在中央新闻单位工作的播音艺术大家，在各省市区等地方台也涌现出很多颇有造诣的播音艺术家，上海的陈醇就是其中一位，他播的新闻见证了上海解放以来半个世纪的变迁，他播的小说、散文、诗歌以及影视配音等各种文艺作品，不止在当地，在全国范围都广受欢迎；他播的作品，不但在当时，乃至到了现在也仍然是播音艺术的经典。陈醇与其他播音艺术大家一起，在中国播音主持艺术领域大放异彩，成为“中国播音史”上璀璨的明珠。

一、记录和研究中国播音艺术家对于“中国播音史”的重要意义

研究和记录中国播音艺术家的作品和创作道路、及时搜集和整理这些艺术家的影音资料的工作，应该成为“中国播音史”上一项非常重要的内容。对此，中国传媒大学播音主持艺术学院的张颂教授曾经说过：一项事业、一门学科最需要代表人物。事业的发展、学科的延伸都是由代表人物完成的。代表人物有他/她的代表作，有他/她的理论体系、思想体系，研究这些代表人物，对这个

事业、对这个学科，可以说具有典范的、闪光点的历史意义。说他/她是具有“典范的”意义，是说他们代表了一群人、一代人，代表了一个时代、一段历史，所以是典范的。说他/她是“闪光的”，就因为他/她在当代、在这个历史时期、在这个领域发挥了无法替代的作用，所以在历史上永远是闪光的。播音历史，是伴随广播电视的发展历程逐步形成的，在整个过程中推动历史发展、促进业务开展、促进队伍壮大的，除了社会大环境之外，就是由它内在的、自身的代表人物去完成的。比如齐越老师，可谓一代宗师，夏青老师、林田老师、费寄平老师，应该说是我们播音史上在20世纪60年代初的四座丰碑，这四个代表人物、四种典型的风格、无数个典范的作品，影响了一代又一代的人……这只是在中央人民广播电台，当时就是以中央人民广播电台为代表，代表我们中华民族的声音、社会主义中国的声音、人民广播的声音。①

谈到陈醇，张颂教授说：陈醇老师是地方台中非常优秀的一位，可以和刚才谈到的这四座丰碑相媲美。应该说上海台以陈醇为代表，辐射到广大的南方地区。从解放初期一直到现在，不间断地在为广播电视事业探索、开拓，应该说他是地方台中非常有特点、贡献很突出的代表人物。②

著名播音艺术家、中央广播电视总台播音指导方明说：“陈醇老师在自己的岗位上，热情歌颂我们取得的每一个成就，做到了身在上海，心想全国，放眼世界。他把个人命运与党的事业连在一起，党也造就了他。发自内心的责任感、使命感，使他的播音业务取得了成功，成为广大听众所尊敬的播音艺术家，成为上海台播音学术带头人，也代表了上海台播音主持群体的形象。”③

对于在中国播音史的历史长河中具有鲜明特色和代表意义的播音艺术家们来说，没有什么比用我们现在先进的录制技术和深入研究探讨来记录并研究他/她们来得更具现实意义的了。而对于蓬勃发展的中国播音事业来说，这项工作也是对中国播音事业近百年发展的回顾和总结，更为我们事业的发展提供了丰富的养料，为中国播音事业的继承和发展提供了坚实的基础、扎实的依据、翔实的资料。

---

① 根据笔者2005年9月21日对张颂教授访谈记录整理。

② 根据笔者2005年9月21日对张颂教授访谈记录整理。

③ 方明：《发扬优良传统　永葆艺术青春》，《播音主持艺术》（4），北京广播学院出版社，2002年1月第1版，第27－29页。

二、陈醇简介

陈醇1933年6月18日生，北京市人，中共党员，播音指导。1951年分配到徐州电台开始从事播音工作，1953年初自徐州人民广播电台到江苏人民广播电台后又调入华东上海人民广播电台，历任播音员、播音组组长、播出部副主任、艺术指导。在中国广播界他与齐越、夏青、林如、葛兰、方明、铁城等播音大家齐名，以“深沉稳健、舒展自如”的播音风格而独树一帜。

陈醇是“中国广播电视学会”播音学研究委员会的创建者之一，还参与创建了上海市语言文字工作者协会、上海演讲学研究会。1987年中国播音学研究会成立，他担任副会长并连任三届，1988年1月陈醇被评为“播音指导”正高级职称，成为我国第一批获此殊荣的播音员。1992年10月起享受国务院“政府特殊津贴”，1995年获全国“播音杰出贡献奖”。1992年12月被国家语言文字工作委员会评为全国推广普通话先进工作者，1997年12月被评为全国语言文字工作先进工作者。曾任广电部播音系列高级专业技术职务任职资格评审委员会委员，上海市和江苏省播音系列高评委副主任。1996年退休后，继续从事与播音主持业务相关的语言艺术活动，以及社会公益活动。

在长期的播音实践中，陈醇播送了大量的新闻、文学、戏曲、音乐等各种类型的节目。陈醇的名字也是与发生在上海的许多重大事件联系在一起的，如20世纪50年代全文广播《中华人民共和国宪法》、几位外国元首的来访、鲁迅墓迁葬仪式、“南京路上好八连”命名大会、多年的“国庆群众大游行”等，他都参加了现场实况转播。1984年他担任总主持人的直播节目《国庆的一天》被第三届全国优秀广播节目评委会评为特别奖，1995年他解说的音乐专题节目《一朵“极美丽的古代花朵”》获得了国际广播音乐节“金编钟”大奖。陈醇为中央台和兄弟台录制的诸多文学作品在听众中产生了广泛的影响，如诗歌《有的人》《琵琶行》，散文《白杨礼赞》《愿化泥土》，小说《红岩》《烈火金刚》《万山红遍》《难忘的战斗》《挺进苏北》《铁道游击队》等，有的成为保留节目长期反复播出，有的成为专业院校的教材和音像资料。

陈醇是上海电视台1958开播时的首播者，曾参加了上海电视台开播时的首次新闻直播报道，也是中国第一位出电视图像的男播音员。他还主持过很多电视专题节目，如《上海滩》《谈申说沪》《异域风情》等，并为大量电视专题片和影视剧配音、解说，如电视剧《家·春·秋》，动画片《变形金刚》《太空堡垒》等。他朗读出版的音像制品有：巴金作品朗诵专辑《海上的日出》、徐志摩诗歌朗诵专辑《梦中的康桥》等，还有由他撰稿并与林如一起录制的教学音带《播音艺术》。近些年陈醇先后为北京、上海、浙江、吉林、湖南、广东等地多家出版社朗读的音像制品逾百种。

陈醇在播音实践的同时，对播音主持理论也进行了深入的研究。他提出的一些观点有独到之处，如“播音是专业，主持是岗位”“可以成名人，但不可以成俗人”“播音不是青春职业，而是终身事业”“播音员主持人要做‘大众仆人’，而不是‘大众情人’”“播音员主持人应该爱岗敬业、勤学苦练、遵规守矩、善严求高”“字正才能达意，腔圆才能传情”等，对播音员主持人来说具有积极意义。他在实践中总结了有声语言艺术表达的“五字经”即“情、意、味、畅、准”，对播音主持的业务实践具有很好的指导性和现实意义。在各种刊物以及在业界研讨会和论坛等活动中公开发表的业务论文主要有《正确认识播音工作　在勤学苦练的基础上提高播音业务》（1955 年）、《谈谈播音》（1959 年）、《播讲长篇小说的一些体会》（1980 年）、《散文朗诵浅谈》（1981 年）、《提高认识　明确方向》（1981 年）、《深情　活泼　亲切》（1985 年）、《〈雷电颂〉朗读浅谈》（1983 年）、《怎样在社交中表达自己的感情》（1986 年）、《而立之年的上海电视》（1986 年）、《在广播话筒前讲故事》（1990 年）、《广播，终生事业》（1999 年）、《齐越精神永恒》（1999 年）、《播音与读书》（1999 年）、《队伍建设和人才培养之我见》（2000 年）、《播音教学四秩春　齐越精神恒久存》（2003 年）、《忆播〈对台湾广播〉》（2006 年）、《讲故事浅见》（2006 年），等等。

陈醇在 20 世纪 70 年代末曾借调到北京广播学院（中国传媒大学前身）新闻系播音专业任教，先后担任北京广播学院（中国传媒大学前身）、浙江广播电视高等专科学校（浙江传媒学院前身）的兼职教授，并多次应邀到全国各地进行专业教学授课。

2001 年中国播音学会举办了“陈醇从事播音工作 50 周年”主题研讨会。2021 年 5 月 28 日，浙江传媒学院播音主持艺术学院举行了“浙江传媒学院陈醇语言艺术研究中心成立仪式暨首届陈醇语言艺术研讨会”，以及“纪念陈醇先生从事语言艺术工作 70 周年暨陈醇语言艺术作品品鉴会”，陈醇先生的同行、好友，以及几代学生共同见证陈醇语言艺术研究中心成立的历史时刻，祝贺陈醇先生从事语言艺术工作 70 周年。

三、陈醇在“中国播音史”上的贡献、地位及评价

熟悉和了解陈醇的张颂教授对陈醇几十年的播音艺术生涯是这样评价的：

陈醇老师在播音史上的贡献，应该从三个方面来阐释。

第一个就是他的播音创作，从最初的播音到后来的主持节目，应该说他形成了自己独特的风格。在播音上形成自己的风格是非常难的。

第二个就是他带领了一批队伍，这批队伍的成长到现在有的成了骨干、有的成了领导。

第三个就是他培养了一大批学生，不仅在北广，也在浙广，还有遍布全国各地的学员。陈醇老师诲人不倦，谆谆教导，很多学生对他的印象很深，因为他的讲课既有实践的丰富经验，又有深刻的理论观点，大家都觉得受益匪浅。

第四个就是他在播音领域的理论观点，可能陈醇老师的理论著述不是很多，但是他的观点非常鲜明，而且完全符合广播电视播音的规律。他对第一线、对我们队伍里面或社会上的一些问题能够非常敏锐地捕捉到，然后深入浅出地阐述，这是很不容易的。这体现了他的责任感、使命感，也体现了他的智慧。

陈醇老师在我们中国播音史上的地位，具有时代性、历史性和普泛性的特点。

说他具有“时代性”是因为他是中华人民共和国的播音员，他不是旧中国的，也不是崇洋媚外的。

说他具有“历史性”，就是因为他在他的播音创作当中，继承、创新表现得非常突出，把老一代的经验、苏联的经验、中央台的经验，融会到自己身上、吸取过来。他为播音事业做了很多工作，并且做得非常好。而且他保留录音资料也是保留得最多最完整的，播音历史事件他记得也最清楚，就这方面他应该说是继往开来的一员大将。

另外，他还具有“普泛性”，他所继承、创新的这条道路，并不是只有他才能做到，而是他开创了一个大家都能做到的道路。因为地方台没有中央台的优势，但是他又能够在地方台作出这样的贡献，就说明只要用心去继承去创新，都能做到扬己之长，形成特色。在中国播音史上作为一个地方台的代表人物，应该有他的专章来描写、叙述。

陈醇的播音创作风格的形成，既有时代的烙印，又有自己的人生足迹。有时代的烙印，是因为他跟着时代走，观察时代的发展变化，风云变幻当中有自

己的主见。他的人生轨迹南北东西，包括北大荒，这么来回地颠簸奔波中有他自己的主见。这两点就形成了他对社会、对时代有所感悟的沉稳风格，这也是一种心态，但是这种沉稳里头没有任何消极，我们从沉稳当中能体会到昂扬，体会到他的激情。所以，他在生活和工作里面的状态是一体的，不是两张皮，这种统一性是对我们最重要的一种启示。

我们从陈醇的播音朗诵作品里听出来的，是我们民族文化的韵味。不同风格的作品，在他的播音创作里边，会体现一种“视域的融合”，就是将作品和作家的风格，与自己对作品的理解和表达风格融合在一起。他绝不追求自我张扬，更不会去哗众取宠，而是老老实实地进行理解、感受、表达，所以他的播音在听众当中、观众当中的影响，不仅名闻遐迩，而且愈久弥坚，印象很深。①

陈醇的播音艺术创作特色鲜明，几十年来获得多方肯定和赞誉：

返璞归真犹奋进，声屏耕耘勤创新。(齐越)

听君细陈，如饮甘醇；五十年辛劳硕果累累，传人民心声后世难忘。(孙道临)

令我最为喜爱的独具风格，出类拔萃的播音艺术家。(峻青)

你的朗诵太好了，真是声情并茂，每个字都极讲究，直透听众的心怀。(朱践耳)

陈醇老师是一位严肃的播音艺术家，是一位永不满足的播音艺术家，同时也是一位清醒的播音艺术家。(方明)

陈醇作为中国播音史上一位不可或缺的播音艺术大家，通过采访、整理和研究他70年的播音艺术生涯，相当于是对中国播音史又进行了一次重新的梳理。陈醇70载播音艺术生涯，不但在播音业务方面提供了很多真知灼见，更为重要的是他通过自己的人生证明了一个道理：要成为一个有造诣的“大家”首先要踏踏实实地做好一个“人”。陈醇的70载播音艺术生涯蕴涵着很多隽永的哲理。他的播音艺术生涯、他的播音艺术风格，给同行们，尤其是播音主持战线上的晚辈们以很多的启示。

中国播音史的一项重要内容是记录和研究播音艺术家的播音艺术创作和播音艺术代表作品。上海人民广播电台的著名播音艺术家、播音指导陈醇，作为

① 根据笔者2005年9月21日对张颂教授访谈记录整理。

中国播音史上一位杰出的代表人物，他的播音艺术创作和风格，不但在伴随着中华人民共和国成长起来的一代播音员中具有典型的代表性，在推动地方台的播音艺术形成自己风格方面也起到了积极作用，并为中国的播音艺术创作提供了很多很好的经验和启示。陈醇除了拥有大量播音艺术创作代表作品，还有不少学术论著、学术观点，这些都为中国播音学的理论创建和业务发展充实了内容。

本书的主体部分，分别以陈醇播音艺术生涯的五个历史阶段为纵线，以陈醇主要播音艺术创作为横线，探讨陈醇播音艺术风格及成因，还有陈醇播音艺术观念对现实实践的指导意义等，共分为八个章节。本书希望通过对陈醇70年播音艺术生涯的概括和总结，从陈醇播音艺术生涯中五个阶段的发展进程，以及对他在新闻播音、小说播讲、散文朗读、诗歌朗诵、解说配音等主要播音艺术创作类型的分析和研究入手，来进一步分析陈醇“深沉稳健、舒展自如”的播音艺术风格及其成因，进而深入探讨陈醇播音艺术生涯中的创作实践和创作理念对现实播音艺术创作实践的意义和价值。

第一章　陈醇播音艺术生涯的五个阶段

陈醇的播音艺术生涯，跨越了半个多世纪的历史长河。

陈醇的播音艺术人生，既是中国播音史不可或缺的组成部分，也是中国播音员群体一个时代的缩影。

陈醇，用自己独特的播音艺术风格，以及众多的经典播音创作，在中国人民广播事业的发展进程中谱写了一段佳话，一段传奇。

在陈醇从事播音艺术工作 70 年的漫长岁月里，历经了共和国成立以来的每个发展阶段，在人民广播和播音事业发展历史的洪流中，通过不断地进取、历练，陈醇已经从少不经事、青涩懵懂的新人学员，蜕变成硕果累累的名家大师。

陈醇漫长的播音艺术生涯在社会历史发展进程的大时代背景下，又有着个人不同寻常的人生轨迹。研究中国播音史，脱离不了代表人物的研究；研究代表人物，脱离不了对代表人物成长时代背景与人生轨迹的探寻。循着大师成长的轨迹去探寻、去思考，必定能为年青一代的从业者带来一些有益的启示。

陈醇在孩童时代，和所有同龄孩子一样，只是爱听故事，可从来没有想过有一天自己会在广播里给别人讲故事；陈醇在少年时代，他只是爱听广播，是广播节目的一名忠实听众，却从来没有想过有一天自己会成为播音员在广播里为亿万听众播音。但是，这一切都随着陈醇的成长逐渐变成了现实。

说起和广播的缘分，陈醇在北京艺文中学的时候就开始了。那时候中学里组织了一个国乐队，陈醇当时不但成为国乐队的一名成员，还曾经去电台演奏过，那次去电台参加节目的演出让少年时期的陈醇对广播电台有了初步的感性认识。

少年时的陈醇有一个喜好，那就是听广播，“别的同龄孩子在外面捉迷藏、玩玻璃弹，而我却静静坐着，听着‘看不见的艺人’的表演”①。比方说当时就有的广播节目《孙敬修讲故事》、著名评书艺人王杰奎演播的《七侠五义》、赵雍国讲的《聊斋》、连阔如的《东汉》等，也都让陈醇从小对广播和广播节目充满了好奇和兴趣。几十年过去了，谈起从小就有的兴趣对自己的影响，陈醇说：“小时候艺人们表演的那些精彩片段，依然清晰在脑海中，甚至在以后的播音中我都会不自觉地糅进他们说书的技巧。”②

图 1－1　陈醇在艺文中学时肖像及同学寄语

男高三同學姓名表

年齡	籍貫	通訊處
二〇	河北臨榆	臨榆南關東順城街
二三	河北撫寧	北戴河楊各莊
一九	河南沁陽	北平和外香兒胡同十四號
二〇	山西平遙	太平倉東觀音寺三十三號
一九	廣東汕頭	王府井一三四號
一九	北平	本市前內高碑胡同八號
二一	山西平遙	本市東華門大街南灣子甲七號
二〇	山西榆次	本市前外掌扇胡同十號
二一	北平	米市大街東堂子胡同二十三號
一九	河北東光	西什庫草嵐子胡同十號
二〇	黑省漠河	闢才胡同南寬街八號
二〇	湖北浠水	交道口東大街七十九號
二二	河北武强	北平南新華街乙三十號
一九	河北遷安	本市鼓樓娘娘廟七號
二〇	北平	本市宣內未英胡同二十八號

图 1－2　艺文中学男高三同学姓名表

① 路欣：《根植在大众艺术中》，《为了孩子》1993 年第 12 期，总第 144 期，第 1 页。

② 路欣：《根植在大众艺术中》，《为了孩子》1993 年第 12 期，总第 144 期，第 1 页。

陈醇曾在《故事大王》中给小朋友们讲了一段自己小时候的经历：

小时候，我的爷爷常给我讲故事，什么孔融四岁让梨啦，黄香九岁为父母温席啦，司马光砸缸救小胖啦，孟母为儿子三次搬家啦……我听得入了迷。……我出生在北京，家住在天安门右前方不远的一条小胡同里。那时候，天安门正前方有片丁香树林，是附近居民活动的场地，有些卖艺人常在那里表演民间技艺。放了学，我就和几个要好的同学去听说书人讲评书故事。摆地摊卖艺的说书人是说一段就停下来，自己拿着笸箧向听客讨钱。我们小孩子都没有零花钱，付不出，就赶紧躲开溜走，等继续开讲了，再偷偷钻进人群，接着听。故事深深吸引了我们，使我们忘了时间。有时回家晚了，家长会生气地责骂一通。因北京那时是被日本侵略者占领的，老百姓的安全没有保障。学生放学后没有回家，家长是多么担心呀。有一次，我听故事听入了迷，竟忘了一切，等太阳落了山，肚子也饿了，才想起早该回家了。一进门，平时疼爱我的爷爷生气地拿起鸡毛掸，用藤把子狠狠地抽打了我。我的手臂上顿时起了泡。从此以后，我再也不敢放学后去听书听故事了。

家里人见我这么爱听故事，就为我买了一台收音机，这下我可高兴了，每天都能听到精彩的故事连播了。评书名家演播的《水浒》《三国》《聊斋》……听着真有劲。尤其是孙敬修老师给小朋友们讲的故事，鲁班学艺呀，猴子捞月呀……我听完了，第二天再去讲给同学听。①

（节选自《〈故事大王〉顾问陈醇爷爷讲的故事》）

另外一个让陈醇对广播和语言艺术产生兴趣的重要原因，就是他出生和成长的北京高牌胡同②。在他生活的这个胡同里，能够接触到很多著名的京剧演员，像京剧南派名家小达子李桂春以及其子李少春就与陈醇家比邻而居，在对面住的是赵燕侠，胡同一拐弯是一代昆伶雪艳琴等等，陈醇回忆说："我就是在这种环境下耳濡目染，京昆艺术中那熠熠闪光的语言文化让我如痴如醉，很多历史知识就是从听戏中逐渐生根开花的。"③

---

① 陈醇：《〈故事大王〉顾问陈醇爷爷讲的故事》，《故事大王》2000 年第 8 期。

② 明代称高坡胡同。属大时雍坊。清代称坡儿胡同，后讹称高碑胡同，为镶蓝旗地界。其名一直沿用。1990 年～2003 年建国家大剧院时拆除。

③ 路欣：《根植在大众艺术中》，《为了孩子》1993 年第 12 期，总第 144 期，第 1 页。

图1-3　陈醇儿时全家福

（从左依次为：大妹、母亲、奶奶、二妹、爷爷、父亲、陈醇）

除了爱看京昆，陈醇还喜欢曲艺。当时北京西单商场有一个启明茶社，那里面有说书、说相声的。陈醇经常跑到那里去“蹭”听。久而久之，当时书场里的人都认识了这个“小蹭戏”，对他的“蹭”也就睁一只眼闭一只眼了。

从小听这些名角儿吊嗓子、排戏、演戏等等，使陈醇从小在戏曲、曲艺这些姊妹艺术及它们的吐字发声等方面得到了不少熏陶。所有这些年少时的点点滴滴，对陈醇后来从事播音事业产生了重要的影响。

1949年陈醇高中毕业，当时北京刚刚解放，大学招生数量和名额也很少，有些大学甚至都没招生，因此陈醇与大学失之交臂。1950年初，陈醇报考了华北人民革命大学①，4月份入学，成为第三期学员。陈醇回忆说：当时去“革大”，给人一种感觉就是所谓参加革命，革命大学，其实这个大学按现在来看主要是讲些社会发展史、哲学、马列主义基本理论等等这些方面的内容，但是老

① 全国解放前夕党中央鉴于中华人民共和国成立必须有自己的干部队伍去接收旧政府人员，所以在当时划分的各大行政区（华北、华东、西南、中南、华南、东北）先后成立了革命大学，大量吸收知识分子入学。华北人民革命大学创立于1949年2月，校址设于北平西郊万寿山湖畔之西苑。1949年12月16日，中央人民政府政务院第十一次政务会议根据中央政治局的建议，通过了《关于成立中国人民大学的决定》。1950年10月3日，以华北人民革命大学为基础合并组建的中国人民大学隆重举行开学典礼，成为中华人民共和国创办的第一所新型正规大学。

师都是很著名的，校长是刘澜涛，教师有胡绳、艾思奇、吴冷西等著名教授，那时候年轻很多知识不懂，只知道从猿到人的进化，哲学思想什么的还都搞不太清楚。①

图1-4　陈醇1950年10月20日与华北人民革命大学三期二部六班八组同学合影（上排正中为陈醇）

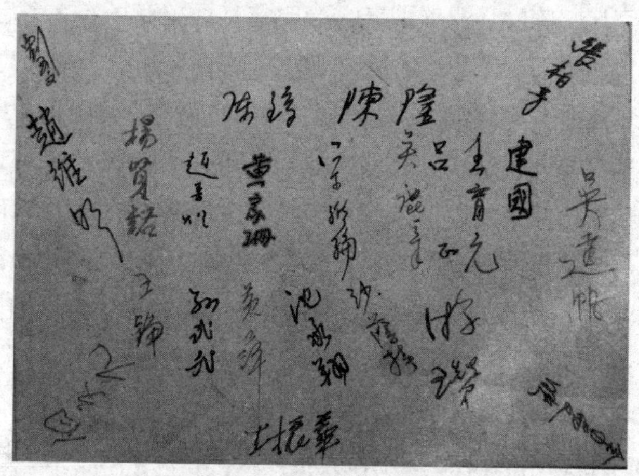

图1-5　照片背后同学签名

当时由于陈醇会点儿民族乐器，学校文工团演出像《白毛女》等一些剧目的时候缺乐器伴奏，他就积极地参加。虽然是业余的社团，但是在学习结束的时候，有很多同学都分了工作，而陈醇却作为“机动干部”留了下来，此时学校又动员他到山西去。因为家里只有妹妹，没有兄弟，当时家里坚决反对陈醇

① 根据笔者2005年8月8日对陈醇访谈记录整理。

到外地去。在这期间正好中央广播事业管理处要招播音员，他就去报名了，但是自己也觉得没什么太大希望。发榜的时候中央广播事业管理处就来通知了，将陈醇作为后备人员正式录取，成为二十多名学员中的一名，和中央台的葛兰、北京广播学院的李越等人同批被吸纳。

1951年夏天结束了华北人民革命大学第三期的学习后等待分配工作，面对几个工作的选择，陈醇考虑到还是对广播比较感兴趣，而对家族里祖辈相传的生意不感兴趣，最后就服从了分配，来到了当时在行政区划上归属山东的徐州广播分局，成为一名播音员。

第一节 起步阶段：1951年8月在徐州台参加工作—1953年初离开江苏台

1951年的夏天，陈醇从华北人民革命大学第三期二部六班八组毕业，经过中央广播事业管理处的短期培训后被分配到徐州人民广播电台担任播音员。

由于当时淮海战役过后徐州解放的比较早，所以成立于1948年的徐州电台在当时相对于其他电台来说算是个老台了，陈醇从事播音工作的初始阶段也就从这里开始了。

图1-6 陈醇与徐州人民广播电台同事们在台门口合影

（左一为陈醇）

陈醇在徐州工作的那个阶段为他日后的播音事业打下了坚实的基础：一个是生活的基础，一个是业务的基础。

解放不久的徐州，电台设备简陋，工作条件很差，但陈醇不在乎，他朝气蓬勃地学采访、学编辑、学播音、学值机。

陈醇在《我从那儿起步》一文中写道：

> 1951 年夏天，我还是 18 岁的青年学生，作为中央广播局分配的播音员，第一次踏进徐州台的播音间。和现在省市级电台相比，当年徐州台设备之简陋，工作条件之艰苦是今天的人们所难以想象的。别的不说，就说播音间吧，不仅小，而且根本没有通风和空调设备，播音间内，冬天不能生火炉，夏天不能用风扇。……当时徐州台的条件虽然很艰苦，却为我以后几十年的播音工作打下了扎实的基础，我从简单的“报节目”开始，然后逐步播文艺节目、专题节目和新闻节目，甚至有时候节目不够了，自己就操起乐器，坐在话筒前为听众朋友来一段“扬琴独奏”。只要是播音工作需要，我和同志们几乎什么类型的节目都播，而且所有的节目都是直播。这样的工作环境培养了我一丝不苟、严谨慎重的作风，这样的工作实践（加上老播音员的悉心帮助）使我很快地掌握了播音的基本要领。①
>
> （节选自《徐州人民广播电台成立 40 周年纪念专辑》）

当时在徐州台全台的工作人员包括编辑、技术、警卫等工种总共才三十多人，每天播音工作分早中晚三次，而且当时分工不是很明确，所以陈醇参与了大量的采、编、播的工作，不但有日常采访，还有广播大会，更多的是参与社会实践活动。陈醇当时第一次参加大型广播节目是关于“取缔妓院”的广播大会。当时还不叫“主持人”，而是叫“司仪”，后来还在“三反五反”中做“群众宣传”工作，在车上弄个大喇叭到处宣传，很像后来的“宣传车”。徐州当时有个贾汪煤矿，所有采编人员要深入煤矿、深入厂矿，要接触群众、深入社会。为了更好地参加实践，电台还分配了辆自行车，大家骑车外出采访。

陈醇回忆说：“当时电台不是全天播音，节目主要是新闻和其他节目。那时候没有录音设备，当时台里只有一架钢丝录音机，而且很少用，教歌也直播，演唱也直播……所有节目都是直播的。不管什么节目，不管早早晚晚，反正早

① 陈醇：《我从那儿起步》，《徐州人民广播电台成立 40 周年纪念专辑》（内部资料），徐州人民广播电台，1989 年 7 月 30 日，第 79 页。

上干、晚上干，甚至于吃饭的时间都没有。有时节目播完了还有两分钟空白怎么办，我拿起个扬琴自己打几下，做间奏乐。”①

当时全国电台的工作和生活条件都差不多，所以那时候陈醇也在业务实践方面得到了大量的锻炼机会，但是在播音业务学习方面却“自己想学而没地方学”。为了提高自己的业务水平，陈醇就听广播学习，当时由于设备条件只能听中央台和华东台，而且声音很轻，信号很弱。陈醇当时收听和学习中央台，主要听几个老播音员，像齐越、夏青、费寄平还有陆倩等几个人的播音，当年十八九岁的陈醇就是在收听广播节目中自己学习和摸索了不少播音技巧。陈醇回忆说：“有的时候，自己播的好坏不知道，因为是直播所以自己也听不到，别人说我今天播得不错，自己其实也糊里糊涂的，当时自己很希望能够有人指导一下，或者听听别人意见。”②

图 1－7　陈醇 1951 年在徐州人民广播电台播音间

陈醇当时是徐州台男播的主力，所以什么事儿都得干。在这样的情况下，陈醇一方面收听中央台和华东台的播音来学习和借鉴，另外一方面他还请同事和老播音员给自己提意见，但是在播音业务的基本功上陈醇更得益于年少时候耳濡目染北京的那些京剧名角儿邻居们苦练基本功的情形，看到他们吊嗓子，看到他们练习念白，潜移默化地让陈醇后来在电台任播音员的时候，结合广播

① 根据笔者 2005 年 8 月 8 日对陈醇访谈记录整理。
② 根据笔者 2005 年 8 月 8 日对陈醇访谈记录整理。

的吐字发声特点，摸索出了适合自己的一套练习模式，同时在艺术语言的表达上也从戏曲、曲艺表演艺术中汲取了不少营养，这些都为陈醇后来的播音艺术打下了很好的语言功底。

徐州电台在1952年的时候筹建了徐州电台业余广播乐团，包括一个合唱队和一个民乐队。因为陈醇会民乐，组织上就让他去做一些筹备和负责工作，因此他常常有机会到北京去买乐器，这样，每次去北京陈醇总要和中央台或者北京台的同行、同学进行一些播音业务上的交流，对他自身业务的提高也是一个很好的促进。

与大多数同龄人一样，陈醇在工作初期也出现过思想认识上的片面和偏差，对于当时的播音工作没有十足的信心。由于受到一些错误思想的影响，和很多人一样都狭隘地认为播音工作是吃“青春饭”的，因此年轻的陈醇也不知道自己事业的前途是好是坏、未来将会怎样，甚至开始有些动摇。当时行业内存在的这一想法和现象，引起了业界前辈们的关注，当时的齐越有一个讲话录音，大致内容说的是齐越自己是怎样从一个俄语翻译改做播音工作的，而且一干就是一辈子，播音员是光荣的岗位，播音员要树立事业心。这个讲话录音，不但解决了陈醇当时的思想问题，还鼓舞了他把自己热爱的播音事业一直干到了今天，这也是陈醇后来提出“播音不是青春职业而是终生事业”的重要依据。

解放初期全国都在学习苏联经验，1952年底，省级以下电台都得撤销。当时徐州在行政区划上归属江苏省，因此当时徐州台也撤销了，于是陈醇便来到了江苏台工作。再后来又有些变故，陈醇回忆说：“我们这批人，有的到了北京，有的到了山东，有的到了浙江，有的留在了南京，……为什么我印象深呢，3月12号那天正好是孙中山纪念日，华东台的台长到江苏台去，从我们这批人当中调了8个人到华东台来，于是我就接着来到了华东台。当时到了华东台从规模和设备等方面来讲给我的感觉是华东应该算是很专业了，因为在这样的大台工作分工很细致、很专业，不让你干别的工种，我就只干播音工作……”①

从此，陈醇的播音事业有了一个新的平台，他带着在徐州台打好的业务基础，从此，开始大踏步向前迈进。

---

① 根据笔者2005年8月8日对陈醇访谈记录整理。

第二节　成熟阶段：1953 年 3 月华东台—1968 年在上海台暂别工作岗位

1953 年的 3 月 13 日开始，陈醇就开始了他播音生涯的第二个阶段。从 1953 年一直到 1968 年的 15 年，正好是陈醇从 20 岁到 35 岁的人生大好时光，从业务能力和事业发展的角度来看，陈醇自己也认为这一时期是自己夯实业务基本功最为重要的成长期，也正是从这个阶段开始，陈醇的语言表达艺术涉猎更为广泛，更为深入地思考并探索语言表达艺术的规律，为日后逐渐形成个人语言艺术风格，以及业务水平逐步走向成熟奠定了深厚的基础。

北京—徐州—南京—上海，短短几年时间，陈醇已经辗转了几个城市，从故乡到异地，从华北到江南。

据陈醇回忆说："当时见过国民党中央台，刚刚到南京的时候，过江是没有火车的，坐轮船到了江东门，看到国民党中央台的广播塔，觉得真是气派，可是到了西祠堂巷的电台一看，怎么也是破破烂烂的……我其实在南京的时候节目还没有正式播出呢，就接着来到了上海。"①

陈醇在《在华东台播音的时候》一开头就写道：

> 我是 1953 年 3 月由徐州电台调到华东人民广播电台的。从徐州南下经过南京市，来到当时刚建立的江苏台。那时，江苏台是在国民党统治时的中央台旧地，播音间条件很差，所有设备都是解放前遗留下来的，非常陈旧。播音间隔音差，靠开窗户通风。我当时想：国民党中央台怎么这样差劲！
>
> 到了上海以后，进入电台大楼，情形大不一样。当时的华东台与上海台一套人马共用播音间。设备数量多，大小齐备，技术设施也较新。播音间内有通风，有冷气，候播室铺地毯，备稿时坐沙发。我们播音员是坐在控制室值班的，面前有一只话筒，除播出声音外，还可作与增音室的工作联系。旁边台子上有一部唱机，播音员除了播音以外，还要放唱片。那时

① 根据笔者 2005 年 8 月 8 日对陈醇访谈记录整理。

钢丝录音机不多，磁带录音刚刚引入，几乎所有节目都是直播的，不止播音员是直播，外来讲座，甚至教唱也是直播的。报时的钟声是用一个音板发声器（方形木质音盒上有四块钢制音板）靠播音员用小木锤来敲击的，每小时正点前几分钟播音员与增音室对时钟，到时打开话筒，看着墙上挂着的电钟秒针，按时敲响音板，播出对时音响。播音员不论早晚班，都要在播音间里待上六七个小时，吃饭也要在节目放播中抓空狼吞虎咽，有时一顿饭得分几次吃。那时工作是非常的紧张和艰苦的。

我到华东台后，分配在第二套节目播音。第二套节目主要是经济类节目，我是从播市场行情开始在华东台的播音工作的，每次要播报大量的物价行情，什么大米多少钱一担，面粉多少钱一袋，龙头细布多少钱一尺，等等。后来逐渐增加其他节目的播音任务。如华东新闻，各类讲座，后来又播对台广播。①

（节选自《在华东台播音的时候》，《华东人民之声》）

刚到华东台的时候陈醇还要兼做对台湾广播节目，其实最早的对台广播是在南京，后来搬到了上海。由于对台湾广播一般都在正式广播之后，往往是在半夜里，当年的陈醇年轻力壮而且是单身，又住在台里，于是他就义不容辞地接下了这个任务。到1954年底华东台撤销的时候，陈醇在上海接触过的节目已经很丰富了，有新闻类的、知识类的、文艺类的、服务类的等等，业务面广了，要求高了，也有人监听、提意见了，就连管理上都有专门负责的组长了……

关于对台湾广播的经历，陈醇在文章中写道：

记得1954年底华东台撤销时最后一次对台广播也是我播送的。所以从1953年3月进华东台，到1954年底华东台撤销这一年零九个月的时间里，我是从报行情开始到对台广播结束。……对当时的具体工作情形也记忆不清了。但回忆这段工作，有几点给我的印象最深刻，对我的专业成长影响也最大。第一点，当时无论什么节目都是直播，这对于一个参加播音工作时间不长的年轻播音员来说，是一个很好的锻炼。……大量的直播中，逼着我锻炼出既沉着冷静又热情为听众服务的基本功，直播时直接面对听众，自然要与听众间进行思想感情的交流。……再一点，在当时播出的节目内

---

① 陈醇：《在华东台播音的时候》，转自《华东人民之声》（内部资料）第415－417页。

容中，有大量的讲座、市场物价行情、气象等，需要慢速甚至纪录速度播送，要使每字每句都播得清晰，要让观众听清楚、听明白。这样，对我们播音员来说，在吐字发声的要求上就非常的严格，要做到字正腔圆。所以，在播音时每一个字、每一句话都要认真对待，使自己在吐字发声的基本功上得到了锻炼。……还有一点，就是大播音量的锻炼，使我们具备了耐劳耐用的本领。①

（节选自《在华东台播音的时候》，《华东人民之声》）

陈醇后来专门写了一篇《忆播〈对台湾广播〉》：

那时的华东台有两套节目，……华东一台的发射功率较大，每天晚上对华东地区的广播节目结束后，停声不关机，在23时后，用普通话和闽语方言播出《对台湾广播》节目，担任闽南话播音的是台湾籍同仁，我听不懂方言，在播相同内容的新闻消息时，看着文稿都找不着相应的语句，据说台湾话虽属闽语，语调有异，语汇独特，有些口语无确定文字。用台湾话播出的节目，主要对象是当地的普通民众，用普通话播出的节目，主要对象是从大陆到台湾的国民党军政人员、公教人员及其家属。节目中经常报道大陆解放后的建设和人民生活情况，宣传“一定要解放台湾”的方针政策，还有些亲朋故友写给台湾国民党军政人员的信件，并不断鼓励台湾军人起义归来，常具体讲述驾机起义的飞行路线，在空中摆动机翼的特殊动作及接受降落的沿海机场情况等。当年确有某位飞行员就是听了我们的广播架机归来的，他还特地到电台拜望《对台湾广播》的编播人员，参观我们的播音间。② 据陈醇回忆，但是对台节目每天播出的内容都是由华东台编辑部对台湾广播组负责组稿和编写的，普通话播音员尽可能地多了解台湾的局势和动态，还请台湾籍播音员介绍台湾的风土人情，以增强对台湾广播播音时的目的性和对象感。陈醇在文中回忆道：我们还探讨应用怎样的语气播《对台湾广播》才能适应节目的要求，因为台湾听众是在“偷听”我们的广播，故既不能一概用“对敌喊话式”，也不能有意向台湾电台的播音语调靠近，我们要有自己的独特风格，朴实大气、严谨亲切，使台湾听众打开收音机一听声音就知道是大陆的对台广播。我们以热情的语言

① 陈醇：《在华东台播音的时候》，转自《华东人民之声》（内部资料）第415－417页。
② 陈醇：《忆播〈对台湾广播〉》，写于2006年7月18日。

宣传祖国的新气象、新面貌，用心平气和的语气宣传我们的对台政策，用坚定的口吻回击国民党当局的攻击和污蔑……①

（节选自《忆播〈对台湾广播〉》）

到了上海电台工作，陈醇接触的节目和文体类型越来越多了，直播量也越来越大，当时节目的分类和现在略有不同，分为工人节目、农民节目、妇女节目、少儿节目等丰富多彩的“对象型”节目。由于解放初期，上海还有公私合营电台，每次播音的时候陈醇最担心的就是别把台号呼错了，因为在过渡时期他们每次播音都必须呼三个台号，分别是：华东人民广播电台、上海人民广播电台、上海联合广播电台。陈醇回忆说，当时我们和私营台的主要区分是风格上的不一样，“私营台”是靡靡之音，那时“伪台”也并不像现在影视剧里那么夸张，但是我们“人民台”是放开声音播音。其他两个台的播音大多是小音量、近距离的；我们“人民台”的播音就是要讲气魄、讲革命性、要体现内容，“私营台”基本不播什么正规内容，播广告也是随口就播……②

图 1－8　陈醇 1953 年在华东人民广播电台录音间

来到上海电台从事不同类型的节目和内容的播音工作，这些既为陈醇提供了一个很好的业务平台，也为他拓展了业务的领域和范围，让他在播音业务上不断进步、继续成长。陈醇到了上海以后专注于话筒前的播音工作，虽然不像当初在徐州那样采编播什么活儿都干，但是采访、写稿一类的工作也是经常有机会参与一些。

1954 年 7 月，中央台齐越同志作为中国广播代表团成员去苏联学习。回国后先在中央台传达了苏联播音工作经验，并翻译了苏联播音员撰写的一些文章。当时，中央台播音组学习借鉴苏联播音经验的同时，开始总结自己的播音

① 陈醇：《忆播〈对台湾广播〉》，写于 2006 年 7 月 18 日。

② 根据笔者 2005 年 8 月 8 日对陈醇访谈记录整理。

经验，经过全体播音员讨论，共写出5篇文章：《播音员和播音工作》，徐恒执笔；《克服报道新闻的八股腔》，夏青执笔；《播社论的体会》，李兵执笔；《把现实中的情景鲜明地再现在听众面前》，张洛执笔；《播音员和实况广播》，齐越执笔。这5篇文章是总结全国播音工作经验最早的文章。文章总结了几种主要新闻体裁的播音以及播音组工作管理和培训播音员的方法。在学习和总结中于1955年3月由中央广播事业局地播处主持筹备召开了“全国播音业务学习会”。①

1955年，第一次全国播音业务学习会在北京召开，陈醇作为华东组的副组长参加了大会。这一年，无论对于整个中国播音史还是对于陈醇个人来说，都是具有划时代意义的一年，因为中国播音理论有系统、成规模地探讨和形成正是以这次会议为标志的，这也是中国播音史和中国播音学发展演进过程中的一个里程碑。当时学习苏联经验，在业务上明确了播音创作的原则和方法，概括起来说，原则就是要清晰而又准确地把稿件的内容和精神传达给群众；方法上当时提出三个要求：播什么？为什么播？播给谁？最后，左莹同志又加上了一条：怎么播？参加了这次会议，陈醇才第一次和来自全国各地的同行们有了业务上的交流和学习，进一步明确了业界在播音业务上的共识和要求。

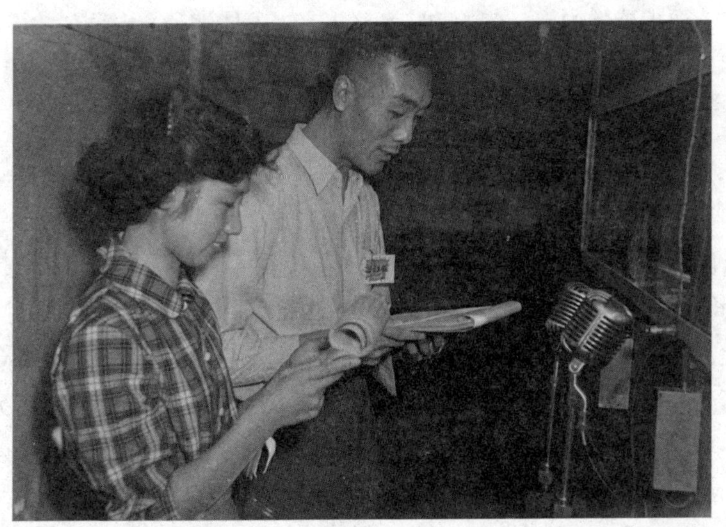

图1-9 1956年10月1日国庆节陈醇在人民广场播音间内现场解说

返回上海后，陈醇就很多播音业务问题陷入了思考，并把参加会议的一些

---

① 姚喜双：《播音学概论》，北京广播学院出版社，1998年5月第1版，第210页。

情况及切身体会汇报给了领导，总而言之，就是认为在业务上“不能再这么稀里糊涂过日子了”。于是，陈醇利用上海的一些有利条件，请教了一些和发声、吐字相关行当的专家和权威人士一起研究座谈，比方说发声方面就请来专业乐团的声乐老师指导；语言方面就找到人艺的老演员、老领导等等，请他们听播音员的播音并提出具体的意见和感受。他们曾经请来了苏联专家教授，办了个“史氏体系”① 学习班，学习借鉴话剧演员的一些表演创作技巧，甚至他们还搞过广播诗歌朗诵会，请诗人创作新诗在音乐厅演出……这一系列的活动对上海台的播音员业务有非常大的促进作用。从全国来看，理论研究方面这一时期也取得了进展。“齐越的文章和讲话，特别是 1962 年在上海电台播音组座谈会上的发言，成为播音理论的奠基工作。”② 从此，各地电台积极开展业务研究、交流，为播音理论的建立和完善打下一定的基础。陈醇记得在 1963 年 4 月 25 日，中华人民共和国国防部授予该连“南京路上好八连”称号的时候，郭小川专程到上海来写通讯，刚刚创作完《三门峡梳妆台》的贺敬之也来了。上海台请他们来开座谈会，贺敬之还把王震将军请到了现场。会场上，演员、播音员、诗人都朗诵，大家听过之后来提意见和看法。当时给陈醇印象最深的就是贺敬之在座谈会上对播音创作表达的一个观点：“不能拿了我们的诗去表演，是要讲究诗的特点，要把诗的内涵、诗的韵味都读出来，不能够和念台词似的……”③

那些年，陈醇的业务理论学习和思考就是这样开始的，谈不上不系统规范，也谈不上步骤和进度，但是从那时开始，已经有了大量工作实践经验，并具备一定业务基本功的陈醇已经开始主动地去动脑筋深入思考一些专业问题、开始懂得如何用“心”去播音创作了。

上海的广播长篇小说在当时是非常受广大群众欢迎的，但受限于技术设备条件，当时的大多数节目都是直播，同样的内容在中午是一个人播，晚上重播时可能是另外一个人播，所以就会出现每天广播同一部长篇小说，听众在中午和晚上听到的内容有可能会不同步，在进度上，一个人可能快一些而另一个就可能慢一些。加上当时电台工作人员还要参与社会上进行的一些例如“审干”“肃反”等政治运动，经常会有一些播音员因为这样或者那样的原因，不得已暂停播音工作，离开播音岗位。

---

① “史氏”即“斯坦尼斯拉夫斯基”，音译和简称略有不同。

② 张颂：《播音语言通论》，北京广播学院出版社，1994 年 3 月第 1 版，第 28 页。

③ 根据笔者 2005 年 8 月 8 日对陈醇访谈记录整理。

1958 年的一天，领导突然通知陈醇让他当天下午到台里救急，替换一位突然被停播的播音员，将其演播进程已经过半的小说继续演播下去。可想而知，当时的陈醇毫无准备，也只能“赶鸭子上架”。不过打这以后，陈醇便“无心插柳”地开辟了一片全新的业务领域，闯进了播讲小说和故事的广阔天地。“这一播，还真播出了名。陈醇讲的故事声情并茂，让人着迷。那年月，一到下午 5 时，路旁商店、工厂都响起喇叭，大街小巷传遍了陈醇的声音。这时正逢下班的陈醇，骑着自行车，一路听着自己的声音回家，也颇自得其乐。他不时停下来看看听众的表情，听听大家对故事的议论，从中取得反馈，以便下次讲故事时扬长避短。好在上海人只闻其声，不见其人，谁也不认识陈醇，倒也没有人围观。”①

1958 年对时年 25 岁的陈醇来说，有太多值得回忆和记录的事物，因为在这一年里，还有一件事情注定会留下永不会抹去的记忆，尤其对于上海广播电视事业的发展来说，更具有里程碑意义。

在 1958 年 5 月 1 日北京电视台（中央电视台前身）开播后，上海电视台也于同年的国庆节 10 月 1 日开播，而陈醇幸运地成为上海电视台开播进行直播的第一个新闻播音员，也是中国第一位出电视图像的男播音员。谈起当年上海电视台开播时的情景，至今陈醇还记得：“十一那天上午我们在人民广场转播庆祝大会和群众游行盛况，电视没法转播，设备跟不上，上海电视台开播的当天就要播新闻，我进行完电台的现场录音报道后就直奔电视台，因为电台在南京路而与电视台不在一个地方，就马上过去进行电视新闻直播。电视新闻记者都是刚从新闻纪录电影制片厂调过来的，拿着 16 毫米的小机器，拍好后到电影厂去冲、去剪。剪完了晚上回来就用这些镜头了。墙上贴一张白纸，拿着机器放在墙上，我在旁边解说，通过摄像机将声音和画面都拍进去通过线路进行直播，就算合成播出了，我出图像播新闻的时候旁边就是新闻画面，当时也没有提示器，口播稿就写成大字报，夹在镜头前面，或者弄个乐谱架托住稿件……”②就在这样的情形和条件下，上海电视台里程碑意义的第一次新闻报道圆满顺利地播出了，陈醇也在他日后跨越半个多世纪传奇般的播音艺术生涯当中完成了他历史性的第一次电视新闻播音。

---

① 秦义民：《“上海第一声”：陈醇》，《海上名人》，汉语大词典出版社，2001 年 4 月，第 1 版，第 4－5 页。

② 根据笔者 2005 年 8 月 8 日对陈醇访谈记录整理。

在这个时期到底播过多少条新闻、多少个节目、多少部小说、多少个故事，就连陈醇自己也已经记不清了，不过 1954 年“我国第一部宪法”的全文播发、1955 年印尼总统苏加诺总统访沪、1956 年“鲁迅灵柩迁葬仪式”、1957 年伏罗希洛夫访沪、1958 年“南京路上好八连”命名仪式、1959 年国庆十周年录音特写《好啊，外滩》等等重大新闻事件的播音和报道已经成为上海解放以来伴随几代上海人民成长的时代记录；《铁道游击队》《烈火金刚》（1960 年）、《创业史》（1961 年）、《红岩》（1962 年）、《雷锋的故事》（1964 年）、《欧阳海之歌》（1965 年）……这一连串的经典红色作品，无不弘扬着时代主旋律，是几代人难以磨灭的文化记忆。

第三节　沉淀阶段：1969 年下放吉林—1978 年 7 月结束北广借调

正当人民广播播音事业向前发展之际，1966 年席卷全国的一场运动，使播音事业遭到严重破坏。中华人民共和国成立以来逐步建立起来的人民广播播音队伍被打散了，许多老播音员和伴随中华人民共和国成长起来的新一代年轻播音员，被扣以“反动权威”“黑五类”“修正主义苗子”等帽子，受到批评、调离播音工作岗位。1967 年 1 月，上海台自办节目停播，各地方台都纷纷撤销自办节目，全天转播中央人民广播电台节目，有些电台的播音员全部下放劳动。

时年 30 岁出头的陈醇，正处在人生的黄金年龄，本该是他播音事业蒸蒸日上的时期，这场运动不但让全国的各项事业受到重创，像陈醇这样在文化宣传领域辛勤耕耘的新闻工作者也同样在运动中受到直接的影响。从 1966 年到 1976 年整整 10 年时间，陈醇从 33 岁到 43 岁，这个年龄段应该是业务上稳步提升、工作上硕果颇丰、事业上不断攀登的阶段，然而对陈醇来说，这个阶段在某种程度上成了他积蓄阅历、思考人生，为日后厚积薄发积淀、储备和酝酿的重要时期。

陈醇当年先靠边，后分到“大班子”① 参加斗批改，陈醇回忆说：那时候

① 20 世纪 60 年代末，造反派夺权后为了搞斗、批、改，把台里工作人员划分为大、小班子，大班子主要抓革命，小班子主要坚持工作，促生产。当时地方台节目停办，多数人都划归大班子。

由于家庭出身因素，再加上他也没有什么政治问题，所以受到的冲击还不大。自己既不是革命对象，也不是革命动力，不过因为所谓的“三名三高”，被贴了不少的大字报，说他“白专”、有名利思想。陈醇 1967 到 1968 年初的时候还在播音岗位播音，后来到了 1969 年秋天，要“四个面向”①，下乡劳动，于是从 1969 年秋天一直到 1973 年初，陈醇被分配至吉林省“长期学习慰问团”，和上海下乡知识青年一起接受贫下中农再教育。当时陈醇主要跑四平地区，定点双辽。当时在农村的劳动工作，主要是用推车送东西，便没有其他什么事情可做。

来到人生地不熟的吉林，陈醇当时完全不知道什么时候才可以回到上海与家人团聚，何时才能再次回到话筒前播音，时间久了，就连曾被自己珍视的业务基本功也都被迫无奈地放了下来。可是平时一起下乡劳动的上海“老三届”知道陈醇是著名播音员，于是口耳相传，大家都愿意和他聊几句，一来二去大家都熟络了之后，只要有读文件的任务，陈醇肯定得“义不容辞”，推也推不掉。因此，陈醇在吉林下放的时候经常给知识青年读、给农民读，有时还到县里面的广播台播音。陈醇做这些力所能及的工作既出于难以推脱的盛情，又出于愿意服务大家的想法。正是因为这段时期各种文件、文稿的播读，让陈醇没有将语言功力和业务技能完全扔掉，而这些锻炼又不经意地为他后来重新回到话筒前做了铺垫。

图 1－10　陈醇在吉林与上海“知青”合影

（前排左一为陈醇）

① 大班子人员有的当工人，有的当农民，四个面向分别是到黑龙江屯垦戍边，到南京 9424 劳动，支援电子工业生产，支援教育事业。

在东北吉林劳动教育的日子里，陈醇最大的收获莫过于长期深入地接触和了解了广大人民群众，体味了他们的酸甜苦辣、感受了他们的喜怒哀乐。这些生活的积淀、情感的体验都成为陈醇人生当中难得的积累，对他日后播音艺术创作起到了潜移默化的作用和影响。

结束了在吉林多年的劳动教育，1973 年初陈醇回到了上海，原来单位的领导让陈醇试音，没想到这一试竟然得到了有些老同志的肯定，但是由于其他非业务的种种因素陈醇并没有恢复原来的职务，而是对其进行“控制使用”。那之后的一段时间里，陈醇的播音工作没有固定节目和稳定的播音任务，闲暇时正好有机会演播一个描写上海知识青年在东北农村生产生活的小说《征途》。小说播出后，作者对陈醇说：“绝啦!”并问陈醇：“你怎么什么都懂啊?”陈醇自信地回答说：“我刚从东北回来。”……正如后来陈醇回忆说：“我觉得下乡对丰富我的知识，锻炼我的身体是有好处的。一直到现在我还和我那些下乡的干部有联系，另外和我（一起）下乡的知识青年还有联谊会，我觉得大家感情非常深，现在对他们的近况不是很了解，但是仍然对他们那里的变化很关心，所以对我来说那次的下乡劳动中我有一个天然地想了解群众的想法，这对我的生活和以后的业务都很有好处……”①

图 1 - 11　马尔芳、李越、毕征、刘炜四位老师 1973 年到上海调研时与上海台播音组同志在外滩合影

---

① 根据笔者 2005 年 8 月 8 日对陈醇访谈记录整理。

1973年北京广播学院播音专业恢复办学，马尔芳、毕征、刘炜、李越四位老师到上海来调研商讨招生教学事宜，邀请陈醇到学校教学，但由于其他原因上海台没有同意，所以陈醇那次没有成行。1976年正式来了借调函，于是陈醇来到北京广播学院任教于76级播音班，并在1977年下半年开了10周的语言技巧课、1978年上半年开了8周的文艺播音课。

在学院任教期间，陈醇开创了“愉快教学法”，让学生在轻松愉快的气氛下进行教学；他还首开“文艺播音”课程，训练学生们在表达的时候将自己分析和理解的稿件用准确的语言技巧表达出来，这一观点后来就概括演变成了播音创作基础里面的“具体感受”。陈醇的方法就是从“字、词、句、段”入手来有步骤地训练学生的感受能力。

图1-12　陈醇1978年与北广76播小课组学生合影

（前排正中为陈醇）

这一时期，尽管陈醇受到“文革”的影响，一度被“控制使用”，浪费了他干事业的大好时光，耽误了他的播音艺术创作，但还是有一些重大新闻事件的播音和报道由他担任，同时也播出和录制了很多优秀的文艺作品，比如红色经典长篇小说《征途》（1974年）、《难忘的战斗》（1975年）、《万山红遍》（1977年）等。60年代刘少奇当选为国家主席，1976年周总理逝世讣告、毛主席的追悼大会等，都是由陈醇担任的播音，播出效果均获得同行和听众的广泛好评。

第四节　巅峰阶段：1978 年暑期—1996 年退休

70 年代末，全国各项事业百废待兴，广播电视事业又重新迎来了它的春天。这个时候，陈醇在上海电台的职务和工作也都恢复正常，40 出头的陈醇又可以重新坐在话筒前专注地进行有声语言艺术的表达和创作，听众们又可以听到那个醇厚的声音为他们报告新闻，向他们娓娓道来美妙的诗歌、散文和扣人心弦的小说了。

1978 年暑期，陈醇结束了北京广播学院的借调回到上海，立刻投入小说《红岩》的演播当中。虽然结束了北广借调，但是陈醇后来还经常受邀去北广授课。1979 年至 1982 年间，陈醇还不时地去北京广播学院讨论教材、讲课，还给干部短期培训班“梆子井一期”上过一周课。

1979 年在北京广播学院讨论教材的时候，陈醇和大家一起讨论了“深入理解—具体感受—形之于声—及于受众”16 字的正确播音创作道路，以及“爱憎分明、刚柔相济、严谨生动、亲切朴实”16 字的播音整体风格，还有话筒前的状态等等播音专业基础理论，从此，播音专业高等教育理论体系从无到有，逐渐形成，教学模式和授课教材也日渐丰富、成熟。陈醇当时选定的稿件《黄桥烧饼歌》《井冈翠竹》，还有播音创作基础教学中练习感受的段子“锅里的水吱吱地响，老大娘里屋外屋的忙……”等等练习片段，到现在还依然是经典练习。

陈醇这次回到上海电台后，在播音业务和播音理论方面做了大量的工作。全国范围内，除了 1955 年在北京召开了一次全国播音业务学习会议之后，陈醇又积极倡导召开“片儿会”，首先召开的就是华东地区的“片儿会”。华东地区“片儿会”第一次在上海召开，后来连续在安徽和江苏各开了一次。

1981 年 8 月，在北京召开了第二次播音经验交流会，着重讨论了新闻播音的特点和当前新闻播音存在的主要问题。会议提出播音工作必须根据改革需要，勇于创新，探索新的播音方法。大会提出“大胆创新、百花齐放”的口号。陈醇作为播音学研究会的会议领导小组成员参加了“全国第二次播音经验交流会”，这也是播音领域在改革开放后召开的第一次全国性的会议，大家都在热烈地讨论新闻播音的“降调”问题，陈醇代表上海电台播音组在大会上以“探索规律，自己走路”为题发了言，在会议领导小组讨论新闻播音时，归纳了大家的意见，认为当时新闻播音存在着很多问题，尤其突出的就是“冷（态度冷淡）、僵（语言僵硬）、远（势高距远）”的问题，尽管有些人提出“油”也是一个现象和问题，但是会上普遍认为首要解决的应该还是“冷、僵、远”问题。会议还提出了“降调不能降情”的意见，认为如果调子降下来了情绪也跟着降下来，就没有精神了。

图 1－13 陈醇 1984 年 4 月参加南京华东六省一市第三次会议合影

（左四为齐越 右四为陈醇）

会后，全国各地播音员贯彻会议精神，认真学习和实践，在播音业务和理论建设方面，都取得了可喜的成绩。北京广播学院张颂同志发表了《研究播音理论是一项紧迫的任务》一文，构筑了播音理论研究的框架，促进了播音理论研究工作。

这次会议具有划时代的意义，十一届三中全会后中国迎来了改革开放的大好局面，新的时期，各行各业百废待兴。关于播音业务中存在哪些问题？有什么要求？这些都成为全国播音界同行普遍关注的热点。陈醇认为，比较 1981 年会议和 1955 年会议，最大的区别就在于：前一次会议是学习和借鉴苏联经验，而这次会议是在总结中国自己的播音经验。

改革开放后，陈醇和同事们把 60 年代后期的节目录音和 60 年代初的节目录音进行了比较，陈醇回忆道：“当时给我一个很深的印象就是 60 年代后期录制的作品，拿出来一听，调儿都高，都是喊的，不行，都不能用了，反倒这之前录制的作品拿出来听都还好，不但好还能再拿到广播里面播出……”①，如果跳开1966年到1976年期间的播音创作，其实在这期间前后的播音是能够很好地衔接起来的，可是很多人并不了解这个情况，认为一定要否定过去，这是完全错误的观点。如果否定某个阶段的一部分东西，那是对的，但要否定之前的所有东西，恐怕就不一定正确了。

图1－14　1978年在浙江绍兴参观周恩来故居

（上排居中为齐越　右一为张颂　前排左三为马尔芳　左二为陈醇）

陈醇1982年开始担任上海人民广播电台播出部的副主任，突然要管理很多事务，陈醇有些不习惯、不适应，他觉得相对来说自己更熟悉的还是播音业务。1983年陈醇在从上海市委党校干训班学习回来之后，正好与中央人民广播电台合作录制长篇小说《挺进苏北》。到了1985年陈醇就从领导岗位上退下来，他总是自嘲地说：“我是台里第一个下岗的。”其实他深知：到了一定年纪，就应该去培养和扶持年轻人，把更多的机会让给年富力强的年轻人。

退下来之后，局里面办了一个广播电视研究所，陈醇在里面工作了一段时间。这段时间陈醇陆陆续续又为电台和电视台录制了很多的节目，并为一些出版社录制了很多音像制品，包括教学用的语文示范带。

1984年，当时的广播电影电视部批准在杭州建立浙江广播电视高等专科学校，陈醇被请去一起讨论建校的设想。“作为我国播音界声名卓著的优秀播音朗诵艺术家，陈醇先生当然是杭州建校的最佳人选，他们诚邀陈醇先生来校工作，

① 根据笔者2005年8月9日对陈醇访谈记录整理。

组建播音专业……一种强烈的事业心和责任心促使陈醇先生极爽快地答应：虽不能调来学校，但做些工作是完全可以的。只要学校需要，一定尽力。”①

图 1－15　陈醇在录音间回放录音认真校对

从 1986 年开始，陈醇便经常往返于上海和杭州之间，将自己积累了几十年的播音主持的经验无私地奉献给年轻的学子们，为浙广播音专业的建设和我国播音主持人队伍的建设作出了积极的贡献。

图 1－16　陈醇 1991 年在杭州舟山东路浙广老校区与播音专业教师合影

① 张玉良：《拓荒·耕耘·收获》，《陈醇播音生涯五十周年研讨会征文集》（内部资料），上海人民广播电台 2001 年 10 月，第 19 页。

1987年中国播音学研究会正式成立，齐越任名誉会长，夏青任会长，张颂、铁城、陈醇、关山等任副会长。陈醇当选为副会长并连任三届，这就使他能够有机会参加历次学会活动，并在会议和评奖活动中学习并提出自己的业务观点。

图1－17 参加1987年中国播音学研究会成立大会主席台

(左四为齐越 右二为陈醇)

1987年陈醇被评为“播音指导”正高级职称，1988年1月份审批通过，成为我国第一批获此殊荣的播音员。并在1992年获得国家颁发的“政府特殊津贴”。

业务上的广泛涉猎和拓展，让陈醇播音主持的实践，不但有电台的主持人节目、电视台的主持人节目。其中上海电台1994年开播的名牌栏目《老年广场》，陈醇一干就是好几年。“1996年10月31日晚，我直播的《老年广场》节目一结束，技术人员立即动手拆迁设备。对上海电台来说，这是具有历史意义的一个夜晚。从此它结束了四十多年在北京东路外滩大楼的播音历史，搬迁到新建的红桥路广播大厦。全新的、现代化的技术设备，先进的音频数字化电脑系统，宽敞的播出环境，为上海电台跨入新世纪奠定了坚实的基础。看到这些变化，我感到由衷的欣慰。”① 陈醇一直作为《老年广场》的固定主持人，直到1998年8月。在这段时期，陈醇除了从事播音主持业务老本行，为中央人民广播台录制了很多文学作品，为上海电视台录制电视节目，为音像出版社录制唱片和磁带，还参与了大量影视剧的拍摄、制作、解说、配音、导演工作。比如

① 陈醇：《见证上海广播五十年》，《上海滩》，1999年第6期，总第150期，第21页。

在电视剧《雨花魂》(1985年)、《绿卡族》(1997年)里参演角色;为译制片《卡萨布兰卡》(1985年)、《日瓦戈医生》(1985年)等配音;为科教电影《曾侯乙编钟》(1986年)、《中国药用油》(1992年)、《抓斗发明家》(1992年),电视专题片《老宅》(1990年)、《科学掠影》(1990年)、《上海滩》(1990年),电视剧《家·春·秋》解说;为美术电影《封神演义》(1987年),动画片《变形金刚》(1988)、《太空堡垒》(1991年)、《舒克和贝塔》(1991年)配音等。陈醇的播音生涯没有因为时代的变迁和工作环境和条件的改变而停滞或者中止,而是不断地向前迈进、不断地向外拓展,在中国播音史上成为一棵枝繁叶茂的"常青树"。

图1-18 陈醇主持上海人民广播电台《老年广场》节目

陈醇语言艺术造诣的日臻醇熟,在这个阶段完成了大量的小说、散文、诗歌的播音创作,像我们现在能够听到的小说《我的两家房东》(1978年)、《红岩》(1978重录)、《山菊花》(1979年)、《海啸》(1981年)、《挺进苏北》(1983年)、《雨雪霏霏》(1984年)、《巴金传》(1989年)、《贺绿汀传》(1990年)、《海葬》(1990年)、《麒麟童的故事》(1994年)、《铁道游击队》(1995年重录)等等都是这个时期演播的;还有大量的诗歌散文,像《有的人》《琵琶行》《赤壁怀古》《再别康桥》,散文《白杨礼赞》(1978)、《灯下》(1978)、《黄昏颂》(1978)、《养花》《奶娘的遗言》《愿化泥土》《怀念萧珊》《再忆萧珊》《怀念从文》《从百草园到三味书屋》(1980年)、《海上日出》(1980年)、《挥手之间》(1980年)、《谁是最可爱的人》(1980年)等传世佳作。

第五节　拓展阶段：退休后至今

一般的老人到了退休年龄，脑力、体力的衰退，加之家庭琐事，如果再去工作大都会略感精力不够、力不从心，而且到了颐养天年的时候，也不必再为工作和事业操劳了。陈醇却不是这样的，感觉自身还有些能量可以为他所喜爱的有声语言表达艺术做点儿力所能及的贡献，他退休后不但没有闲着，反倒比退休前更忙了，好像他的播音艺术生涯仍然在延伸，他真的在把播音事业当成自己的“终生事业”来干。

其实陈醇在1993年就应该退休了，那年他刚好60整。由于他还在主持上海电台的老年节目《老年广场》，台里研究决定又给他延长了3年。可是到了1996年台里又有其他的考虑，于是陈醇一直在电台和电视台有栏目的播音和主持工作，一直到了1998年8月才正式离开电台的工作岗位。大多数人在退休前后都会有一个过渡期，要调整一下心态，毕竟岗位工作了几十年突然要停止了，多少会有一些不习惯。可是内心陈醇却没有这种明显的感受，因为其实他退休后从来就没有脱离他热爱的播音事业，仍然在话筒前从事着播音主持工作，另外一点，陈醇一直保持着一种健康良好的身心状态，平日里常常会有故友、知己，以及曾经的学生来探访、求教，所以退休后他也从未有过“门庭冷落车马稀”的感受。

图1－19　上海演讲学研究会成立大会（前排右四为陈醇）

陈醇退休后，却比退休前更忙了。除了不断地有人请陈醇录制各种各样的音像制品或者参加各种各样的演出活动，陈醇还身兼着很多机构和部门的职务：上海市语言文字工作者协会副会长，上海演讲学研究会副会长，上海广播电视局播音指导，全国高级职称评定委员会委员，上海市高评委主任，中国广播电视学会播音学研究会副会长，《故事大王》杂志顾问……

图 1-20 陈醇 1999 年 5 月在上海广播影视系统播音员主持人上岗培训班讲座

退休之后的陈醇将主要精力投入到三方面的事情：业务方面、教学方面和社会服务方面。在业务方面，陈醇仍然活跃在话筒前，由于身体情况和业务条件还都很好，所以他继续从事着各类广播节目和电视节目的播音主持工作，有些时候也参加一些大型的诗歌朗诵会或者大型的晚会，并且经常受到全国各地音像出版社邀请，参与文学作品的录制；在教学方面，陈醇一直是中国传媒大学和浙江传媒学院的兼职教授，所以经常也会去北京和杭州进行不定期的讲学，在上海也经常参加上海广电局主办的一些培训班教学，有的时候也受邀前往上海几个高校的播音主持艺术专业授课；在社会服务方面，陈醇不管多辛苦，如果能去的话他毫不推辞，陈醇参加的各种社会公益活动更是数不胜数，服务的对象也是从幼儿园的小朋友到步履蹒跚的耄耋老人……担任的角色也是从老本行的播音员到上海市集体婚礼的证婚人……除了这三方面之外，陈醇还有些沙龙、联谊活动，比方像民间文艺家协会和老干部的活动等等，他总是积极参加，另外，由于陈醇还有一些职务没有卸任，所以还经常参加一些评奖、讲评的工作，或是担任一些活动的顾问。

图 1 - 21　陈醇参加 1996 年 10 月 14 日浙广校庆晚会后合影（右三为陈醇）

图 1 - 22　陈醇 1999 年担任第二届全国公务员普通话大赛评委

图 1 - 23　陈醇 2004 年 4 月参加上海市小青蛙故事大赛浦东赛区决赛

图 1－24　陈醇 2001 年 1 月 18 日参加“我爱祖国语言美”普通话比赛

总之，陈醇退休之后的工作和活动比他退休之前还要多，比他的同龄人来说要更多。

2001 年，中国播音学研究会就在上海为陈醇举办了一次“陈醇播音生涯 50 周年研讨会”，来总结探讨陈醇几十年来的播音作品和播音风格，表彰他为中国播音事业作出的贡献。

图 1－25　在 2001 年“陈醇播音生涯 50 周年研讨会”后合影

（从左至右为：孙道临、陈醇、张瑞芳、乔奇）

2021 年 5 月 28 日，在陈醇从筹备开始就倾注了大量心血的浙江传媒学院播音主持艺术学院，举行了“浙江传媒学院陈醇语言艺术研究中心成立仪式暨首届陈醇语言艺术研讨会”，以及“纪念陈醇先生从事语言艺术工作七十周年暨

‘推陈出新　四代传承’陈醇语言艺术作品品鉴会”，陈醇先生的同行、好友，以及几代学生从天南海北赶来，座谈研讨、畅叙友情，表达心中对恩师的感激之情，共同见证陈醇语言艺术研究中心成立的历史时刻，祝贺陈醇先生从事语言艺术工作七十周年。

图1－26　浙江传媒学院陈醇语言艺术研究中心成立仪式合影

图1－27　首届陈醇语言艺术研讨会

图1－28　纪念陈醇先生从事语言艺术工作七十周年暨“推陈出新　四代传承”陈醇语言艺术作品品鉴会演出结束后合影

如今已是耄耋老人的陈醇，还参与一些作品的诵读，依然还有新的作品问世，在2020年新冠肺炎疫情期间，陈醇还携手同行通过有声语言艺术的表达方式，为武汉加油，为中国加油。陈醇用自己长青的播音艺术生涯来印证他那句“播音是终生事业”的精辟论断。

第二章　陈醇新闻播报艺术

陈醇起初从事播音工作的时候，电视还没有在中国普通百姓家庭普及，相较而言广播是极具影响力的大众传播媒体，拥有大量的受众。因此，几十年的广播播音艺术生涯，让陈醇声名远播。

新闻播音员的语言表达有一定的规范和要求：消息的播报必须具有庄重、朴实、清新、明快的特点；通讯播音要求播音员有深刻的理解力、灵敏的感受力、丰富的想象力。要正确地把握作者意图，获得真情实感。评论播音必须精辟地把握稿件内在的逻辑关系，并用鲜明的态度表达出来。语言表达要做到观点鲜明、逻辑严密、论述有力。

另外，新闻播音员应具有一定的新闻敏感，这是“了解情况、把握政策”、长期积累的过程在话筒前的凝聚和升华。这种新闻敏感是捕捉新鲜点，使播音具有新鲜感的基础。播音员应能迅速抓住各条消息的新鲜点，调动自己处于一种“一吐为快”的状态。播音要做到叙事清楚，态度分寸得当，字正腔圆，富有朝气。语句力求紧凑规整，把握“感而不入，语尾不坠”的新闻播音样式。①

---

① 赵玉明、王福顺：《广播电视辞典》，北京广播学院出版社，1999 年 10 月第 1 版，第 207 页。

第一节 昔日上海“第一声”

作为中华人民共和国培养出来的第一代播音员，陈醇的播音与我国和上海发展变化的宣传工作联系在了一起，在长达几十年的播音艺术生涯中陈醇的名字在上海可谓是家喻户晓，因此有人形象地敬称他为“上海第一声”。

陈醇播出过数不清的重要新闻、重要社论、重要文献、重要事件……

1954年全文广播《中华人民共和国宪法》、1956年苏加诺总统访沪、1956年鲁迅灵柩由万国公墓迁往虹口公园的隆重仪式、1957年伏罗希洛夫主席访沪、1963年“南京路上好八连”命名大会、1966年以前上海每年的“五一”和“国庆”节盛大的群众游行等现场实况，1976年1月8日周总理逝世那天，他凌晨三点从家里赶到电台，边抹泪边播讣告，9月18日含泪直播“上海军民沉痛追悼伟大领袖和导师毛泽东主席”的大会实况。他担任播音的《对台湾广播》节目影响巨大，台湾飞行员徐廷泽毅然驾机起义，就是听了对台广播中告知的飞行标记和指定降落机场才顺利归来的。

陈醇在几十年的新闻节目播音中，既有规整的消息播报，又有有理有据的评论，既有生动形象的通讯，又有身临其境的现场报道。这几样新闻播音员的“看家本领”，既考验播音员的基本功，也体现着播音员深厚的语言功力。

一、新闻消息

新闻消息是指狭义的新闻，主要是对新近发生的有社会意义并引起公众兴趣的事实的简短报道。因此时效性、真实性、篇幅小成为新闻消息的基本特征。

新闻消息播音，就是由播音员将文字的新闻稿件通过有声语言表达并传送出来的一种播音创作。新闻消息的播音，语言具有庄重、朴实、清新、明快等特点，并根据新闻消息的内容确定准确的语言表达基调。播音员应具有强烈的新闻敏感，能通过稿件迅速抓住新闻消息的新鲜点来调动思想运动和发声吐字的状态，完成从“先睹为快”到“一吐为快”的创作过程。新闻消息播音要做到叙事准确清楚，态度分寸得当，语音和表达规范，节奏明快紧凑。

陈醇曾经播过《“好八连”命名两周年纪念大会》的新闻消息。“南京路上好八连”的全称是中国人民解放军上海警备区特务团三营第八连。八连官兵虽然身居闹市却能一尘不染，始终保持艰苦奋斗的优良传统。解放前的旧上海是社会情况极其复杂，中华人民共和国成立初期，虽然经过一系列整改，但是社会情况仍然比较复杂。该连于1949年6月进驻上海市南京路执行警卫任务，始终坚持人民军队艰苦奋斗的本色，自觉抵制资产阶级思想及其生活方式的侵蚀，广泛团结人民群众，出色地完成了警卫任务。八连官兵平日里勤俭节约、助人为乐，全心全意为人民服务。1963年4月25日，中华人民共和国国防部授予该连“南京路上好八连”称号。时隔两年，上海召开“好八连命名两周年纪念大会”。

“南京路上好八连”命名两周年纪念大会，今天上午在上海警备区某部隆重举行。热烈祝贺好八连的新成绩，新进步，号召各部队继续深入地向“好八连”学习，掀起更大更广泛地学习毛主席著作的新高潮，加强战备，迅速切实地搞好战备训练。中共中央华东局书记处书记、中共上海市委书记处书记陈丕显、南京部队许世友司令员都前来参加大会，刚从山区野营训练胜利归来的“好八连”全体官兵和来自各部队的代表等共1000多人怀着兴奋的心情参加了纪念大会，南京部队许世友司令员在会上讲了话。

（1965年4月25日《“好八连”命名两周年纪念大会》节选）

图2－1　南京路上好八连

（图片来自网络）

重听陈醇的这段录音，能够非常直观地感受到当时的新闻播音风格与特征。陈醇在这条消息的播音当中，沉稳洪亮的声音和饱满的气息能够支撑起稿件内容和情绪表达所需要的高亢和热情。在导语部分，除了要清楚地交代消息的时间、地点、人物、事件等重要信息，更需要将新闻稿件振奋、激昂的基调表达出来。这就对新闻播报者的语言基本功提出了极高的要求。我们可以从这段录音节选当中，听出陈醇扎实的语音发声功底，同时对关键的新闻信息表达的准确、清晰，在当时新闻播报速度相对较缓的情况下，依然能够将新闻消息的语句关系表达得完整、流畅、自然，并无拖沓之感，也不会让语句关系因为节奏缓慢而显得不连贯，在保证新闻消息播音能够“慢而不断”“高而不喊”的同时，又能从中感受到令人振奋、使人鼓舞的感情色彩。

二、新闻评论

新闻评论是社会各界对新近发生的新闻事件所发表的言论的总称，是对有价值的新闻事实和社会现象发表意见以引导舆论导向的一种文体，具有鲜明的针对性和指导性。新闻评论常常采用社论、评论、评论员文章、短评、编者按、专栏评论和评述等形式。

评论播音，是指播音员通过媒体播发评论的语言创作活动。评论播音必须深刻理解新闻评论稿件的主旨和内在逻辑关系，并用鲜明准确的有声语言表达出来，要做到观点明确、逻辑严密、论述有力。

陈醇曾播过《庆祝上海解放十周年》的配乐短评。历史追溯到 1949 年 5 月 27 日，中国人民解放军解放中国最大的城市——上海，红旗在上海工人第三次武装起义 22 年后再次在上海滩飘扬。上海的解放，为继续肃清华东国民党军余部，保卫东南沿海国防，恢复和发展国民经济，创造了有利条件。上海市解放，成为中央直辖市。1949 年 5 月 28 日，上海市人民政府正式成立。1950 年 5 月，上海市人民政府决定把 5 月 27 日定为上海解放纪念日。这则《庆祝上海解放十周年》配乐短评在上海解放十周年之际播出，陈醇怀着激动的心情，为听众报道着上海人民解放十周年在工业生产方面的成绩。

听众们，同志们，我们大家知道，上海是我国目前重要的工业基地之一，在祖国伟大的社会主义建设事业中，他担负着重大责任。我们上海工人阶级的队伍已经发展到 1187000 多人，我们生产的各种工业品支援着全国各地的建设，供应着全国各地人民的需要。就拿上海机床厂来说吧，十年来，他们制造成功的 73 个品种的 6000 多台精密磨床已经在全国 100 多个城市的 1000 多家工矿企业单位旋转起来，我们制造的各种冶炼设备目前也正在夺取 1800 万吨钢的大战中，大显神威。全国有多少农村姑娘穿上了用我们上海生产的花布做成的衣服，全国有多少家庭的桌子上放着我们上海工人制造的钟表，热水瓶以及收音机，我们为自己制造的东西在祖国建设和人民生活中放出的光彩而自豪！我们完全明白，支援祖国建设，供应全国人民需要，这是我们上海人民的光荣使命，我们勤劳而勇敢的上海人民有决心把这副光荣的担子更好地挑起来。

（1959年5月26日《庆祝上海解放十周年》节选）

在节奏舒缓的交响乐《紫竹调》旋律当中，陈醇沉稳、热情的声音缓缓进入，既与表现江南山清水秀、人杰地灵的音乐融为一体，又与庆祝上海解放的振奋情绪相得益彰，在这则配乐短评中，无论在节奏把握上、情绪调动上，抑或者是在分寸把握上、语句关系上，都体现出了一位语言工作者极高的艺术修养与政治素养。一开始亲切而又庄重的问候“听众们，同志们”，饱含了对广大听众和市民深沉的情感，拉近了广播宣传与听众之间的心理距离，同时又表现出身为普通听众和普通市民一分子的兴奋与自豪感。这则评论主要从上海作为中国重要的工业基地的角度切入，陈醇的评论播音并未刻板化地以其他类型评论播音方式处理，而完全通过准确、细致地表现一系列的数据将工人阶级队伍以及工业生产的规模、上海解放后工业生产的代表性产品和成绩等以内敛而不张扬、自豪而不傲慢、小处着眼以小见大地通过语言为听众娓娓道来。

三、现场报道

现场报道是在新闻事件现场由记者或者播音员主持人录制或者直播的同期报道，包括口头播报、实况纪录、当事人及目击者的口述等，是最能体现广播电视新闻特点的报道形式。具有强烈的纪实性，现场的情景、气氛、报道者的情绪和感受一起构成强烈的现场感，从而使新闻的真实性和感染力大大增强，使受众产生一种参与感。报道者的口述还可以发掘新闻背景、点明新闻的意义，使受众更好地理解新闻事件。现场报道需要报道者具有较高水平的观察能力、语言表达能力、采访提问等能力。

陈醇曾担任过“鲁迅迁坟仪式”的现场报道任务。1936年10月19日凌晨5时25分，鲁迅在北四川路底施高塔路（今山阴路132弄）大陆新村九号的寓所去世后，首先成立了由蔡元培、内山完造、宋庆龄、史沫特莱、沈钧儒、萧参、茅盾、胡愈之、胡风、周作人、周建人等13人组成的治丧委员会，发表鲁迅先生讣告：

鲁迅（周树人）先生于一九三六年十月十九日上午五时二十五分病卒于上海寓所享年五十六岁即日移置万国殡仪馆由二十日上午十时至下午五时为各界瞻仰遗容的时间依先生的遗言“不得因为丧事收受任何人的一文

钱”除祭奠和表示哀悼的挽词花圈等以外谢绝一切金钱上的赠送谨此讣闻。

讣告刊登于上海中文和日文的报纸上。

当天下午3时，万国殡仪馆运走了鲁迅的遗体。化妆后的遗体被安放至殡仪馆二楼，第二天移至大厅。闻讯前来吊唁、瞻仰遗容的人群络绎不绝。22日是安葬的日子。鲁迅遗体被安葬在万国公墓。

对于鲁迅的逝世，其家属没有准备。由于鲁迅逝世时积蓄不多，又遵其遗嘱，拒不收礼，所以当时的墓只是一座小土堆，设置很简单，水泥墓碑上端镶着“鲁迅遗像”，下方则是当时年仅7岁的海婴手书的幼稚而工整的“鲁迅先生之墓”六个字。对于当时鲁迅墓如此简从，冯雪峰曾安慰许广平并表示，待将来革命胜利后，一定要为周先生举行一次隆重的国葬。

1947年，许广平用重庆书店出版鲁迅先生作品送来的版税曾扩建过鲁迅墓。而现在的鲁迅墓是1956年迁移的，这是鲁迅逝世20周年之际，中共中央和国务院决定选址虹口公园为鲁迅建新墓和纪念馆。是年10月14日，举行了鲁迅棺柩迁葬仪式。上海人民广播电台现场实况转播这一活动。

> 今天，上海隆重地举行了鲁迅先生逝世20周年迁墓典礼。
>
> 九点整，鲁迅先生的灵柩从万国公墓迁来虹口公园，这时候等在公园门口迎柩的宋庆龄、茅盾、周扬、巴金、许广平扶了鲁迅先生的灵柩缓缓地走向新的墓地。
>
> 鲁迅先生的灵柩上面盖着一面红色的旗帜，上面写着“民族魂”三个字，这面旗帜是仿照当年式样新做的。当年鲁迅先生逝世的时候，群众为了纪念鲁迅先生反抗黑暗的至死不屈的精神，敬献了这面旗帜。
>
> 灵柩到了墓穴，参加迁墓典礼的1000多个中外人士悲痛地注视着灵柩缓缓地落下墓穴。墓穴的周围堆满了花圈，这中间有中共中央、国务院、宋庆龄、中共上海市委、上海市人民委员会、鲁迅夫人许广平和鲁迅的儿子海婴、儿媳、孙子敬献的花圈，还有许多单位和鲁迅先生生前友好敬献的花圈。
>
> 默哀以后，巴金、茅盾、许广平在墓前致辞。
>
> （1956年10月14日《鲁迅迁坟仪式》节选）

陈醇回忆说，他被指定为现场播音员时，十分激动，除了急于准备资料外，还特地到万国公墓鲁迅旧墓处实地查看，以对现场和全面情况有更多的了解。10月13日，当他来到万国公墓时，正逢工人们起吊鲁迅的棺柩。这口棺柩完好无损。令人惊奇的是，20年前覆盖在上面的那幅挽幛虽已经腐烂，然而由沈钧儒先生书写的“民族魂”三字却印在了棺木上，依稀可见。

到了10月14日上午7时50分，茅盾、周扬、许广平、金仲华、巴金、陈虞孙、许钦文、孔罗荪等人来到万国公墓。鲁迅灵柩迁葬仪式在万国公墓礼堂举行。时任上海市副市长金仲华和作家巴金将一面仿制20年前的写有“民族魂”的挽幛重新覆盖在鲁迅的灵柩上。随后鲁迅的灵柩被装上灵车，向虹口公园驶去。

当天上午9时，落葬仪式开始。乐队奏起了《葬礼进行曲》，伴随着庄重、哀婉的节奏，陈醇克制着激动的情绪开始播音：“……今天，上海隆重地举行了鲁迅先生逝世20周年迁墓典礼。……九点整，鲁迅先生的灵榇从万国公墓迁来虹口公园，这时候在公园门口迎榇的宋庆龄、茅盾、周扬、巴金、许广平扶了鲁迅先生的灵榇缓缓地走向新的墓地。……灵柩被放到了墓台上的落葬架上……灵柩慢慢落入墓穴中……”

陈醇回忆当天解说的情景时说道：

> 那是1956年10月14日早晨，我和编辑、技术人员早早等候在新落成的鲁迅墓前准备稿件、感染气氛、积聚情感。8点40分左右，当鲁迅先生的灵柩从万国公墓迁移到虹口公园时，乐队奏起了肖邦的《丧葬进行曲》，伴随着庄重、哀婉的节奏，面对出席鲁迅迁葬仪式的上千名中外人士，我克制着激动的情绪开始现场播音。播出稿虽说是事先写好的，但出席葬仪的著名人士出现的前后次序却有所变动，我沉住气，按着葬仪的实际进程进行解说……直播那天的现场气氛极为肃穆。许广平和宋庆龄相依相搀，许多与会者悼念这位伟人而潸然泪下。这种悲痛的气氛强烈地感染着在场的每个人。鲁迅迁葬仪式的现场直播必须是庄严而给人以力量的，所以我用沉稳、庄重的语调播报着每一个字，详尽地向听众介绍葬仪的每一个细节……作为一个老播音员，我为能亲身参与鲁迅迁墓葬仪而骄傲。现在，我常常去虹口公园（现改名为鲁迅公园），常常在鲁迅塑像前流连，常常会不由自主地走到左侧的那排葡萄架下站一站，常常想对周围的年轻人说一说，当年鲁迅迁墓葬仪是怎样进行的。①

（节选自《在鲁迅墓前——记迁葬仪式实况转播》）

---

① 陈醇：《在鲁迅墓前——记迁葬仪式实况转播》，《我们的脚印——上海老新闻工作者的回忆》（内部资料）第1辑。

从这段当年的现场报道录音当中，我们能够听到陈醇庄重、激动，而又克制、内敛的报道，语言的表达和运用体现出一种“哀而不伤”的肃穆。

图 2－2　1956 年 10 月 14 日鲁迅迁墓仪式
（摄影周海婴）

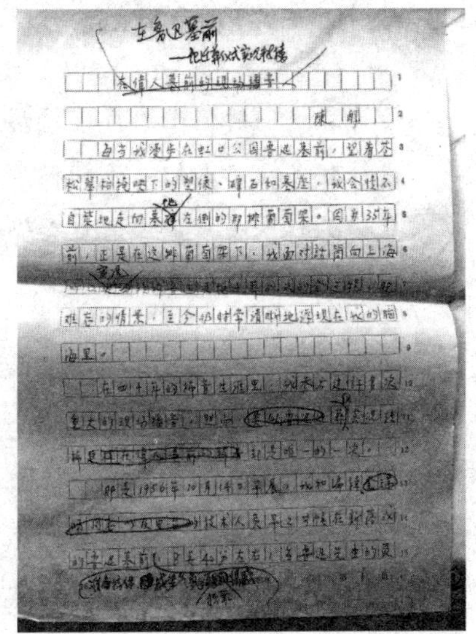

在鲁迅墓前

陈醇

每当我漫步在虹口公园鲁迅墓前，望着苍松翠柏掩映下的塑像、碑石和墓座，就会情不自禁地走向墓右侧的那棵葡萄架。回想35年前，正是在这棵葡萄架下，我面对话筒向上海

难忘的情景，至今仍时常清晰地浮现在我的脑海里。

图 2－3　陈醇手稿

四、新闻通讯

通讯是运用记叙、描写、抒情、议论等多种手法，具体、生动、形象地反映新闻事件或典型人物的一种报道形式，但通讯的时效性不及消息。通讯时常作为消息的补充和深化，是我国新闻领域很有特色的报道形式。通讯的特点是内容真实、讲求时新性、篇幅较长、报道深入、作者感情色彩浓重、表现手法丰富、比消息写得口语、叙事详尽生动。

通讯播音，是播音员对通讯稿件进行有声化的再创作活动，要求播音员通过深刻的理解力、灵敏的感受力和丰富的想象力，准确地把握作者意图、稿件主旨，激发真情实感。做到叙述舒展自然、描绘生动形象、议论态度鲜明、抒情有感而发、表达细腻准确。

陈醇曾播过人物通讯《敢想敢干的年轻人》，介绍的是一位在生产一线勤奋工作、刻苦钻研、敢想敢干的青年技术工人小唐，以及其先进典型事迹。

去年年底，机器总装了，小唐和几个青年工人干了两天两夜，把机器装配好了，可是却开动不起来，这可急坏了小唐。党支部领导同志劝他回去休息，可小唐怎么也不愿离开火线，他说：“我没有完成党交给我的任务，回家也睡不着啊！”他重新检查了各个部件，终于排除了故障，使这台具有先进水平的专用设备投入了生产。

（同期声）

在这同时，小唐再接再厉，又完成了四型照相机机身铣加工流水线的设计任务，工人们一致赞扬唐大昌同志贯彻执行了毛主席独立自主自力更生的方针，为我们中国工人阶级争了气！

（1974年9月14日《敢想敢干的年轻人》节选）

新闻通讯是新闻稿件的主要体裁之一，在新闻通讯当中又以人物通讯、事件通讯、工作通讯、概貌通讯等为主。以上这则通讯就是以奋战在技术工程一线的年轻人唐大昌为主要报道宣传对象的人物通讯。

报道宣传代表先进人物的通讯稿件主要以人物的事迹、人物的行动、人物的语言为主，所以在人物通讯稿件的播音当中往往需要将先进人物的事迹作为主要刻画对象，尤其是需要形象生动地表现人物的行为和语言。在这则人物通讯当中，首先铺垫了工作当中的困难：“小唐和几个青年工人干了两天两夜，把机器装配好了，可是却开动不起来，这可急坏了小唐。”陈醇在表达这一句的时候，通过着重表现“两天两夜”突出了任务的艰巨，然而机器“装配好了”可是却“开动不起来”通过一个转折来突出表现情况的出人意料，所以后面的“急坏了”小唐才显得顺理成章，因此当党支部领导劝他回去休息，小唐才会“怎么也不愿离开火线”，这些将唐大昌极富责任心的工作态度表现得淋漓尽致，尤其是小唐说的那句话带着焦急和不安的心里话：“我没有完成党交给我的任务，回家也睡不着啊！”更是将像小唐一样为祖国建设奋战在工作一线的年轻人的责任心表现得生动而形象，随后经过排查故障，设备投入生产。陈醇在这短短三句话的段落当中，通过表现力丰富的有声语言，将主人公小唐在工作中从发现问题到解决问题的新闻叙事、人物心理、人物行为、人物语言等都准确形象地表现了出来。陈醇在这则通讯播音中对有声语言表达的运用表现出了收纵自如、抑扬有致、起伏多变、游刃有余的深厚语言功力，从他的通讯播音当中能够体现出创作者本身“深受感动”之后让人对通讯的主人公“心生敬佩”之情，达到了很好的宣传教育传播效果。

从以上几则陈醇早年从事新闻播音工作的录音资料中不难发现，无论是新闻消息、新闻评论，还是新闻通讯、新闻现场报道，陈醇都会通过最为贴切恰当的有声语言来进行表达，不会让人听起来感觉只有一种语言表达样式，而是每一条消息、每一篇稿件都会用最为贴合当时新闻宣传规格和要求、最为符合文稿体裁和内容本身的语言表达样式来创作呈现。

陈醇用他醇厚的声音，播报了无数条重要的消息，他担任的通讯播音、评论播音几乎涵盖了中华人民共和国成立后上海的发展进程，给当时的听众留下了难以磨灭的印象。

陈醇明白，虽然有人称他为“上海第一声”，但这并不仅仅代表他自己的声音，他的心时时刻刻与人民群众的心相通、相印，陈醇的新闻播音总是饱含对党、对人民的深情。

陈醇知道，二战时期希特勒曾经狂妄地宣称：德军打进苏联，第一个枪毙斯大林，第二个枪毙列为坦（当时苏联著名播音员）。陈醇打内心深处乐于并准备做“上海的列为坦”。

1976 年 1 月 8 日凌晨 2 时，一阵急促的敲门声惊醒了陈醇，电台的车等在他家门口，赶到电台才知道是敬爱的周总理逝世了。泪流满面的陈醇控制住极度悲痛的感情，调整好自己的情绪，拿着新华社发出的讣告，录下这举世悲痛的消息。清晨，中央台新闻节目尚未开始，上海市民就从上海台的第一声广播中得知这个消息，全市一片悲哀。这也是当时中国空中播出的第一声。不一会儿，电话铃声大作，被“四人帮”控制的上海市委来电称：播音员感情、情绪不对，要重录重播。默坐在播音台前的陈醇怎么也找不到“四人帮”爪牙要求的那种感情、情绪，重录的事只能作罢。①

陈醇担任新闻播音员的时候，深知自己身上的双重身份和重大责任，既是党和政府的“喉舌”，又是连接政府和人民的“桥梁”，不但要及时准确地“上情下达”，而且还要客观真实地“下情上传”，因此，陈醇的新闻播音总是饱含对党、对人民的深情。

① 秦义民：《“上海第一声”：陈醇》，《海上名人》，汉语大词典出版社，2001 年 4 月，第 1 版，第 4 – 5 页。

第二节　沪上荧屏开拓者

偶然的机会又让陈醇与当时对普通人来说还是新鲜事物的“电视”联系在了一起。

1958 年中国开始创建电视台，上海电视台于当年的 10 月 1 日开播。陈醇幸运地成为上海电视开播第一个出图像的播音员，也是中国第一位出电视图像的男播音员。

一

与电视的结缘，陈醇回忆道：那是 1958 年的事情了。1958 年国内开始创建电视台，北京电视台（中央电视台前身）是当年的 5 月 1 日播出，上海电视台是当年的 10 月 1 日正式播出节目，就是新闻，第一档新闻，1958 年 10 月 1 号晚上首播，但是那天还有什么节目，我都记不得了，现在唯一留下来的一张照片，能够还原当时的情景。记得当时电视台开播结束，台长把大家召集起来，读北京广电局长的来信，祝贺上海电视台开播，读完后说留张影吧，就拍了张照，现在就以那张照为历史依据。①

图 2-4　1958 年 10 月 1 日上海电视台开播合影（前排右三为陈醇）

---

① 根据笔者 2005 年 8 月 8 日对陈醇访谈记录整理。

陈醇在上海电视台成立30周年时也用文字回忆了上海电视台开播当天的一些片段：

> 上海电视台初创时的艰苦是难以想象的，好在那时候的人都有股子劲，越是干创业的事，劲越大。播音员、摄像员、编导人，谁都没干过电视，对电视既陌生又新奇。
>
> 我那时承担电台的播音任务，国庆节那天上午，我和电台的同志在人民广场进行现场广播解说，下午回电台制作录音报道，晚上又马不停蹄地赶到永安大楼13楼上海电视台的第一个演播室。那时候还没有电视摄像机，刚从科影厂调来的朱盾、邹志民等同志用16毫米的电影摄影机拍摄了群众游行集会的镜头，负责剪辑的同志也是从电影厂临时请来的。快到节目播出时间，片子才刚刚搞好。弄得非常紧张，更要紧的是，当时的设备还不能够把电影胶片上的画面直接播映出去。怎么办呢？好在负责技术的同志有办法：在墙上挂一张白纸，用电影放映机把刚刚剪好的片子放映到白纸上，我和张芝同志就看着纸上的图像在边上解说，摄像机对准墙上的映像将画面摄入镜头。有史以来，上海第一次电视节目中的新闻就这么传送出去，整整8分钟！记得工作完毕后，北京就给我们来了贺电，待台长杨时宣读后，参加首播的同志个个雀跃不已。①
>
> （节选自《而立之年的上海电视》）

据陈醇回忆：上海的广播电台和电视台在当时是不分家的，当时全称叫“上海人民广播电视台”，而且电视台作为我们上海人民广播电视台管理下8个部门的其中之一，上海电视台是一个部，是由上海人民广播电台组建的，当时还没广播局的设立，所以我们所有工作人员的意识中并没有后来电台和电视台分开独立运营的意识，大家思想不分家，认为电台电视台一码事，是一个单位，电视台一开始没有自己专职播音员，都是从电台借播音员，后来也想招专职的电视播音员，因为那时候广播电台播音员工作都挺忙的，但是他们最终也没有确定一个。

---

① 陈醇：《而立之年的上海电视》，《文汇报》，1988年10月1日。

图 2 -5　陈醇 60 年代初在上海电视台演播厅直播节目

当时就技术来讲，电视对于广大群众还是新鲜事物，上海开始实验性的播，一个礼拜播出两三次，但影响不大，因为大多数老百姓家里没有电视机，所以看不了电视节目，一直到“文化大革命”时期，电视台经常实况转播批斗会，组织大家集体观看，观众数量多了起来。当时所有节目都是在那个小演播室里面直播，那时候如果电视剧里面有爬山情节，怎么办？就是在背景布上画个山，演员在地上表演爬山，像歌舞表演等节目也都是这样的。

二

陈醇从那之后就开始陆续接触并参与各种各样的电视节目，电视节目开播之初，受限于技术和设备条件，当时所有的电视节目都是直播，无论是电视新闻节目，还是电视文艺节目、电视社教节目等等都是直播，当然了，直播是对从业者业务能力和业务素养更加全面的锻炼。

陈醇谈到业务方面时说：那时候广播电视不完全分家，初期转播重大活动或事件时都是广播主要负责播出声音，电视负责播出画面，也就是电视台的节目里转播的是广播电台的声音。就从播音业务的角度来说也还没有意识区别电视的语言和广播的语言，开始没有这个条件，后来慢慢地有所区分。

回忆起初做电视节目的时候，陈醇记得当时话筒都得自己弄，话筒开关都自己操作，灯光也是自己找感觉，自己调整几个固定的灯光。当时受条件影响感觉屏幕形象不理想，就有一次是在播音之前，请了一位摄影师，来讲授相关摄影知识，他让工作人员对面部进行了补光，然后就会觉得屏幕形象精神了，有层次了。当然当时条件受限，播音员更多地把重心放在播音业务和内容表达上，屏幕形象问题还在摸索阶段。

陈醇说："主持固定的电视节目应该是90年代了，那时候《上海滩》节目确定由我担任主持，后来还主持了电视节目《异域风情》，每个礼拜播出一次，记得1991年举办个人播音40周年研讨会当天，我是早上录制完电视节目后赶去参加活动的，90年代初做这些固定电视节目，已经属于电视台外请人员了。"①

这个阶段，陈醇在电视节目主持业务上也逐渐走向成熟，他说：但是有一条，比较明确，电视传达的不是个人形象，电视传达的是节目内容。所以电视对播音员语言还是有业务要求的，从业务上来讲，电视节目的播音员主持人应该对语言和形象都要有较高的要求。广播和电视对业务的要求相互关联，电视也重视语言业务，广播也重视个人形象，尤其现在，电台的播音员主持人也会面对听众。

图2-6 陈醇2003年9月21日在上海电视台参加《有话大家说》"上海电视事业45周年"特别节目《电视让生活更美好》录制后合影（右一为陈醇）

日后的几十年里，虽然仍然主要从事广播节目的播音与主持，但是陈醇依然没有和电视绝缘，不但为电视台解说了大量的电视专题片，还在电视台固定主持一些节目，经常为电视台录制一些栏目和专题节目，有的时候还会受邀参加一些电视晚会的演出。他那儒雅的风度和他那醇厚深情的声音同样为电视观众和广播听众所接受。

---

① 根据笔者2005年8月8日对陈醇访谈记录整理。

第三节 刻苦勤奋夯基础

陈醇在播音艺术领域的成功和许多有造诣的艺术家一样，同样是刻苦勤奋得来的。

陈醇在《我从那儿起步》一文中写道：当时徐州台的条件虽然很艰苦，但为我以后几十年的播音工作打下扎实的基础。我从简单的“报节目”开始，然后逐步播文艺节目、专题节目和新闻节目……而且所有的节目都是直播。这样的工作环境培养了我一丝不苟、严谨慎重的作风，这样的工作实践（加上老播音员的悉心帮助）使我很快地掌握了播音的基本要领。① 正是因为在徐州人民广播电台的这段经历，让陈醇打下了非常扎实的语言功底。

一

当谈到新闻播音员基本功的时候，陈醇说：“新闻语言要求清晰准确明快，内容表达准确，每个字都要清楚，语言也要流畅。基本功之外对情感的把握也很重要。新闻播音最见功底，有时候甚至都来不及看稿件就要去直播，因此对新闻播音员来说语言的功力不可轻视。”② “我参加播音工作初期是由老播音员带着，一句一句地学，一点一滴地积累。要创建新中国广播播音风范，就必须改变国民党台和旧私营台的播音腔调，我们当时的责任重大。没有现成的教材，也没有前人较具权威的示范，一切播音活动都是在实践中不断摸索总结。”③

字正腔圆，一直是舞台语言艺术和广播电视播音语言艺术所追求的一种境界。但在80年代中期，尤其是90年代，一些主持人播音员的研究者却把它视为异端，千方百计地贬之、拒之，似乎距其越远越好。陈醇却不以为然。他一针见血地指出：“字正才能达意，腔圆才能传情。”他的观点无疑是正确的。“字

① 陈醇：《我从那儿起步》，《徐州人民广播电台成立40周年纪念专辑》（内部资料），徐州人民广播电台，1989年7月30日，第79页。

② 根据笔者2005年8月9日对陈醇访谈记录整理。

③ 陈醇：《广播，我终生的事业——为纪念上海人民广播电台50周年台庆而作》，《中国广播》1999年第4期，第30页。

正”是指吐字归音的准确、规范、清晰；“腔圆”则指的是行腔的圆润、集中和酣畅。“字正腔圆”是对一切语言工作者的共同的、合理的要求。播音主持是一种听觉艺术，如果播音员、主持人连字都说不准确，说不规范，说不清楚，甚至不知所云，那么作品的内容再好，形式再新，听众听不懂、感受不到，又有什么意义呢？如果字正而腔不圆，就必然缺乏圆润、酣畅之美，其感染力、鼓动性就会大打折扣。

陈醇的勤奋刻苦在张书玷的文章中是这样记叙的：他注重学习，几十年来，自觉坚持向实践学习，向书本学习。他说：“播音就是读书。”“……读书是播音语言表达艺术的基石。”“……爱好读书是一个人提高品质修养的必经之路。”①陈醇的这种勤奋好学、刻苦认真的作风不但是他造诣深厚的根基，也为年轻播音员树立了一个很好的榜样。

陈醇认为“播音是个获取知识的田园”。他在文章中写道：

> 我参加播音工作的时候要坐班值机，一个班多长时间，我们就要在直播室里守多长时间。边播边听，播到不同的节目，就能学到一点相关的知识。广播的内容非常广泛，有新闻、文艺、知识、服务等各种类型；节目的播出形式也多种多样，有的请专家播讲，对我们值班的人来说，只要注意聆听，就好似面授辅导。而有的节目，所有的内容都是由我们播音员播讲，因此，充分利用播前的备稿时间进行认真的准备，就如同是在自学应考。
>
> 播音工作比其他工作获取知识的条件便利、多样，而且新鲜。虽然我们不可能通过这个岗位的工作而成为科学家、理论家，但是只要用心积累、勤于实践，是可以成长为一名广播战线上的语言艺术家的。②
>
> （节选自《广播，我终生的事业——为纪念上海人民广播电台50周年台庆而作》）

二

陈醇曾播过录音报道《上海人民的愤怒和力量》，反映当时中国各地民众强烈反对《美蒋共同防御条约》的态度和行动。《美蒋共同防御条约》是美国国

---

① 张书玷：《声情之树长绿——陈醇先生从播五十周年研讨会感言》，《陈醇播音生涯五十周年研讨会征文集》（内部资料），上海人民广播电台2001年10月，第17－18页。

② 陈醇：《广播，我终生的事业——为纪念上海人民广播电台50周年台庆而作》，《中国广播》1999年第4期，第30页。

务卿 J. F. 杜勒斯和中国台湾当局代表叶公超于 1954 年 12 月 2 日在华盛顿签订的军事条约，于 1955 年 3 月 3 日生效。该条约包括序言和 10 项条款。主要内容是：美国帮助台湾当局发展军事力量；国民党向美国提供在台湾、澎湖及其附近海域部署海、陆、空军的权利；诬指中国人民解放台湾的斗争为“共产颠覆活动”。台湾遭到“武装进攻”时，美国应立即采取行动对付“共同的危险”；甚至规定条约适用范围经双方协议可扩大到“其他领土”。条约规定有限期有效。该条约严重侵犯了中国主权和领土完整，是一个非法的和无效的条约。1954 年 12 月 8 日中华人民共和国政府发表声明，谴责美国企图利用这个条约使它武装侵略中国领土台湾的行为合法化，指出该条约是非法的、无效的。因此，中国民众群情激昂，各地纷纷采取行动反对《美蒋共同防御条约》。

怒火燃烧，吼声震天！中国人民一定要解放台湾！

(歌曲《中国人民一定要解放台湾》)

上海，站在解放台湾斗争的前线上。

在这个城市里到处奔腾着反对美蒋条约，坚决解放台湾的怒潮，上海各界人民为反对《美蒋共同防御条约》举行了庄严的集会，各界代表在会上激昂地发言，无数只手高举起来了。工人们一致通过了给浙江、福建沿海前线中国人民解放军的保证信，信上面说：你们在前线准备随时消灭敌人，我们在后方坚决保证安全发电支援你们！“搞好生产，用实际行动支援解放台湾”，成了上海百万工人的行动纲领！

（1955 年 1 月 12 日《上海人民的愤怒和力量》节选）

在这则录音报道中，伴随着激昂的《中国人民一定要解放台湾》的歌曲声，陈醇开口一句深沉、稳健的“怒火燃烧，吼声震天！”极富态度和感染力，伴随着背景歌曲中的唱词朗诵而出，这既是歌词，同时又表达出全中国人民坚决反对《美蒋共同防御条约》、一定要解放台湾的坚定决心。在接下来的报道中，陈醇没有用高调的声音去表现民众的强烈情绪，而是立足于祖国和所有中国同胞，将愤慨通过雄浑有力的声音铿锵有力地传递出来，这样的处理和表达更具正义的力量和震慑力。解放初的上海，既是中国重要的工业城市，也是解放台湾的前沿阵地，所以工人阶级的意愿代表了上海民众反对《美蒋共同防御条约》的态度和决心，“搞好生产，用实际行动支援解放台湾”既是口号，同时也是纲领，这句话的坚定而有力的有声化表达便是点睛之笔。

三

陈醇认为新闻播音应该是播音员日常的主要任务，尤其对于年轻播音员，不管新闻的内容和形式如何变化，新闻播音业务对于播音员来说一定是看家本领，因为新闻媒体必须以新闻立台。陈醇说："播音员应该以新闻播音为主要业务，所以现在有很多人认为，我是以播讲长篇小说为主，实际上长篇小说在当时不是我最主要的工作任务，我的主业主要还是天天播新闻，从早播到晚，几十年播了多少条新闻我也不记得了。"每天进播音间播新闻至少不下五六次，为陈醇的播音打下了深厚的基础。"因为新闻要求清晰准确明快，内容表达准确，每个字都要清楚，语言也要流畅。我觉得新闻语言和文学语言两种语言是相辅相成的，但是问题不是一定能掌握。"①

关于年轻的新闻播音员应该注意哪些问题，陈醇谈了自己的感受：现在的播音员我觉得一个就是情感的把握，还有就是基本功。情感能不能表达准确，如果能听出来播音语言的词组排列有很多不足之处，有的播音甚至没法听明白播的是什么，这就很不好。我觉得还是一个把握和看的问题，现在需要先知道。我觉得老一辈播音员，新闻播音最见功力，你的基本功好不好一听就明白。像其他节目的语言或者朗诵表演等等都可以听不清楚再来一遍，重复一遍，但是新闻播音就不同了，这就是一遍得过。再一点，我觉得现在年轻人在一档新闻里语言表达的区分不当，按理讲一档新闻里面必然有几组内容，一组国内的，一组本市的，一组国际的等等，比方说，国际新闻如果有很多条消息需要男女声轮流播，每一条播完了中间需要停顿，现在有的播音员不管这个，听起来就是一大片。还一个我觉得就是积累，播新闻的人要有一定的积累，非常重要，不值班播新闻的时候你也得天天自己播新闻。中央台的曹山我觉得就很好，他这礼拜值新闻班，他播完新闻播散文，再下个礼拜让他去播解说，他天天早上念报纸，很用功，播新闻就这样，播不好就淘汰。

四

雷锋及其"雷锋精神"影响了中华人民共和国成立以来的几代人。陈醇所播的《雷锋同志模范事迹展览今起展出》这则新闻消息，报道的就是"雷锋同

---

① 根据笔者2005年8月8日对陈醇访谈记录整理。

志模范事迹展览”在上海正式展出的新闻。

雷锋同志模范事迹展览，今天下午在中苏友好大厦正式展出，近5000个来自工厂、部队、机关、学校和里弄的观众观看了展览。人们停立在一幅幅图画、一帧帧照片，和许多雷锋生前读过的书本、穿过的衣服等实物面前，大家出神地听着讲解员的介绍。

（同期声）

虽然雷锋同志生平闪耀着共产主义光芒的无数动人事迹，早已经传遍了全中国，传到了全上海，深入到工厂、机关、学校、里弄，并且深深地铭刻在千百万人的心理，但是在今天的雷锋同志模范事迹展览大厅里，人们还是如饥似渴地注视着眼前展出的每一个景象，细心地聆听着讲解员的讲述，许多人很认真地记着笔记。

（同期声）

雷锋同志这种认真读毛主席的书，坚决听毛主席的话的精神，深深地感动和教育了每个来参观的人。

（1968年4月23日《雷锋同志模范事迹展览今起展出》节选）

雷锋，原名雷正兴，1940年12月18日出生于湖南长沙，中国人民解放军战士，共产主义战士。1954年加入中国少年先锋队，1960年参加中国人民解放军，同年11月加入中国共产党。1961年5月，雷锋作为所在部队候选人，被选为辽宁省抚顺市第四届人民代表大会代表。1962年8月15日，雷锋因公殉职，年仅22岁。

雷锋对后世影响最大的是以其名字命名的“雷锋精神”。“雷锋精神”是为共产主义而奋斗的无私奉献的精神；忠于党和人民、舍己为公、大公无私的奉献精神；立足本职、在平凡的工作中创造出不平凡业绩的“螺丝钉精神”；苦干实干、不计报酬、争做贡献的艰苦奋斗精神；归根结底就是全心全意为人民服务的精神。

雷锋同志模范事迹展览作为宣传雷锋精神的阵地，正式开展吸引了社会各界的关注，如何将这样一则新闻录音报道播得准确、生动，是这则新闻报道能够达到最佳传播效果的关键。新闻稿件通过对雷锋同志模范事迹展览现场的描述，展现出各界人士对展览的关注和重视，现场观众的种种表现体现出各界人士对雷锋精神的尊崇。在这则录音报道中有两段展览讲解员现场讲解的同期声，陈醇在播音当中既要能够将展览现场氛围和观众的情绪准确表达出来，同时还要兼顾后期播音与现场同期声之间的衔接过渡，这就需要播音之前能够到展览现场去感受，在后期播音之前聆听和揣摩同期声在录音报道中的作用，遵循正确的播音创作道路，是做好新闻录音报道播音工作的关键所在。稿件当中有大量并列名词性词组和短语，需要使用“停连”的技巧，比如“工厂、部队、机关、学校和里弄”“一幅幅图画、一帧帧照片，和许多雷锋生前读过的书本、穿过的衣服等实物”等等，分析处理并区别表现好这些词性相同、内涵相异的词组和短语，需要过硬的语言表达基本功，从这则新闻报道中我们能够听出来陈醇多年来勤奋苦练打下的扎实基本功。

五

对于多年担任专业评委职务，谈到对年轻播音员的建议，陈醇说：现在很多播音员，一般就是从业务上来讲觉得还行，但是表达得不是很理想。现在没有听出来哪一个台哪一个节目哎哟好得不得了，比较少。我觉得比较突出的问题，你比如说还有硬伤。所谓“硬伤”就是什么呢，里面有错，读音不准这些硬伤，觉得怪可惜的。还一个，我觉得积累不够，就是参评的节目应该是在这年当中自己认为好的节目，现在有条件把它留下来，如果下次你觉得这个节目一听比以前那个更好你再消掉，总之你要留下最好的将来参加评奖，不要为了评选去赶做一个节目，肯定不灵。积累，平时要自己积累，基本功不够，这是第二。

新闻播音一个最关键的问题就是备稿比较紧凑，我们都有这样的体会，这个礼拜你值早班，下个礼拜如果不值班，再下个礼拜播新闻就觉得衔接不上，所以一定得持续关注新闻动态，因为事情是不断在发展的。当时我们强调要一倍到两倍的时间备搞，但是做不到，因为我们当时的新闻都是本台记者的采访，新华社的电报还有早上的报纸，以及记者采访的字迹很缭乱，新华社的电报是一条竖的，字体是歪的，有些重要文章我就拿去直播台，还有就是报纸大样剪贴的然后改一改，三种东西如果从稿件的清晰度来讲，报纸最清楚，因为它是铅字。①

关于新闻播音员应该勤奋努力夯实基本功，陈醇曾经在“夏青播音成就研

① 根据笔者2005年8月8日对陈醇访谈记录整理。

讨会上”有一段发言很值得新闻播音员学习和思考：

夏青同志的播音字正腔圆、铿锵有力，体现着他在长期播音实践中锻炼出来的强劲的语言基本功力。若是急功近利，不下苦功就想成名，是绝不可能达到夏青同志那样炉火纯青的播音艺术造诣的，也绝不可能成为名播音员。

现在，有的播音听着气息不畅、字音不准、吐字不清、表达不切，都是基本功欠缺的表现。可是，有的人总是说“播音员只会照本宣科”。我说，是的。我们依照的是党的基本路线，宣传的是科学的邓小平理论。同一篇稿件，不同的播音员播出的效果会迥然不同。如能有夏青同志那样的基本功，就能使我们的播音锦上添花、画龙点睛，深刻体现稿件的内容和精神实质，给人留下难忘的印象。还一种说法，认为“播音员就会字正腔圆地念稿”。我说，对的。只有字正才能达意，腔圆才能传情。如果字不正腔不圆，怎么能准确清晰地播出内容，怎么能达到有效传播的目的。只有不断地锤炼语言基本功，才能像夏青播音那样字字如珠，句句完整，着力适度，回味无穷。

夏青同志是一位播报新闻的专家，他一贯主张新闻播音员要“正确认识广播的特点和要求，深入钻研业务提高播音质量”。他认为，“新闻报道不但在内容上是极其丰富的，而且在其稿件体裁和形式上也是多样的，播音员要为每则新闻寻找那种最能够清楚表达内容的语气”。早在50年代，夏青同志就在全国播音学习会上提出“克服报告新闻的八股腔”，认为不能用固定不变的调子播送一切消息。我们的老播音员都把播报新闻当作首要的工作任务，不满足于只告诉听众一些新闻事实，而是要有自己的正确理解和切实感受，运用语言技巧播好每一则新闻，充分发挥广播新闻的实际效能。70年代夏青同志在全国在职播音员学习班上提出“努力提高新闻的播音质量”，他认为，“了解情况掌握政策，是播好新闻的依据和基础”，“如果播音员停留在字面的理解，止于叙述事实，缺乏热情，这样的播音必然平淡无味，空洞无力，很难动人心弦，不能引起听众的共鸣，更不能启发听众思索它的意义”。

当前，新闻播音有一种缺乏力度、一味求快的现象，错误地认为只有“快节奏”，才能加大传播信息量。因此，越播越快，甚至使人听不清或不懂播的是什么，实际上影响了传播的有效性。①

第四节　新闻素质尤重要

陈醇几十年的新闻播音生涯告诉他，作为一个新闻播音员，新闻素质是至关重要的，不但要了解新闻的理论和知识，还要准确掌握每个新闻事件的来龙去脉。他说："做好新闻播音员除了具备播音员的素质以外还要具备新闻工作者的素质。"②

一

陈醇认为对于新闻播音员来说，新闻素质很重要：新闻敏感、写作能力、"把关人"素质等。他说：做好新闻播音员除了具备播音员的素质以外还要具备新闻工作者的素质。……导语要怎么播，主体怎么播，我们提出的狭义备稿和广义备稿，新闻不能广义备稿就完了，我现在还是这个习惯。我给你举个例子，那天我一看发现号宇宙飞船回来了，我那天晚上就守在电视机前等着看那个宇航员出舱，中央一套说宇航员出舱了，再换一套节目说还没出舱呢，我最后还是没看到什么，让我搞不清楚。其实看没看到也无所谓，但作为一个新闻工作者，干了一辈子了，有一个习惯，较真。……比如新闻的敏感，有些播音员肯定也有，没有就完了。还有就是如果你是新闻播音员你参加一个不是很大的会议，你会后能不能发稿子？当年我们深入生活，很多活动都亲自参加了，到工厂到农村去深入生活，都写消息、发稿子。如果连这个都写不出来，作为新闻播音员的作用就小了。那个时候下乡劳动，到重点区采访，现在的情况我就不知道、不了解了，如果有机会我就考虑再去深入生活一趟，看看当年那些地方都发生了怎样的变化。……如果让你说说我们全国有多少省市自治区，每个省市自治区的全名是什么，它的首府在哪里，我想很多人都说不全……我们播音

---

① 陈醇：《辨析传统　冀望未来——在"夏青播音成就研讨会上"的发言》（内部资料），1998年11月18日。

② 根据笔者2005年8月8日对陈醇访谈记录整理。

员主持人还有一个特殊的身份，那就是“把关人”，你比方我举个很简单的例子，新华社哪月哪日报道，里面有今天、昨天、前天，如果昨天的报道中说是“今天”，今天再进行报道的时候那就得改成“昨天”……首先消息里面的时间地点人物，就算他写错了你也不能播错，我一开始参加工作的时候，记得我就把苏联的领导人的名字都背下来，诸如此类，播音员不知道这些是不行的。①

陈醇以前徐州台的老同事高文兰回忆道：“除了播音以外，陈老师还和其他播音员一起骑上自行车去采访、组织稿件，联系老艺人来台作直播演唱，请音乐老师作教唱直播。由于陈老师会演奏多种乐器，所以组织广播乐团的任务也交给了他，繁重的工作没能让陈醇退缩，反而更激发了他，锻炼了他的坚强意志，造就了他多方面的工作能力，他常感叹那段时间的磨砺使其终生获益。”②

另外，陈醇认为，作为一个优秀的新闻播音员应该时时刻刻关注新闻事件。现在我们播音员的工作方式基本上是轮流值班，所以当班的那几天对新闻事件的动态和变化会有比较连贯的把握，但是，在不值班的那几天可能就会对新闻事件的最新动态有所不知，因此最好的方法就是自己加强对新闻事件的跟踪了解。陈醇举了一个很好的例子，就是中央人民广播电台的曹山，他在播新闻的这一周里，完成新闻播报任务就练习朗读散文，如果下个礼拜让他担任解说工作，他仍然坚持天天早上念报纸，为的就是能够连贯地了解和把握新闻动态。这是我们应该学习的。

陈醇对播音员主持人新闻素质的认识无疑是正确的。张颂教授也说：“我们是新闻工作者，新闻性是我们播音的根本属性，艺术性是它的重要属性。”因此，无论何时何地，作为一个新闻播音员主持人，新闻素质的优劣在实际的新闻传播过程中就显得尤为重要了。

二

陈醇曾经播过新闻消息《上海提前十七天完成1960年国家钢产计划》，报道的是“三年困难时期”上海钢铁工业在全国各条战线迅速掀起“大跃进”的时代背景下，为实现工业上全年钢产量1070万吨的指标“以钢为纲”掀起“全民大炼钢铁运动”，克服困难、顽强拼搏，提前完成当年钢产量的新闻。

---

① 根据笔者2005年8月8日对陈醇访谈记录整理。

② 高文兰：《陈醇老师的徐州情结》，《陈醇播音生涯五十周年研讨会征文集》（内部资料），上海人民广播电台2001年10月，第46页。

上海钢铁工业在1958、1959年连续“大跃进”的基础上，1960年又取得了巨大胜利，提前17天完成了今年国家规定的钢产量计划，钢的质量也有提高，转炉钢的合格率已经达到97%以上，并且消灭了三级品，铁耗也普遍降低。为了全面完成今年的生产计划，上海钢铁职工坚决地向各种困难展开了顽强的斗争。从今年初他们就坚决实行化铁炉的技术改造，提高去硫效率。夏季他们又提出了“战高温、攻高硫、夺高产”的口号，在艰苦的条件下解决了技术上的关键问题。秋天在这个基础上生产大幅度跃进。第四季度在以粮、钢为中心的增产节约运动中，转炉炼钢技术和生产水平有了很大的发展和提高。

（1960年12月30日《上海提前十七天完成1960年国家钢产计划》节选）

进入1960年，正是中华人民共和国成立11年后全国大面积受灾的“三年困难时期”，基本指导思想仍是“持续大跃进”。由于1958年的“大跃进”和“人民公社化”运动，使国民经济遭到严重破坏，加上“三年自然灾害”，广大人民的生活状况不断下降。

1960年1月1日，《人民日报》发表题为《展望六十年代》的社论，提出要“实现开门红、满堂红、红到底”的口号。这一年中国大地经历着前所未有的热情，“鼓足干劲，力争上游，多快好省地建设社会主义”是当时的总路线，人们乐于看到各项事业在近一两年里迅速发展，建成社会主义指日可待。与此同时，人们也面临着前所未有的饥饿，粮食短缺在这一年内迅速在全国蔓延，“吃的问题”与“钢的问题”成为摆在这个国家面前最现实的抉择。文章指出：中国人民在新的十年间，要在主要工业产品的产量方面赶上或超过英国，基本上建立起完整的工业体系，基本上实现工业、农业和科学文化的现代化，从而把中国建设成为一个社会主义强国。1月7日—17日，中共中央在上海举行政治局扩大会议。会议制订1960年国民经济计划，规定1960年钢产量为1840万吨，粮食产量为6000亿斤，基本建设投资总额为345亿元。要求本年内大办公共食堂（包括城市）。1月22日，新华社发布关于1959年国民经济发展情况的新闻公报。公报说，1959年工农业总产值分别比1958年、1957年增长31.1%和94.4%。钢1335万吨，煤34780万吨，粮5401亿斤，棉4820万担。第二个五年计划提前三年胜利完成。

以上就是这则新闻报道《上海提前十七天完成1960年国家钢产计划》播出的背景。在如此困难的情况下，上海钢铁工业在1960年实现第三年连续“大跃进”，在当时来说确实是可喜可贺的头等大事，因此新闻消息播报的基调就是欢天喜地、令人振奋的，我们从录音报道同期声中的锣鼓喧天以及陈醇播这条消息时高亢、明亮的用声和充满喜悦的播音当中都能够鲜明地感受得到。如果说如何根据实际的新闻宣传报道宗旨来确定新闻消息播音的基调是播好新闻的关键，那么作为播音员新闻素养中的新闻敏感则是这个关键点的重中之重。

在这则包含有一些专业性术语的新闻报道中，充分显现出播音员主持人作为“杂家”的学识构成特性，由于所播内容包罗万象，播音员主持人的知识储备应该对所播内容多有涉猎和了解，比如稿件中提到的“转炉钢”“化铁炉”“去硫效率”等专业性术语，只有了解了其特定含义，在播音当中才能够将这则新闻报道的主旨体现出来，还比如稿件中“战高温、攻高硫、夺高产”的口号，也只有结合时代背景了解了每个字的特定含义，才能够将“三高”二字所体现出困难时期工业生产的不易和难度，通过有声语言表达拿捏得准确、恰当。

三

国家元首的出访与会见是时政新闻的主要内容之一，尤其是与中国友好的国家元首访华的消息，往往在国内新闻报道中尤显重要和广受关注。陈醇曾经播过《恩克鲁玛总统到达上海》的消息就是这样一则典型的外国元首访华的时政新闻。

在播新闻之前首先要做的就是对新闻稿中的信息和内容进行了解和提炼：

加纳总统恩克鲁玛，全名为弗朗西斯·恩威亚·克瓦米·恩克鲁玛（Francis Nwia Kwame Nkrumah）1909 年 9 月 21 日生于恩克罗富尔，1972 年 4 月 27 日卒于布加勒斯特，被称为加纳国父，是黑人非洲杰出的政治家、思想家、哲学家、教育家、外交家、国务活动家，非洲民族解放运动的先驱和非洲社会主义尝试的主要代表人物，是泛非主义、泛非运动和非洲统一的主要倡导者，非洲统一组织和不结盟运动的发起人之一，深受非洲人民尊敬。1957 年领导加纳成为撒哈拉沙漠以南的非洲第一个获得独立的国家。1952 年 3 月 21 日—1957 年 3 月 6 日任黄金海岸总理；1957 年 3 月 6 日—1960 年 7 月 1 日任加纳总理；1960 年 7 月 1 日—1966 年 2 月 24 日任第一任加纳总统。执政期间，恩克鲁玛大力发展民族经济，力图改善民众生活。他推行泛非主义，支持非洲民族独立运动，倡导非洲统一。这种种举措最终招致了西方帝国主义国家和国内反动势力的不满和敌视。

恩克鲁玛曾于1961年8月、1966年2月访问中国。恩克鲁玛与中国领导人建立并发展的真挚友谊已成为中非领导人交往史上广为流传的佳话。恩克鲁玛对华友好，他顶住西方压力使加纳于1960年7月5日同中国建交。翌年9月他成为继艾哈迈德·塞古·杜尔之后第二位访华的非洲国家元首。周恩来对他十分敬重，亲自陪同他赴杭州会见毛泽东主席。

下面所节选的新闻报道片段就是恩克鲁玛总统1961年8月访华时到达上海时受到上海群众热烈欢迎的盛况。

> 10点20分，贵宾们乘坐的专机在机场降落，在群众热烈的欢呼声中，恩克鲁玛总统面带微笑走出机舱，一群少先队员向贵宾们献了鲜花。（同期声）
>
> 恩克鲁玛总统和其他加纳贵宾，来到了欢迎队伍的前面，这时候场内再一次响起雷鸣般的掌声和欢呼声。许多盛装的女青年不时从人丛中跑出来，向总统和贵宾们献花致敬。接着恩克鲁玛总统由周恩来总理陪同登上敞篷汽车，缓缓向市区行进。从机场通向宾馆十多华里长的道路上早已经人山人海，人们挥舞着中加两国的国旗和花束，奏起民族乐曲，不时把芬芳的花瓣儿和彩纸抛洒在贵宾们的身上、车上，表达了上海人民对加纳人民的深厚友谊。
>
> （1961年8月17日《恩克鲁玛总统到达上海》节选）

在这则新闻消息的录音报道中，从接机现场雷鸣般的掌声和欢呼声，到十多华里欢迎道路两旁人山人海的盛况，陈醇的播音充分展现出上海人民对恩克鲁玛总统热烈欢迎的现场气氛，将中加两国的深厚感情和友谊通过对欢迎现场的报道显得形象生动，通过听觉感知就能够让听众产生置身现场、身临其境之感。播音员如果没有对新闻报道中主人公身份进行充分的准备和了解，如果播音员对中加两国的关系不甚清楚和明确，是很难把握好这则新闻报道的准确基调的。这类时政新闻中所体现的国际关系，不但体现在迎接仪式的规格上，更体现在新闻报道宣传的规格上。所以，时政要闻的播报比较能够集中、直观地体现出播音员的政治素养和新闻素养等。

四

陈醇认为对人名、地名的熟悉和牢记也能体现一个新闻播音员的素养：“比如说六方会谈，一开好几天，哪些国家怎么样，还有新闻有些需要事先准备的东西，我觉得现在就不够，我给你举个例子，我们那个时候外国领导人要来，或者我们国家领导人要到那个国家去访问了，我们事先做大量的访问，比如今天，总理要去印度了，印度在哪里，印度全称叫什么，印度首都叫什么，印度的领导人叫什么，印度的历史地理搞清楚对吧，就算是编辑写错了字你都不能念错，像这些都是很重要的。有的时候你正在播呢，摔进来一条刚刚得到的新闻，你就得立刻准备，你如果情况不熟悉，怎么能胜任工作。"①

图 2－7　陈醇 1957 年在"五一大会"主席台上现场解说

能够自己写新闻稿，陈醇认为这也应该是播音员必备的基本素养："那时候 1956 年三大改造、集会、游行，我们做现场转播，跟着队伍走，话筒不能拉线，又没有无线话筒，都没稿子，都是现场看到什么报道什么。那时候五一、十一在人民广场上游行，也是看什么说什么。一直到'文化大革命'才必须不见字不排稿，原来都不是这样的。现在记者去参加一个活动，回来以后发消息，那是别人写的。如果播音员只会播新闻连新闻稿都不会写，那不应该。所以我觉得，那个时候，客观上，政治原因就逼着我播了很多我不懂的新闻，没办法，只能播了，没有谁告诉你应该怎么播，但是有个好处就是硬逼着你非干不可，从实践当中提高新闻素养，我觉得这还是有好处的。"②

① 根据笔者 2005 年 8 月 8 日对陈醇访谈记录整理。

② 根据笔者 2005 年 8 月 8 日对陈醇访谈记录整理。

五

陈醇对《上海职工代表大会向市人委报喜庆祝全市合营》所作的现场报道，是一则广播现场报道，是在新闻现场运用实况音响和现场解说描述新闻事实和现场情景的报道形式。它以再现事物及其现场的瞬间状态和情景为主要表现目标，以典型的、富于表现力的现场音响为必要手段，以现场的即时解说、述评为贯穿始终的主线。广播现场报道能够极大地考验报道者的现场描述能力和语言组织能力。

各位听众，现在职工代表们的报喜队伍快要走进市人民委员会了，为了及时地把报喜的情景告诉大家，现在我们就在市人民委员会门口向大家播音。

各位听众，这支由全市职工代表会议代表组成的报喜队，现在这支队伍已经从南京东路转弯，向市人民委员会走过来了。这支队伍，比从文化广场出来的时候已经扩大了许多了，在报喜队经过的沿路一支一支由各界人民组成的庆祝队伍，不断地参加了进来，汇成了一股更加强大的社会主义的洪流。

各位听众，市人民委员会门口也呈现了一片喜气洋洋欢腾鼓舞的景象，在临时搭起来的欢迎台前围起了红色的布条，四周马路上围满了欢乐的人群，市人民委员会的工作人员，也兴奋地聚集在门口等候报喜队伍。

各位听众，报喜队伍现在已经来到了市人民委员会门口了，职工们高举着红色的横幅，上面写着："向社会主义前进！"数不尽的彩旗迎风招展，队伍里面阵阵的密锣紧鼓，声声的连声炮竹震动着人们的心。

（1956年1月17日《上海职工代表大会向市人委报喜庆祝全市合营》节选）

广播录音现场报道有如下一些特点：性质上，广播现场报道，是广播记者现场口头报道的简称，是记者的现场口述和现场实况音响相结合的一种报道形式；方式上，广播现场报道，体现在现场采制方式上，即是从新闻事件发生的现场发来的报道；特点上，广播现场报道省去录音与合成等工序，现场感强烈，使人感到更加真实可信，这是现场报道的明显优势。

从这则现场报道中可以听出播音员的语言表达方式与有稿播读的极大不同，完全是一种边看边说的描述性语言呈现，陈醇通过观察者视角，以报道者身份将职工代表们的报喜队伍行进过程通过详细、形象、生动的描述性语言，向收音机前的听众朋友进行了报道，能够让听众有身临其境之感，一声声地“各位听众”具有强烈的对象感，以俯瞰视角对职工代表们的报喜队伍行进路线和队形变化的描述，让听众能够通过听觉形成极具视觉效果的具体情景，上海市人民委员会门口景象的描述能够让听众感受到喜气洋洋、欢腾鼓舞的热烈氛围。在这些段落中精准、细致地现场报道，足以表现出报道者捕捉现场关键信息、语言表达精准的表述能力，这些新闻记者的专业素养是一位优秀的播音员应该具备的，陈醇的出色表现让这段现场报道具有了高度的时效性和强烈的现场感。

六

陈醇播音的录音报道《上海三百多万人大集合，大游行支持苏联的正义立场》，义正词严地对美帝国主义间谍飞机侵犯苏联、迫害四国首脑会议的恶劣行径表达了上海人民的强烈谴责。

> 美帝国主义间谍飞机侵犯苏联、迫害四国首脑会议的滔天罪行，激怒了富有反帝爱国斗争传统的上海人民。今天，全市有300多万人举行了规模空前壮阔，声势空前浩大的大示威、大集会，坚决支持苏联的正义立场，愤怒谴责美帝国主义的侵略罪行。中心会场、人民广场，和通往广场的大街小巷，今天都挤满了愤怒的工人、农民、学生、居民、战士和全副武装的民兵们，汇成了一条条愤怒的洪流。
>
> （1960年5月22日《上海三百多万人大集合，大游行支持苏联的正义立场》节选）

20世纪50年代，苏联领导人斯大林去世，赫鲁晓夫上台，开始调整和西方世界的关系，他提出“和平共处、和平过渡”的外交政策，谋求形成一个与美国共同主宰世界的格局。对此，美国做出了相当积极的回应。这样，在冷战的坚冰之下出现了一丝“缓和”的暖流。

1960年5月1日，一架由美国飞行员驾驶的U-2高空侦察机进入苏联领空。飞行员弗朗西斯·加里·鲍尔士若无其事地深入苏联领空800公里，然后按下摄像机的开关，开始对苏联目标进行拍照。突然，飞机猛地抖动起来！鲍尔士知道飞机中弹了，立即跳伞逃生。没过多久，一架美国U-2间谍飞机在苏联领空被击落、飞行员被活捉的消息就传播开来，苏联舆论一片哗然。

5月11日和16日，苏联政府两次向美国政府提交抗议照会，强烈谴责美国的侵略行径，但美国当局却轻描淡写地把入侵事件说成是一架气象侦察机误入苏联领空，说美国没有故意侵犯苏联领空的意思。后来在确凿的证据面前，美国总统艾森豪威尔被迫承认，U－2飞机的“越境飞行”是由总统亲自批准的，飞行已持续了4年之久，目的是“了解世界上的兵力和战备”，以防止第二次“珍珠港事件”的重演，但是他说没有必要向苏联道歉。5月16日，美、苏、英、法四国首脑会议如期召开。会上赫鲁晓夫首先发言，对美国政府的“强盗”行为进行了猛烈抨击，要求美国总统艾森豪威尔公开道歉，并保证不再发生类似事件。但是赫鲁晓夫的要求被艾森豪威尔拒绝了。愤怒的赫鲁晓夫当即率领苏联代表团退出会场，四国首脑会议于是流产。原定艾森豪威尔访问苏联的计划也随之搁浅。

通过以上与新闻相关的背景资料的了解，能够清楚地知道这则录音报道体现了上海人民群情激昂反对美帝国主义间谍飞机侵犯苏联、迫害四国首脑会议的恶劣行径，因此从陈醇的播音中能体现出他在播音之前所作的详尽而扎实的准备工作，从播音中听到的义正词严、铿锵有力的播音正是通过深入了解当时国际政治局势，激发出对此事的准确态度和立场，播音中体现出的态度和立场是能够代表上海政府和人民的，播音的语气义愤填膺、天怒人怨，播音的基调坚定而愤慨，陈醇以自己扎实的发音和气息等业务基本功支撑起了这则录音报道应该具有的强大的舆论宣传作用，将上海人民支持苏联的正义立场准确地传达出来。

图2－8 陈醇1957年5月在上海人民广播电台第43号播音间参与《无线电广播》拍摄上海科影厂

陈醇认为“播音是个锻炼人的天地”。他在文章中写道：

新中国建立初期收音机还没有普及，“广播大会”是当时大规模宣传采用的一种形式，组织广大群众集体收听，效果显著。播音员要当场主持会议，还要多次插播群众收听的反映；那时还没有电视，广播要经常进行剧场演出的实况转播，用电话线路把声音送回电台，播音员到现场讲解剧情、介绍演员、描述舞台演出实况；国庆节，上海举行庆典和群众游行，电台也进行实况广播。播音员站在主席台一侧，边观察、边讲解、边介绍、边描述，把整个活动的盛况通过广播送到千家万户。

我有机会多次参加了这类重大活动的播音工作，它培养我驾驭现场播音的能力，锻炼我及时处理现场变化的语言技巧。鲁迅墓迁葬实况广播是我唯一的一次葬仪现场播音。虽然事先参加多次筹备会议，到现场做过勘察，也设想了可能出现的各种情况，但到时仍有些出乎预料的场面，尤其是在紧张的工作环境中，播音语言要体现追思悼念的基调，这就需要调动自身各种能力，恰当控制情绪，全神贯注地投入。最终这次活动取得了较满意的播出效果。①

（节选自《广播，我终生的事业——为纪念上海人民广播电台50周年台庆而作》）

七

对曾经有一段时期广播播音推崇的“小音量、近距离、快节奏、一对一”，陈醇并不认同，至于具体使用怎样的方式播音主要还应该看内容，不能一味地盲目追求。“小音量”就不会体现出大气、“近距离”不符合发声科学、“快节奏”并不是快速度、“一对一”不符合新闻传播。

陈醇觉得播音工作应该专心、专注，不能一心多用，否则哪样业务和工作都不会精深。另外，我们的播音应该有中国自己的特色化、民族化，每个时代的播音风格都不完全一样，不能一味地认为国外的就一定是好的，要选择性地学习借鉴先进的外来文化，要有自己的特色。比如外国人的名字应该怎么播，需要按照翻译的规则进行音译。

---

① 陈醇：《广播，我终生的事业——为纪念上海人民广播电台50周年台庆而作》，《中国广播》1999年第4期，第30页。

陈醇就现在电视媒体中新闻播音员的形象和肢体语言也谈了自己的观点：电视新闻播音员应该严谨、亲切、朴实，还有就是要明确新闻播音的主旨是传达内容，绝对不是为了展示个人形象，也就是说新闻播音员的形象不能影响内容的传达，这是原则。当前还有一个问题，就是新闻播音员太稚嫩，或者说媒体不能只用那些年轻的播音员，应该还是着重从业务层面来衡量。记得刚刚改革开放时在深圳有机会看到境外的电视节目，不但看到有普通话的新闻节目，而且那个新闻播音员的岁数还不小，戴副眼镜，一打听才知道那是台湾的新闻播音员，我当时觉得这么大岁数的播音员在内地几乎没有。

陈醇还谈到了播音员的“港台腔”问题，他觉得海外媒体都要学习规范标准的汉语普通话，内地的播音员主持人却还要学港台腔。他记得有一次在北京开会，大家业务探讨，听了一段来自台湾的节目录音，录音里播音员的国语发音很准，并不是我们现在所谓的这种“港台腔”。所以陈醇觉得，普通话明明是我们内地媒体和播音员主持人的语言优势，是优美的、好的东西，为什么倒不被自己人崇尚呢？现在国外有很多人学汉语都要学习纯正的普通话，而我们内地的很多播音员主持人反倒去追求“港台腔”，这就并不是所谓的时尚、所谓的通俗。

陈醇认为“德才兼备，声形俱佳”八个大字应该是从业者的基本条件和素养。

陈醇对播音员主持人新闻素质的认识无疑是正确的。张颂教授也说：“我们是新闻工作者，新闻性是我们播音的根本属性，艺术性是它的重要属性。最核心的就是语言功力，语言功力包括八种能力，从观察力开始。它不仅仅是语言的功力，光是要嘴皮子不行，要从观察开始，一直到调节。”① 因此，无论何时何地，作为一个新闻播音员主持人，新闻素质的优劣在实际的新闻传播过程中就显得尤为重要了。

---

① 根据笔者2005年9月21日对张颂教授访谈记录整理。

第三章　陈醇小说播讲艺术

陈醇跨越大半个世纪的播音艺术创作当中，小说的播讲可以说是炉火纯青、深入人心，几十年来在听众当中反响强烈，他的小说播讲整整影响了几代人。很多人见到陈醇的第一句话就是："我是听着您的小说长大的！"原上海人民广播电台的台长李尚智曾经说过："陈醇老师是享誉全国的播音大师，是屈指可数的"全国播音杰出贡献奖"获得者之一。在孩提时代，我就通过广播熟悉了陈醇老师。可以说，我们这一代人是听着陈醇老师播讲的《烈火金刚》《铁道游击队》《红岩》等一个个小说和长篇故事成长的。他播讲故事声情并茂，引人入胜。"① 上海作家刘征泰便是其中的一位。1981 年 5 月 4 日，当他听到陈醇在广播中播读他的散文《锦江春》后，立即写信回忆了他中学时代收听陈醇广播时的情景："您是一位优秀的人民播音员，您的劳动是崇高的，您的汗水浇灌着无数孩童和青年的心田……"还有更多不相识的忠实听众来信称："被他时而激昂、时而悲愤、时而喜悦、时而赞扬的播讲所感动，领略到极其美妙的艺术享受！"②

① 李尚智：《陈醇播音生涯 50 周年研讨会征文选 · 前言》，《陈醇播音生涯五十周年研讨会征文集》（内部资料），上海人民广播电台 2001 年 10 月，第 2 页。

② 尹明华：《醇的声音，醇的人品——记上海人民广播电台高级播音员陈醇》，《陈醇播音生涯五十周年研讨会征文集》（内部资料），上海人民广播电台 2001 年 10 月，第 4 页。

第一节　播前认真准备

陈醇认为，小说按照篇幅可以分为短篇、中篇和长篇，还可按照古代的现代的、国内的国外的来划分，每一种都有小说演播创作的特殊要求。所以我们在演播小说之前一定要认真地研读和分析原著，做好充分的案头准备工作。若没有大量的前期准备工作，要想演播好小说是不大可能的。

另外，陈醇还认为，同样是小说，但是翻译成中文的外国小说在语言方面就和中国作家所写的有所不同，毕竟不同民族、不同文化造成语言表达方式的不同。中国的小说由于时代和背景的不同，作者的写作方式也各不相同。比方说有的长篇历史小说是按照章回体写的，有的小说完全是用第一人称来叙述的等等，因此在演播小说的时候要特别注意这些不同。

一

陈醇说，在准备演播小说之前如果有条件的话尽可能地去和原著的作者进行沟通和交流，弄清楚作者在创作这个小说的时候到底是如何考虑和构思的，可以和小说的作者一起来分析小说中的人物形象，有可能的话还可以和作者一起把小说中的人物关系理清楚，尽可能地做到自己的理解和小说作者的初衷吻合，这是小说演播成败的关键所在。“这里面就有一个把作者的文字变成自己的语言，要顺起来。每个作者的语言不一样，有的还用方言，怎么样把他变成你自己的口语，没别的办法，一个就是案头工作多做，另一个就是读的不顺的地方自己多读。所以我碰到这样的情况，我们那个时候业余生活听长篇的人比较多。听长篇的人往往听到以后他去买一本书，拿到书以后，他就对着看。”① 这样一来就好像收音机前有千千万万个监听员一样，播音员来不得半点马虎。

熟悉陈醇的人都知道他对待播音那股认真劲儿。把播音作为艺术和学问来追求、来钻研，这是陈醇孜孜不倦、乐此不疲的目标。他播长篇小说，“不是像一般读者那样去阅读小说，而是仔细地、反复地对小说中描述的环境地点、故

① 根据笔者 2005 年 8 月 8 日对陈醇访谈记录整理。

事情节、人物关系、主题思想等进行认真的分析理解"①。著名作家峻青曾经回忆道：陈醇同志是一个非常谦虚的人，每在播这些作品之前，总要对作品反复阅读琢磨，有时还要征询作者的意见，与作者一起共同研究切磋。播出前，通知作者播出时间，播出后，征询作者意见。这种虚怀若谷的精神，着实令我感动；而他的播音艺术，更加令我赞赏。②

图 3－1　陈醇 1981 年秋向作家峻青请教《海啸》的创作

陈醇在播讲小说《万山红遍》时的一些轶事至今仍被知情的同事和朋友津津乐道。黎汝清的长篇小说《万山红遍》于 1976 年由人民文学出版社出版发行，写的是党领导的一支红军队伍在 1928 年春天到秋天第二次国内革命战争初期，遵循毛主席开创的井冈山道路，在祖国南方某山区建立农村革命根据地的英勇斗争故事。这支红军队伍艰苦奋斗，英勇作战，经过错综复杂的斗争，闯过了征途上的种种险风恶浪，与山区党组织共同努力，发动群众，打土豪、分田地，同敌人展开了反复较量，清除了内奸，消灭了敌人，成立了工农民主政权，扩大了红军队伍，建立了农村革命根据地。小说《万山红遍》情节引人，语言流畅，着重塑造了红军大队长郝大成以及吴可征、史少平、罗雄、宋少英、

① 尹明华：《醇的声音，醇的人品——记上海人民广播电台高级播音员陈醇》，《陈醇播音生涯五十周年研讨会征文集》（内部资料），上海人民广播电台 2001 年 10 月，第 5 页。

② 峻青：《德艺并重——贺陈醇同志播音生涯五十周年》，《陈醇播音生涯五十周年研讨会征文集》（内部资料），上海人民广播电台 2001 年 10 月，第 8 页。

田世杰、黄六嫂等无产阶级英雄形象，同时也生动地反映了当时广阔的社会面貌。作品以饱满的革命激情，歌颂了毛主席带领的红军长征以及革命路线的伟大胜利。小说力图通过形象的描绘，说明井冈山道路对中国革命的伟大意义。

陈醇为了更好地还原小说里的情节，更精准地塑造小说里的人物形象，从拿到小说开始就着手精心而细致的案头准备工作。小说《万山红遍》作者黎汝清在南京军区从事文学创作，陈醇首先想到的就是联系作者，了解与小说相关的情况，以便在播讲时做到心中有数。上海人民广播电台的范惠凤回忆道："播送《万山红遍》时，他和节目编辑专程到南京拜访作者黎汝青。黎汝青不但和陈老师一起分析人物，还给他画地形图。"① 杂志记者秦义民在文章中也写道："陈醇讲故事感人，是因为他下了功夫。他讲《万山红遍》前，就去南京军区找作者请教。作家黎汝清画了一张地形图，标明敌我行军路线、战斗区域，并帮助分析人物性格形象，使作家笔下的人物在陈醇的脑子里形成活生生的形象，通过他的嘴巴使人物栩栩如生！"②

陈醇在《播讲长篇小说的一些体会》中提道：我认为播讲长篇小说，应是从看小说开始，我们不能像一般读者那样阅读，而是要仔细地、反复地对小说中描述的环境地点、故事情节、人物关系、主题思想等进行认真的分析理解。作者黎汝清同志饱满的革命激情，运用引人的情节，生动的形象，流畅的语言，把那么丰富的内容贯穿在一起，为我们学习党的历史提供了形象的教材。播讲长篇小说，是以活生生的人物形象去感染听众的。要把小说中的人物真实地再现于广大听众的面前，播讲时头脑中就得先有要讲的各种人物的具体形象。人物形象形成的主要依据是小说本身所提供的，我们得十分用心地把散见于各章节中的对人物形象的刻画和描写集中起来，加以整理。分析确定了人物形象后，播讲时最好能讲到谁，脑子里就有谁的形象，尤其是主要的几个正、反面人物，因为"主要人物是一定的阶级和倾向的代表，因而也是我们时代的一定思想的代表"（恩格斯：《致斐·拉萨尔》）。在整部小说中，他们经常出场，所以在播讲过程中，他们的形象常常浮现在我的眼前。我在播讲之前，准备一个笔记本，按人立账，把书中有关人物形象的叙述记载下来，放在手边以作提示，有的小

---

① 范惠凤：《播音——陈醇的第二生命》，《陈醇播音生涯五十周年研讨会征文集》（内部资料），上海人民广播电台 2001 年 10 月，第 49 页。

② 秦义民：《"上海第一声"：陈醇》，《海上名人》，汉语大词典出版社，2001 年 4 月，第 1 版，第 4 – 5 页。

说里有人物插图，就更能帮助确立人物形象了。① 2019年9月23日，长篇小说《万山红遍》入选“新中国70年70部长篇小说典藏”，也正是因为陈醇在播讲小说前做足了工作，小说的播讲生动形象、栩栩如生，《万山红遍》的小说播讲也成为有声读物中的红色经典。

二

《铁道游击队》是现代作家刘知侠创作并于1954年出版发行的长篇小说，小说一经面市立即成为读者们争相抢读的书籍，成为抗日战争文学经典。

图3-2　《铁道游击队》封面

（上海人民出版社，1977年9月第1版）

《铁道游击队》讲述的是抗日战争时期的英雄故事，由于不堪日寇的屠杀和蹂躏，鲁南枣庄地区党领导下的一支由煤矿工人和铁路工人秘密组织和武装起来的游击队，在临枣支线、津浦干线上，打击日伪军的交通线，与敌人进行游击斗争。小说揭露了日本帝国主义侵略中国的滔天罪行，歌颂了铁路工人抗击日寇的顽强意志和英勇战斗精神。故事生动曲折，人物栩栩如生，富有传奇性。

《铁道游击队》着力塑造了以刘洪、王强为代表的铁道游击队的英雄群像。作者有意识地通过各种情节设计来凸显主人公的个性特征，避免了类型化的描述，也由此增强了人物性格的真实性。此外，小说还通过人物行为前后的对比进一步烘托主题：队员王虎、栓柱在陷入困境时背叛队伍，但经过山里的教育后洗心革面，重又回到革命队伍中来。小说中多处通过这种简单直白的比较来进行叙述，打上了特定时代环境的烙印。

《铁道游击队》在表现革命主题时，加入了中国古小说惯用的“传奇”因素。作者刘知侠在创作前已经先剖析了一遍中国古代四大名著之一的《水浒

① 陈醇：《播讲长篇小说的一些体会》，《北京广播学院学报》，1980年4月，第2期，第50页。

传》，在写作手法上以中国民族文学的特点来刻画人物，将故事写得有头有尾、线索鲜明，有章回体小说的特点，使每一个章节都有情节的铺垫和高潮，引人入胜。《铁道游击队》也并没有被单一的革命史叙事所局限，从而在更大的范围内获得了民族和国际的认同，并因此而有了长久的文学生命力。长篇小说《铁道游击队》于2019年入选“新中国70年70部长篇小说典藏”。

陈醇不止一次播讲过《铁道游击队》，但是每次播讲都会有新的体验和感受，原著当中的人物和情节多且复杂，虽然采用了革命史叙事的方式，表现的是特殊历史阶段的红色传奇，但由于作品中打鬼子的传奇故事源于真实的历史，并且借鉴了中国传统小说《水浒传》的“传奇”元素，以波澜起伏的情节、富于传奇色彩的人物形象、质朴通俗的语言使之经典化、通俗化，一直被广大读者所熟知并喜闻乐见，因此对于这部读者和听众都耳熟能详的名著，陈醇每次播讲都力求还原原著的精髓，做到尽善尽美，所以在每次播讲前仍然要做大量细致入微的准备工作。

上海人民广播电台新闻频率著名主持人秦畅（胡小丽，“上海市十大杰出青年”“全国百优新闻工作者”“上海市三八红旗手”“上海市十大文化新人”）回忆道：“我印象特别深的就是我1993年刚毕业，陈老师在那儿准备重新录《铁道游击队》那本书，我说现在还有人录这个啊，因为这是我小时候看的书了。我就顺手拿起来一翻，我非常吃惊，这个故事我甚至在节目里都讲过。……我翻那本《铁道游击队》，里面用铅笔标注的非常非常仔细。我是第一次看到陈老师的笔记，非常工整。有的是字音的注释，有的是地名、人名在这里该怎么读，有的地方他是一两句的理解，他会划出来在旁边有一个注解，注明他应该对这个怎么理解，还有的地方就是跟下文的衔接的提示。我想他一定看了这篇东西，发现这一段的情感基调要跟下面的某一段有联系，我就看他在旁边给自己写一些提醒，在字里行间会有些注解，前两年我还能记住其中的好几个细节，因为那个使我太吃惊了。我记得我们备稿就划线，把词组划出来，把重音标出来，停连标一下，不认识的词就标出来查一下读音，仅此而已了。我见到一位重量级的长辈似的人物原来是这样备稿的，对我的触动真的很大。我从来没有这么做过，我也没有想到我们的一个前辈是这么认真对待稿件的，所以才会有我们在学校里聆听到的那么多经典。”①

---

① 根据笔者2005年8月上海人民广播电台座谈会记录整理。

精心准备、用心打磨，陈醇播讲的长篇小说《铁道游击队》，同样成为小说演播和有声读物的红色经典。

三

陈醇认为小说播讲是以小说原著为依据的，是运用有声语言进行创作的过程，其中就需要从小说原著文本的书面语言转换成小说播讲的有声语言。因此，如何将小说文本转化为适合有声语言再创作、适合于通过听觉去理解感受的语言，这就需要在播讲小说前的准备过程中适当进行一些合理的修改和调整：把不顺口的倒装句子顺过来。如，“‘抓贼呀！’边上的许多人看见了，喊着去追小偷。”可以改成：“边上的许多人看见了，喊着‘抓贼呀’——去追小偷。”又如，“‘我看见雪里的珍珠了！’‘我也看到钻石了！’第三个人也跟着大喊起来。”可以把叙述语句移到人物讲话的前面，讲起来更顺口。把不必要的形容词删去。如，老人厉声喝道：“哪来的凡间俗子，竟敢私闯仙界……”程咬金坚决地说：“不，老丈……”其中的“厉声喝道、坚决地说”在书面文字时是需要的，但在讲故事时都可不用，而是将情绪化入人物语句，用严厉的声音和坚决的语气说出不同人物要说的那句话就可以了。把书面文字改为习惯用语。如“×月×日”可改成“×月×号”；“×元×角”可改成“×块×毛”；“睡眠”可以改成“睡觉”；“询问”可改成“打听”；“诞辰”可改成“生日”；“立即”可改成“马上”；“日益”可改成“越来越”。有些单音词最好也改成双音词，如，但——但是，应——应该，前——以前，已——已经，时——时候……把广大听众不易听懂的那些专业术语、方言辞章、冷僻成语等改为规范词语。①

陈醇播讲过的很多小说，如果对照着文本来听他的播讲，会发现有很多地方做了一些合理化的调整和改动，这绝不是不尊重原作的随意改动，而完全是出于有声语言二度创作的需要所作的调整，因为“出版长篇小说是给读者看的，在播讲时就要把看的文字变成听的语言。有些长篇小说在结构上采用重叠的手法，就是上一章中还没有把一件事叙述完而把后面的情节移到前边来，然后再把前面的情节补叙。这样能突出重点，出奇制胜收到很好的艺术效果。看的时候可以前后翻阅，回味无穷。但讲的时候，结构上如不做适当的调整，就会使

① 陈醇：《在广播话筒前讲故事》，“故事大王培训学校”讲座第7讲，《少先队活动》，1990年第1期。

人听得没头没脑，无法理解"①。所以，播讲小说对于陈醇来说并不是照着书本念那么简单。

陈醇半个多世纪的播音艺术生涯中播过太多的小说，其中不乏经典之作，如果要问为什么陈醇总能创造经典文本，那么做足前期案头准备工作便是关键所在，正是因为他的这股认真、执着的劲儿，每次播讲一部小说，其实早在正式播讲前，小说事件发展的脉络已经烂熟于胸，人物形象也早已在他的脑海中活灵活现了。因此，陈醇播讲的小说不但人物形象鲜明，而且播讲时思想脉络清晰，在听众中留下了深刻而广泛的印象，至今让人记忆犹新。

第二节　用心分析人物

小说中的人物形象大都是通过人物的形象、动作、语言等来塑造的，而在这里面可能人物的语言对于广播小说来说更为重要，因为小说播讲者的有声语言可以最直接地表现出小说中人物的语言，这比用语言去描述人物的形象和动作来得更为直接。

一

陈醇在谈到小说播讲创作时说道："怎么样掌握小说中的人物，尤其一篇长篇小说的主要人物。你不过多描述和介绍人物，让人一听就知道是这个人物讲话而不是播讲者在扮演，所以播讲者在播讲之前就必须把人物搞清楚。我一般在播讲小说前对小说里面人物的成长过程都做了笔记。有的书写的可能时间跨度上就是几个月的事情，也有的书写的是好多年的事，那么里面的主要人物可能从十几岁到最后四十几岁、五十几岁，所以这样有个成长过程。对于人物，一个是年龄，一个是性别，还要再抓他/她的性格特征，找到能够体现人物性格特征的自己的一些话来，等等。所以，简单来说对小说中人物的分析就这样了。我觉得播长篇小说最难的就是区分，你区分得越细、越明显，你的艺术水平

---

① 陈醇：《播讲长篇小说的一些体会》，《北京广播学院学报》，1980 年 4 月，第 2 期，第 54 页。

越高。”①

陈醇在《播讲长篇小说的一些体会》中提道：“我们在广播中播讲长篇小说，完全靠语言，小说中的每个人物用哪种声音语气去表达，是应该努力研究的。尤其是几个主要的正、反面人物，最好能固定他们的声音语气，不必每次人物说话前都做介绍，使听众一听就知道这是谁说话，‘一闻其声，就见其人’。像郝大成这一人物，根据我们分析他的各方面情况，就将他的声音语言设计为：粗犷、干脆、坚定、果敢。当然，人物声音的确定，也不能离开播讲者的音色条件，我们千万不要去扮演人物，而是学像人物的声音语气、‘声音造型’，帮助听众展开想象，使广大听众通过听觉在头脑中树立人物形象。”②

“那么，播讲长篇小说的基本表达技巧是什么呢？我想，应是区别。能否这样说，艺术一定要讲区别，没有区别就没有艺术，区别得越是恰当细致，艺术水平就越高。播讲时，先要把‘说’‘表’区别清楚。‘说’是指小说中的人物说的话，‘表’是指播讲长篇小说的人向听众介绍事情和人物。播讲长篇小说是以‘表’为主的，但是要‘说’‘表’分清，‘进’‘出’自如。”③

原中共上海市委宣传部秘书长尹明华回忆道：对《万山红遍》中的英雄人物郝大成，陈醇将其声音语言设计为粗犷、平稳、坚定和果断；对作品的反面人物语言表达，则分别设计为以声腔浮滑表现虚情假意，以拖腔拿调表现阴阳怪气，以瓮声瓮气表现老奸巨猾，以凶声恶气表现凶残霸道等，将不同人物的个性、特征通过不同的声腔处理，加以艺术的体现。④

陈醇在几十年的播音艺术生涯中曾经播讲过很多时代经典小说，既有表现了我国农业社会主义改造进程中的历史风貌和农民思想情感转变的长篇小说《创业史》，又有赞颂在中国共产党教育和影响下具有高度革命觉悟“普通一兵”的纪实小说《欧阳海之歌》，还有歌颂中国改革开放开拓者、排头兵的短篇小说《乔厂长上任记》等等，在每一部小说的播讲和演播当中，陈醇都极为用心地去分析和揣摩人物性格特征、人物关系，反复琢磨如何用声音去刻画和雕

---

① 根据笔者 2005 年 8 月 8 日对陈醇访谈记录整理。

② 陈醇：《播讲长篇小说的一些体会》，《北京广播学院学报》，1980 年 4 月，第 2 期，第 50 – 51 页。

③ 陈醇：《播讲长篇小说的一些体会》，《北京广播学院学报》，1980 年 4 月，第 2 期，第 50 – 54 页。

④ 尹明华：《醇的声音，醇的人品——记上海人民广播电台高级播音员陈醇》，《陈醇播音生涯五十周年研讨会征文集》（内部资料），上海人民广播电台 2001 年 10月，第 5 页。

琢这些经典人物形象，使之鲜活生动地诉诸听众的听觉，从而产生共鸣，实现经典小说的“二度创作”。

图3－3　陈醇1988年3月在无锡台与文学编辑研究小说人物细节
（右为陈醇）

二

比如在长篇小说《创业史》中，梁生宝、梁三老汉、郭振山、郭世富、姚士杰、梁秀兰、赵素芳、徐改霞、刘淑良等人物形象塑造得都非常典型、非常成功，这为推动小说故事情节，烘托主题等都具有重要意义。所以，对通过有声语言重新演绎小说原作的小说播讲来说，将每个人物的性格特征和语言、行为特征分析透彻，同时将所有人物之间的关联理清脉络，都将为小说播讲的“二度创作”提供坚实的基础。

《创业史》中最主要的人物、合作化运动的带头人梁生宝，是小说塑造的社会主义新人的形象。他小时讨过饭，长大熬过长工，解放前在荒山野岭当过“地下农民”，跟继父一道饱尝了创家立业的辛酸，并从父辈那里继承了勤劳、朴实、坚韧不拔的劳动者的优秀品质。这个年轻的预备党员，在党的教育下，一旦认识到私有制是万恶之源，就决心走一条与父辈不同的创社会主义大业的道路。正当“老资格”的党员郭振山在革命的征途上退了坡的时候，他勇敢地担负起带领庄稼人走互助合作道路的重担，成为一个积极、聪明、公道、能干的领袖人物。然而小说原作并没有把他塑造成“锋芒毕露咄咄逼人的角色”，他听党的话，热爱社会主义，富有牺牲精神，是他的最可宝贵的思想品质。小说抓住他性格中这一最主要特点，着重描绘了他为党的事业奋斗的坚实有力的行动。小说还通过“买稻种的路上”“和增福夜谈”等章节对梁生宝的内心世界做了深入细致的揭示，展现了他的崇高的心灵美。他决心把自己的一切都献给党的事业，“他觉得只有这样做，才活得带劲儿，才活得有味”。他认为“照党的指示，给群众办事，受苦就是享乐”。小说所塑造的这个农村新人形象，在当时依据现实情况，作者有意对人物作了净化的处理，虽然某种程度上削弱了人物形象的可信性，但是这个形象所体现出来的勇于进取、坚韧不拔和无私的奉献精神，以及严于律己和注重求实的作风，仍然能够因其人物形象的典型性和独特魅力而对读者具有吸引力。

在小说播讲时声音的运用上，陈醇尽量贴近梁生宝的性格特征，声音的宽厚、实在，语气当中充满着谦逊、纯朴、老实、厚道，让梁生宝的语言里透着他善于思考，从不以领导者自居，更不指手画脚、夸夸其谈，表面上甚至还有些面嫩口拙，爱情生活上更是缺少勇气和机智的特点。尤其是播讲者对陕西农民所特有的精神气质、行为方式、感情状态以至语言习惯的精细把握，更有助于他使这一形象保持着感人的魅力。

梁三老汉是小说《创业史》中最为成功的艺术形象，集中展现了梁三老汉在那个年代的复杂心理，人物有血有肉而更加真实。在旧社会，三起三落创立家业的辛酸史，让他衷心拥护土改。作为小生产者，他最大的梦想是利用新社会分给他的土地创立起个人的家业。因此当社会生产方式要发生重大变革时，他一时难以相信、难以接受。这是他作为背负着几千年私有制观念的农民的保守性所决定的，然而他又是个勤劳、善良、朴实的劳动者，“被剥削过的痛苦的记忆”“受压迫的心灵”，使他“在精神上和王书记、党支部、生宝们挨近”。他尽管怀疑、反对儿子办互助组，但心里却无时无刻不关心着互助合作运动的命运。梁三老汉的艺术形象也是当代文学中的典型人物形象。

对于梁三老汉这个人物形象的有声化呈现，除了通过符合其年龄、身份的老年男性声音特征去表现，更重要的是对其充满着矛盾和纠结的语言及行动的描摹和呈现，通过声音将梁三老汉矛盾的双重性格表现得淋漓尽致，将其在告别私有制时思想性格的转变，及其心灵上经历的艰巨的、痛苦的斗争过程表现得尽量完整、细腻、入木三分和震撼人心，正是因为准确把握并做到上述这些人物特征，梁三老汉人物形象的有声化呈现才会更为令人信服，同时也是非常成功的。

另外，小说《创业史》中蛤蟆滩的“三大能人”郭振山、郭世富、姚士杰的形象，也塑造得各有特色。郭振山的形象，具有深刻的警策意义，他身为共产党员，却热衷于个人发家致富，对“互助组”冷眼旁观，极力打击它的威信，成为合作化运动的一块绊脚石。他虽然精明强干，头脑灵活，但只顾个人私利，同党的要求背道而驰，这就使他在群众中丧失了威信。郭振山的形象带着某种警示：抱着个人主义动机在党内找出路，就要同党的方针路线形成对立，不但会给党的事业造成损害，最终也会在政治上毁掉自己。郭世富和姚士杰是两个既有共同点又彼此区别得很清楚的反面人物。在抗拒合作化潮流上，他们有一致性。社会地位的不同，又使他们在动机和行为上带有各自的特点。富裕中农郭世富外善内奸，贪婪狡黠，精明谨慎，他出于个人发家目的，处处跟党的号召相对抗，但搞的是“合法斗争”；姚士杰这个富农分子则跟新社会有深刻的阶级仇恨，他表面“老实”“积极”，内心阴险狠毒、诡计多端，暗地搞破坏活动，表现了阶级敌人的反动本性。

在通过有声语言表现郭振山的人物形象时，特别要抓住他那种明明走的是一条错误道路，却装腔作势、强词夺理、指手画脚、咄咄逼人的特征，同时还要通过他自己的言行、以及其言行与梁生宝言行形成的生动鲜明对比，将其思想性格揭示得更为鲜明深刻。同样的，在表现富裕中农郭世富和姚士杰的时候，也要通过语言的对比来呈现二人既有相似性又各具鲜明特征的人物特点，郭世富的外善内奸、贪婪狡黠，姚士杰的表面“老实”“积极”、内心阴险狠毒、诡计多端，二人里外不一的共性当中，又各自分别带有贪婪和阴险的特点，在语言表达时抓住这些共性和区别的对比，人物形象的有声化塑造便有了精雕细琢的创作依据。

小说《创业史》除了成功塑造了梁生宝、梁三老汉、蛤蟆滩的“三大能人”郭振山、郭世富、姚士杰，还有高增福、冯有万、任老四、任欢喜、王二直杠、梁大老汉、高增荣等性格鲜明的人物，小说文本所提供的每个人的性格特征，都为小说播讲的有声化“二度创作”提供了准确而翔实的创作依据，让小说播讲的最终呈现更加鲜活生动。

另外，小说《创业史》的成功之处还在于成功塑造了农村社会主义改革中的女性群像，梁秀兰和赵素芳二人是生活在男权话语下的女性典型形象。梁秀兰被人肯定和赞扬，而赵素芳则是从被唾弃到被拯救。梁秀兰带着所有人的羡慕和支持嫁到了婆家，重复着“女儿”“儿媳”“妻子”“母亲”“婆婆”“祖母”等等一系列与母亲如出一辙的女性角色。赵素芳的悲剧跨越中华人民共和国成立前后，通过“可怜的素芳”这一称谓可见，素芳始终背负着传统道德的包袱，她的父母、公婆、丈夫傻栓栓、邻居，每个人都用中国传统男权社会的道德标准审视着她。小说中徐改霞可以抗婚、刘淑良可以离婚，但赵素芳不行。离了婚的刘淑良还可以找到梁生宝这个大家公认的好小伙，而可怜的素芳连基本的女性权利都没得到。从“咱改霞”“‘我们’的改霞”的称呼可见作者对徐改霞的认可，她从最初寡妇母亲严加管教、见人脸红的小姑娘，变成断然抗婚、敢在万人大会上发言，她从主动向生宝表白、到清醒认识自己、斩断情丝入工厂，徐改霞有了女性意识的觉醒，“不管他男方是什么英雄或者模范，还要自己从心里喜欢，待在一块心顺、快乐和满意”。徐改霞对自己的婚姻始终保持着清醒的认识。

图 3－4　《创业史》第二部上卷封面
（中国青年出版社，1977 年 6 月第 1 版）

对于小说中出现的女性人物，通过有声语言表现其语言及行为时，对男性播讲者来说也是一大挑战，陈醇对于小说播讲的一个主要观点就是在表现人物时并非要达到表演艺术所要求的标准，而是力求做到声音表现的“神似”。因此，对于小说中出现的上述女性人物形象，我们可以从小说播讲中听到通过男声所描摹的符合人物性别、年龄、性格的语言特征、说话语气，以及贴合人物内心的动作、行为、举止的有声化呈现。

三

在播讲长篇纪实小说《欧阳海之歌》时，同样需要对小说的主人公欧阳海做详尽的人物分析。小说中的主人公欧阳海并非虚构的人物，而是实实在在的一个“模范人物”。欧阳海的形象和事迹均有大量的资料可以查阅，这对小说播讲来说无疑提供了更多更翔实的创作依据。

通过现实中欧阳海的生平可以了解到：欧阳海是湖南桂阳县人，从 1940 年出生到 1963 年 11 月 18 日英勇牺牲时年仅 23 岁。作为中国人民解放军爱民模范，欧阳海曾两次抢救溺水儿童，一次参加灭火，并救出一位老人，三次荣立三等功，多次被树为标兵。1963 年 11 月 18 日，部队野营拉练经过衡阳衡东县新塘镇途中，欧阳海舍身推战马，列车和旅客转危为安，他却被火车卷倒在铁轨边碎石上，经抢救无效，为保护国家财产和人民的生命安全献出了年轻的生命，1967 年 1 月，国防部授予欧阳海生前所在班“欧阳海班”的荣誉称号。欧阳海勇救人民生命财产的英雄壮举，实践了自己的人生格言：“如果需要为共产主义的理想而牺牲，我们每一个人，都应该也可以做到脸不变色心不跳。”

小说播讲的文本《欧阳海之歌》是现代作家金敬迈创作的长篇纪实小说，1965 年 7 月发表于上海《收获》杂志，在社会上引起强烈反响。在这部纪实小说中描写了欧阳海在短短 23 年里所走过的道路，他从渴望成为英雄而不是英雄，到已经成为英雄而不自觉为英雄。这是中国共产党的教育和教导、在革命部队大熔炉中经受考验和锻炼的结果，是革命战士活学活用毛主席著作、在改造客观世界的同时努力改造主观世界的结果。欧阳海在处理个人和集体的关系上，在对待荣誉的态度上，在自我改造的思想斗争中，在帮助同志方面，在各种困难面前，一步一个脚印地成长着，一步一个高度地朝顶峰攀登，最后终于百炼成钢，成为一个伟大的共产主义战士。小说中的欧阳海，既是现实中欧阳海的真实写照，也是共产主义战士和千百万革命战士学习毛主席著作以来精神面貌的高度概括。所以，《欧阳海之歌》不仅突出地塑造了欧阳海自觉革命的英雄形象，也成功地创造了曾武军、关英奎这样的用马列主义、毛泽东思想武装起来的连队指挥员的形象。因而，欧阳海所走的这条英雄路，也是中国特色社会主义一代青年英雄前进道路的艺术概括，《欧阳海之歌》显示了它独创的思想性和艺术性。

小说中的另外一个主要人物就是代理副指导员薛新文，由于严重的主观主义和思想上的片面性，对欧阳海勇于坚持原则、开展积极的思想斗争的精神，发生了误解，从而对欧阳海有了成见。薛新文因缺乏调查研究而不适当地批评战士，欧阳海向他提出意见后，薛新文没有立即接受教训，却认为欧阳海有骄傲情绪，是夸夸其谈；他不但批评了欧阳海，而且还时时想着要纠正他所认为的欧阳海的“错误”，不使欧阳海“走下坡路”。在这种观点支配下，薛新文与欧阳海之间产生了一系列矛盾，给欧阳海造成了很大压力。

在分析了小说中的主要人物、事迹及其关联之后，在播讲时就能做到心中有数。到底应该用怎样的声音状态来播讲小说，应该怎样去艺术地再现这样一位大家熟知的英雄人物的言谈举止和英勇事迹，以达到理想的艺术和传播效果，从而鼓舞和激励广大的读者和听众朋友，这些都是陈醇在播讲前准备时思考的问题。

我们可以从纪实小说《欧阳海之歌》文本中看到，小说的情节并没有离开烈士欧阳海生平的基本事实，甚至可以说，小说中的欧阳海艺术形象里不只是欧阳海一个人的英雄形象，同时也是雷锋、王杰以及部队涌现出来的千万个具有高度革命觉悟的“普通一兵”形象的概括，甚至还能看见大庆人、大寨人的形象和事迹，欧阳海的艺术形象已经成为当代英雄人物典型意义的形象。这是由于欧阳海本身就是一个活生生的典型人物，他的英雄事迹就是时代精神哺育的伟大成果，小说文本里展开了充分的描写，在有声化的艺术语言表达上，应该生动而形象地再现出一个普通战士怎样用马列主义、毛泽东思想武装自己，自觉地进行改造，把伟大的革命理想和艰苦奋斗的实践紧密地结合起来，吃大苦、耐大劳，一心为革命，一切为革命的崇高形象，而这个丰满的艺术形象通过小说播讲来还原并体现原作当中一以贯之的对生活的熟悉，对革命的感受，对时代和英雄人物深刻的认识、理解和高度概括。

图3-5 《欧阳海之歌》封面
（人民文学出版社，1966年7月第1版）

四

播讲小说《乔厂长上任记》首先要能够通过深刻理解并凝练地概括小说主人公乔光朴这一典型的工业改革家、开拓者代表人物形象，他具有高度责任感和不屈不挠的工作精神，他的敢于开拓体现在生活、工作、爱情等方面；他正直高尚、果敢善断、坚忍不拔、不畏艰险以及杰出的管理才能，是工业改革家的代名词。但是小说文本在人物刻画上也存在人物类型化等明显不足之处。

《乔厂长上任记》在 1979 年全国优秀短篇小说评奖中一举夺魁，小说主人公乔光朴成为工业战线上改革者的代名词，受到广大群众的喜爱和好评。乔光朴成为作家蒋子龙笔下“开拓者家族”中的排头兵，是四化建设的闯将，改革时代的勇猛开拓者。乔光朴 1958 年从苏联留学归来后，就担任了重型电机厂厂长。他和党委书记石敢配合默契，“两个人把电机厂搞成了一朵花”。然而，在十年浩劫中，他不但被作为“走资派”批斗，还被无辜戴上“老流氓”“道德败坏分子”的帽子，名誉扫地。粉碎“四人帮”后，他担任了电器公司经理。这是一个“权力不小，责任不大，待遇不低，费心血不多”的位置，许多老干部梦寐以求而又得不到手的“美缺”。但是“当他得知电机厂已经两年零六个月没有完成任务，机电局快要被它拖垮了的消息后，强烈的责任感和旺盛的事业心促使他毛遂自荐，重返电机厂任厂长。这种不同凡响的态度和行动，显示了一个共产党人高尚的精神境界。

《乔厂长上任记》虽是短篇小说，但里面的人物不少，在小说播讲时非常有必要将人物性格和人物关系进行分析和梳理。小说刻画乔光朴的艺术形象，可谓匠心独运。通过用“对比”表现人物的个性、让“议论”呈现人物精神的写作技巧，让乔光朴的形象跃然纸上。

首先是通过“对比”表现人物的个性。如果把小说人物放在重大困境中去表现，人物性格会对比得更为鲜明。围绕乔光朴的“出山”“上任”以及抓整顿等情节，在事件中设计重重矛盾，在性格对比中写人物，比如开头的机电工业局党委会，让各种领导干部巧妙地登场，重点写了两个人的“毛遂自荐”：冀申两年前曾“毛遂自荐”，他处处把个人利益放在首位，遇到问题就采取虚无主义的态度，小说对此人物虽着墨不多但入木三分地勾勒了这个人物投机钻营、为人狡猾的本性；而乔光朴的“毛遂自荐”，是在局党委扩大会上“用平稳的显然是经过深思熟虑的口吻说：‘别人不说我先说，请局党委考虑，让我到重型电机厂去。’”凸显了乔光朴有胆有识，德才兼备。同样是“毛遂自荐”，却表现了两种对立的人生观、价值观。作者在刻画乔光朴和冀申两个人物时就是运用这种对比方法来突出并反衬人物性格的。对石敢这个人物，小说写到乔光朴邀请他重任重型电机厂党委书记，他的表情是呆滞，这无形中又和乔光朴形成了对比。围绕“出山”的问题，描写了两个人物的不同态度。在对待郗望北这个人物时，乔光朴使过去的冤家成为自己的助手，提拔郗望北。通过这些对比映衬，把每个人物的各自性格鲜明地区别于另一个。

其次，是让“议论”表露出人物的内心。小说文本中的议论对人物形象的刻画起着一种补充作用，这种议论大多是通过对话来表现，多为人物性格化的语言。有的议论可点明主题，有的议论则间接表现创作者的看法，有的议论可以折射人物的内心世界。比如小说文本中有一段对乔光朴离开公司经理的位子到重型电机厂当厂长的议论：

是啊，他的请求太出人意外了，因为他现在占的位子太好了。公司经理——上有局长，下有厂长，能进能退，可攻可守。形势稳定可进到局一级，出了问题可上推下卸，躲在二道门内发一下原则号令。愿干者可以多劳，不愿干者也可以少干，全无凭据；权力不小，责任不大，待遇不低，费心血不多。这是许多老干部梦寐以求而又得不到手的“美缺”。乔光朴放着轻车熟路不走，明知现在基层的经最不好念，为什么偏要下去呢？

通过这一段议论，点明主人公毛遂自荐的客观环境，也暗示出冀申这类干部的圆滑，同时也反衬出乔光朴的高大。在童贞和乔光朴的一段对话中，童贞说：

没见过五十多岁的人还那么雄心勃勃。

接下去便是一番富有哲理的议论：

雄心是不取决于年岁的，正像青春不一定就属于黑发人，也不见得会随着白发而消失。乔光朴从童贞的眼睛里看出她衰老的不光是外表，还有她那棵正在壮年的心苗，她也害上了正在流行的政治衰老症。看来精神上的胆怯给人造成的不幸，比估计到的还要多。这使他突然意识到自己的责任。

这不仅道出了“四人帮”时期留下的精神后遗症，也表现出乔光朴敢于打破精神枷锁对未来充满向往和探索的精神。再如小说最后霍大道的一番议论：

老乔，搞现代化并不单纯是个技术问题，还要得罪人。不干事才最保险，但那是真正的犯罪。

昨天我接到部长的电话，他对你在电机厂的搞法很感兴趣，还叫我告诉你，不妨把手脚再放开一点，各种办法都可以试一试，积累点经验，存点问题，明年春天我们到国外去转一圈。中国现代化这个题目还得我们中国人自己做，但考察一下先进国家的做法还是有好处的……

这实际上是借小说人物之口表现了很多人对生活的看法。这些议论对刻画人物和进一步拓展加深作品的主题起着很大的作用。

在小说文本的有声化创作中，旁观者视角所进行的旁白和议论对推动小说情节发展有着至关重要的作用，陈醇选择用一种客观的态度、犀利而准确的表述对小说情节进行精准的讲述，既符合小说创作的时代背景，又与小说播讲的播出时代背景相得益彰，让小说文本通过有声化的二次创作放射出特有的光芒。

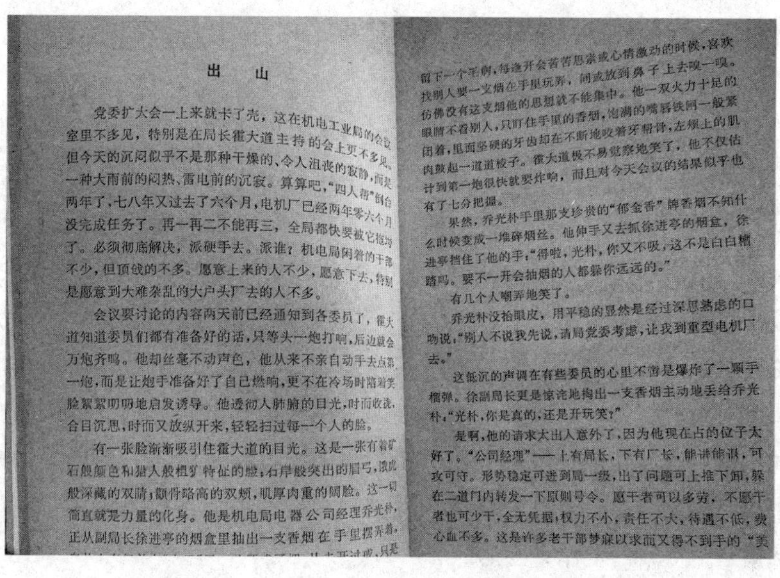

出　山

党委扩大会一上来就卡了壳，这在机电工业局的会议室里不多见，特别是在局长霍大道主持的会上更不多见。但今天的沉闷似乎不是那种干燥的、令人沮丧的寂静，而是一种大雨前的闷热、雷电前的沉寂。算算吧，"四人帮"倒台两年了，七八年又过去了六个月，电机厂已经两年零六个月没完成任务了。再一再二不能再三，全局都快要被它拖垮了。必须彻底解决，派硬手去。派谁？机电局闲着的干部不少，但顶硬的不多。愿意上来的人不少，愿意下去，特别是愿意到大难杂乱的大户头厂去的人不多。

会议要讨论的内容两天前已经通知到各委员了，霍大道知道委员们都有准备好的话，只等头一炮打响，后边就会万炮齐鸣。他却丝毫不动声色，他从来不亲自动手去点第一炮，而是让炮手准备好了自己燃响，更不在冷场时陪着笑脸絮絮叨叨地启发诱导。他透彻人肺腑的目光，时而收拢，合目沉思，时而又放纵开来，轻轻扫过每一个人的脸。

有一张脸渐渐吸引住霍大道的目光。这是一张有着矿石般颜色和猎人般粗犷特征的脸：石岸般突出的眉弓，猛虎般深藏的双睛；颧骨略高的双颊，肌厚肉重的阔脸。这一切简直就是力量的化身。他是机电局电器公司经理乔光朴，正从副局长徐进亭的烟盒里抽出一支香烟在手里摆弄着。

留下一个毛病，每逢开会苦苦思索或心情激动的时候，喜欢找别人要一支烟在手里玩弄，间或放到鼻子上去嗅一嗅。仿佛没有这支烟他的思想就不能集中。他一双火力十足的眼睛不看别人，只盯住手里的香烟，饱满的嘴唇铁闸一般紧闭着，里面坚硬的牙齿却在不断地咬着牙帮骨，左颊上的肌肉鼓起一道道棱子。霍大道极不易觉察地笑了，他不仅估计到第一炮很快就要炸响，而且对今天会议的结果似乎也有了七分把握。

果然，乔光朴手里那支珍贵的"郁金香"牌香烟不知什么时候变成一堆碎烟丝。他伸手又去抓徐进亭的烟盒，徐进亭挡住了他的手："得啦，光朴，你又不吸，这不是白白糟蹋吗。要不一开会抽烟的人都躲你远远的。"

有几个人嘲弄地笑了。

乔光朴没抬眼皮，用平稳的显然是经过深思熟虑的口吻说："别人不说我先说，请局党委考虑，让我到重型电机厂去。"

这低沉的声调在有些委员的心里不啻是爆炸了一颗手榴弹。徐副局长更是惊诧地掏出一支香烟主动地丢给乔光朴："光朴，你是真的，还是开玩笑？"

是啊，他的请求太出人意外了，因为他现在占的位子太好了。"公司经理"——上有局长，下有厂长，能进能退，可攻可守。形势稳定可进到局一级，出了问题可上推下卸，躲在二道门内转发一下原则号令。愿干者可以多劳，不愿干者也可少干，全无凭据；权力不小，责任不大，待遇不低，费心血不多。这是许多老干部梦寐以求而又得不到手的"美

图 3－6　《乔厂长上任记》第一章《出山》

（中国青年出版社，1980 年 7 月第 1 版）

陈醇说，用语言艺术去塑造人物形象，需要的是严谨和认真的态度。陈醇在播讲每一篇小说时，总要虚心地向作家请教，并和作家一起探讨如何逼真、形象地再现作品中的特定场景和特定人物，偶尔发现作品有误，他也会直言相告。陈醇在播《红岩》时，为了模仿四川方言，特意请一位四川籍的同事做老师。为播讲《挺进苏北》，他和原书作者、广播责任编辑重走当年挺进苏北的路线，体验生活。为逼真表现《难忘的战斗》中一个吹冲锋号的情节，陈醇曾向

部队的吹号手学习。①

正是由于陈醇在阅读和分析小说人物形象的时候认真仔细、一丝不苟，在他演播的小说中的人物都活灵活现、栩栩如生。陈醇曾经收到过一封听众来信，来信的是个小姑娘。她在信中夹了一副肖像画，这是她根据自己从广播中收听到陈醇的小说演播而在心目中想象出来并用画笔画下来的，信中还询问陈醇，她画的这个肖像到底像不像小说中的那个人。陈醇收到这封信非常地激动，而且这位小听众所画的人物肖像和他自己想象的形象也非常吻合。陈醇还曾在文章中讲过一件事："在我的故事听众中有许多中学生，还有不少小故事迷常给我来信。我记得在少儿节目中讲过一个中篇故事《矿山风云》，有位学生听完这个故事，根据他的想象，用铅笔画了一张故事主人公'黑子'的素描给我，问我像不像我讲的这个人物。他画得真好，质朴坚毅，像极了。"② 没想到自己在小说演播中所倾注的心血，会有这样的效果和反馈，这让陈醇既感到欣慰，又感到感动。

陈醇又想到另外一个问题，那就是：如果自己在演播室播讲小说的时候每个人物都有一副形象生动的肖像，那岂不是在播讲小说的时候自己的语言更形象生动吗。虽然在一个一张不大的播音台上摆上好几张肖像不太可能，但其实每当陈醇在播讲小说的时候，每个人物的生动形象早就牢牢的刻画在他的心上，时时浮现在他的脑海中了。

陈醇对于播讲小说的细致和入微实在是让人佩服，他所做的案头工作总是让人望尘莫及。在备稿笔记里，他对小说里的人物都分别立档，把作品中所有人物的性格、语言特点、服饰、社会阶层、形象等有关描述一一摘录，并从中总结出对不同人物在播讲时要把握的要点。在这普通的备稿笔记中，我看到了老一代播音员严肃的创作态度。③

---

① 梁苏国：《崇尚严谨——访播音艺术家陈醇》，《江苏广播电视报》第773期，1994年4月14日。

② 陈醇：《〈故事大王〉顾问陈醇爷爷讲的故事》，《故事大王》，2000年第8期。

③ 朱滨：《初识陈醇——记八十年代初与陈醇老师交往二三事》，《陈醇播音生涯五十周年研讨会征文集》（内部资料），上海人民广播电台2001年10月，第34页。

第三节　具体感受细节

广播小说主要是靠有声语言来进行艺术再创作的，除了小说中人物的语言要播讲得传神，小说中人物的行为动作等细节表现也是非常重要的。

一

陈醇认为播讲好故事一定要具体地感受细节：脚本中所描写的故事情节、人物的感情、一个个场景、一个个人物形象，都要通过语言技巧再现出来，或舒缓，或激动，或沉思，都得运用语气和节奏的变化去体现。在讲故事的过程中，讲故事的人要对所讲的人物、事件、情节、场面、景物、情绪等在自己的脑海里就像放电影那样，形成连续的活动画面，随着故事内容的发展，情景也在不断地变化，有了这样的具体感受，就会使我们的思想感情运动起来，并以感情带动声音，自然地、恰当地讲述，把故事中的情景再现给听众。①

另外，陈醇认为："作为长篇小说来讲，它是以叙述为主的。总体的来说，叙述就要分正叙、倒叙、插叙，各种各样的叙述，你要把他搞清楚，要有一个固定的叙述的语言。同样两个人你怎么区分；同样一个人，他不同的成长过程你怎么区分；是叙述你怎么区分，哪个是顺序，哪个是倒叙，哪个是插叙，哪个是旁白，哪是心里话，哪是说出来的话等等。"②

所以播讲好小说还要做到细微区分：在语言表达中区分得越细微越清晰，他的艺术水平会越高。讲故事先得区分叙述语言和人物语言，叙述部分要有深情，语调朴实，字句交代清楚；在顺序、倒叙或插叙时，还要注意语气情绪的不同变化。同一个人物，他在与人争论时和促膝谈心时，语言表现形式也是不同的；人物与人物对话时，由于他们之间的关系不同，也会使用不同的口吻，

---

① 陈醇：《在广播话筒前讲故事》，"故事大王培训学校"讲座第 7 讲，《少先队活动》，1990 年第 1 期。

② 根据笔者 2005 年 8 月 8 日对陈醇访谈记录整理。

这些都靠我们去认真琢磨，才会仔细地区分。①

陈醇认为在话筒前播讲时，还需要发挥话筒特性，通过话筒将故事播讲得更为生动形象、引人入胜。陈醇通过一段小故事来具体举例说明：（中距话筒）妈妈追到楼梯口叮嘱：（远距话筒声音响些）“书是印刷品；要寄印刷挂号！”（近距话筒轻声）谁不知道书是印刷品？（中距话筒）我跑进邮局将它们连钱递上柜台：（侧对话筒声稍响）“同志，寄印刷品！”（中距话筒）那营业员看了看牛皮纸封套，朝磅秤上一丢，说：（侧背话筒）“六分！”（中距话筒）随后，把一张二角的丢还给我，又给了四分硬币。我心想，（近距话筒声轻）比寄信还便宜呢！（中距话筒）我贴好邮票送回去，营业员又说：（侧背话筒）“丢邮筒里！”（中距话筒）我把邮件塞进邮筒，飞步回家了。这段故事是说小彤头一回到邮局寄印刷品忘了按爸爸的要求挂号，把事办差了的经过。通过话筒前讲话位置的调动，运用了声音特色，就把小彤在邮局的活动场景比较形象地表现了出来。② 以上谈到的都是陈醇在几十年的实践当中总结出来的一些经验和技巧。

现在回忆起自己曾经播讲过的很多经典小说作品，陈醇还记得一些细节，能够让我们感受到他在每一次创作时的煞费苦心：

“我们在一些细节的处理上往往都会带有一些感情和态度在里面，如果地下党员被敌人逮住了，行刑的时候敌人的枪就不能这么痛快，也不能那么写，要表现正压邪等等。”

“比方说播《难忘的战斗》，解放初期，冲锋枪一响，这冲锋枪怎么响啊？不知道。我们台里不是有警卫班嘛，我就找他们的头头，我说你们这里有没有吹军号的？他说有，我就请他帮忙，他就给我吹号：嗒嘀嗒，嗒嗒嗒，嗒嘀嗒，嗒嗒嗒。这就是冲锋枪，让他学给我听听。”

“比如我播《红岩》，当时有些学校都在重庆郊区，不是打钟上课，是吹号上课，这号你要不要吹，吹什么号，结果我又找他去了。他说你吹的这不是咱们解放军的，是国民党时期的抗战时期的。我就到处打听，打听不到，正在为难的时候，偶然一个机会，碰到我们那里一个编辑，小时候就在重庆，天天听这个号音，他说：‘你问我就好了，我告诉你应该怎么吹。’于是就告诉我了，

---

① 陈醇：《在广播话筒前讲故事》，“故事大王培训学校”讲座第7讲，《少先队活动》，1990年第1期。

② 陈醇：《在广播话筒前讲故事》，“故事大王培训学校”讲座第7讲，《少先队活动》，1990年第1期。

图 3－7 《红岩》封面
（中国青年出版社，1961 年 12 月第 1 版）

我在演播的时候就用上了。”

“现在有很多这种能够搜集到的，能增强演播效果的手段都用上了。比如讲到《红岩》，四川话要不要呢，我们当然不想，当然你能不能用一点呢。我当时就采取了一个办法，因为江姐也出来了，江姐里面有个蒋队长是个喜剧人物，是编的，《红岩》里面没有。当然我也不能多说四川话，我也不会说，于是就找到《红岩》里边渣滓洞集中营里边关了一个当地的游击队队长。我不会四川话，怎么办呢，就找周围的同事教我。凡是碰到他值班的时候就请教。我现学现录，录的时候就请他听听，马马虎虎可以就算了，不行我就停下来再学，就凑那么几句。我觉得向周围同志学习、搞一些有特色的东西有的时候是需要的。”①

二

在播讲小说中一定要通过细节的准确分析处理来用声音鲜活地呈现人物形象、刻画人物性格。下面这段节选出自《创业史》第二部，主要讲了在农村第一线工作的英明领导者卢明昌书记，以其惯用的庄稼人聊天的方式便自然而然地将会议引入到讨论高增福和冯有万入党的事。当卢支书突然让梁生宝介绍两个新党员情况时，梁生宝完全没有精神准备，虽然之前也曾经打过腹稿，但是这么突然袭击，梁生宝只能硬着头皮、毫不踌躇地上台去了。

梁生宝在支部大会上介绍高增福和冯有万时，他心里深知“所有的庄稼人，对历史来说，都推动社会前进”。“在那个时代，庄稼人里头也有饱受过惨痛生活磨炼的一部分人，非常不满意兄弟之间和邻居之间为了一点可怜的家业，互相竞争、互相忌妒、互相仇视，甚至互相打得头破血流。他们艰难地熬完了自

① 根据笔者 2005 年 8 月 8 日对陈醇访谈记录整理。

己的一生以后，常常是憋着一肚子气死的。只有当他们的子孙和工人阶级有了联系以后，社会生活的变化才进入了历史的暴风雨时代。”然而此时的高增福和冯有万却又不知道从何说起。

梁生宝在支部大会上介绍高增福和冯有万的情形时，他分明感到上述的这种意义。他很想讲点他们在这方面的觉悟。但他想来想去，只能谈他们对互助合作热心的具体事实。当卢支书请两个入党申请人讲讲他们对党的认识，讲讲他们自己今后怎样努力的时候，支部大会的进行甚至还遇到了难以克服的困难。两个出身悲苦的同志充满了对党的感情，却不知道怎样讲出来。

下堡乡的共产党员们都盯着高增福和冯有万。两个人使着浑身的劲儿，很吃力地坐在长板凳上，克服他们面临的困难。显然，由于用脑过度，他们的鼻梁上和眉宇间，渗出了米粒大小的汗珠。暖烘烘的太阳从大门大窗进来，照着会议室里缭绕着的吸旱烟的烟缕。但会议室里有一种挺别扭的沉闷。

高增福说：“万！你先讲吧……”

冯有万央求说：“你先讲嘛！”

卢支书笑说：“不管你们谁先讲，反正都要讲一讲。”

梁生宝看得出他们内心十分紧张。他同情他的两个伙伴。他理解增福和有万这时的滋味；他们自觉到做一个共产党员的严重性和责任感了。在他们入党的会上，庄稼人的精神和共产党员的精神这时正在他们内心中交替。生宝坐在两个伙伴中间，都能感觉到他们感情激动妨碍着他们讲话时需要的从容思考。

生宝鼓动他的左邻高增福。“增福！我记得你社会发展史讲得蛮好嘛！都是自家的同志，你顾虑个啥？”

高增福严肃地站起来了。“好！我先……”

“来！”卢支书高兴地让开位置，说，“到这里来讲！”

高增福从两排长板凳中间的人缝里，不慌不忙地侧身走出来。他站在讲桌后边，把头巾取下来，放在讲桌上。

所有的眼睛都盯着高增福开会来以前刚剃的光头。消瘦的灯塔社副主任，容貌比以往哪一个冬季都精神。生宝知道由于互助组水稻丰收，增福这辈子头一回拿大米当家常饭吃；从前他生产的大米卖掉，自家喝玉米糊糊。灯塔社的建立解除了增福生活上的后顾之忧。入党更给他添了精神。大伙看见灯塔社副主任穿着一套新棉衣，简直换了另一个高增福。他是在这里开会，要是在路上碰见，你会以为他是哪个走亲戚的富裕中农吧?

郭振山忍不住笑。“增福，你那露棉絮的开花破棉袄，今辈子用不上哩!”

“有用!”生宝夸奖地说，“人家在木柜里保存着哩。说往后才娃长大不知道创业人的艰难，好做教育的材料。”

同志们敬佩地看看高增福。多么认真活人的态度啊!

高增福很动感情地低头思量着。他一只手紧紧地捏着棉袄襟子的底边，另一只手轻轻地摸着讲桌的棱边。他的眼睛有点潮湿了。看!只要谁说一句触动他感情的话，他那眼泪珠就要掉下来了。

从小说当中我们可以了解到：高增福平时是沉默寡言的。他的苦日子一直熬到土地改革后才开始创立家业。不到一年，妻子难产而亡，他既不诉苦，也不埋怨，生活的变故和困难让他能够咬牙沉默地抵抗一切生活的沉重打击。好在乡人民代表积极为贫雇农奔走给了他精神上的支撑，所以纵使他光景过得怎样凄惨，精神上总是积极的，这让他对工作认真负责，逐渐成为蛤蟆滩困难户的代表人物，抗拒富农姚士杰的拉拢，与梁生宝携手共创灯塔农村生产合作社；而冯有万的苦难童年让他有个火药性子，粗心大意疏于细察人情世故，他虽然对不合情理的事缺乏忍耐心，但他绝对爱憎分明、疾恶如仇，思想上以梁生宝为榜样，以加入共产党为奋斗目标。因而梁生宝成为高增福和冯有万二人入党介绍人之一。

陈醇在小说播讲中，正是通过细节上的深入分析和恰到好处的巧妙处理，从有声语言表达上为听众呈现出梁生宝替高增福和冯有万考虑时的聪明、公道、能干，以及他谦逊、老实、厚道的人品和性格；同时也能让听众从小说播讲中高增福和冯有万参会时焦虑紧张的行为举止和言谈话语的转述当中感受到高增福的憨厚、淳朴、积极，和冯有万的简单、干脆、直爽；当然也能从三言两语的插科打诨中感受到郭振山的指手画脚、咄咄逼人的做派，以及卢支书待人的和蔼可亲、平易近人。

三

小说《欧阳海之歌》抒写了欧阳海这个艺术形象的很多日常的生活细节和好人好事。在第九章《迎着烈火冲上去》的开篇，就通过“比兴”的手法来烘托欧阳海的出场：

> 黎明时分，空气格外清爽清新，晨风中传来中央人民广播电台清脆悠扬的呼号，随着《东方红》庄严雄伟的旋律，天地万物重新披上一身灿烂的霞光。我们欣欣向荣的祖国啊，正迈着大步向前进。

欧阳海拿着《矛盾论》沐浴在朝霞中，认真领会主席的教导。欧阳海认为应该从难从严地要求自己，检查自己和班里的工作。七班抓紧开饭前的时间，又召开了一次学习会，最后欧阳海根据大家的意见，归纳了这么几条：谦虚谨慎，防止骄傲；加强组织纪律观念，遵守纪律；反对自由主义，模范地执行一切规章制度。

欧阳拿着会议记录和全班共同拟定的保证书向薛新文汇报，然后回到宿舍：

> （欧阳海回到班里来，宿舍里热闹得很。）今天是星期天，刘延生要上街去照相，班里的、排里的同志都托他办些事。这个要修理钢笔，那个要寄钱；（有的要取包裹，有的要买信纸信封；）还有的要买《雷锋的故事》，（要买针线……你也叫他也叫，把小六斗吵蒙了。他喊了声“同志们，一个个地来”，大家才静了下来。一张写得密密麻麻的白纸上，）统计的结果是：（买书的五桩，寄钱的五桩，补衣服、修钢笔，还有替俱乐部的小鼓重新蒙上一面皮……）连小刘本人照相的事加在一起，大大小小一共二十三件。小刘吐着舌头说：
>
> “我的个妈呀！这任务还挺艰巨的哩！”
>
> “你一个人忙不过来吧！”欧阳海同情地说。
>
> “这算啥！向雷锋同志学习嘛。”刘延生笑着说。他整理好东西问欧阳海：
>
> “班长，你不需要捎点什么回来？”
>
> 欧阳海替他扣好风纪扣，说：“你快去吧。把相片照得端端正正的；另外，晚饭前一定要赶回来。给我捎个‘遵守纪律，按时归队’（的小刘回来）！”
>
> “是！”刘延生往腰带上掖了个练习用的手榴弹，准备路过团部大操场时再好好投几弹。心想：连长、班长都表扬了我，应该加把劲，把投弹成绩再提高一步。
>
> 欧阳海嘱咐他说：“注意安全，别伤着人了！”

"(放心吧,)错不了!(交枪不杀!)"刘延生(背起俱乐部那个破鼓,)唱着歌儿跑到值星排长那儿请假去了。

(注:小说原文括号里的内容根据演播需要有所改动)

在播讲这一段时,通过细节的描述,让小战士刘延生和欧阳海的人物形象更为生动和形象,尤其是他们二人的对话,陈醇在表现时,通过对人物的深刻理解,将刘延生的声音和语气设定为充满朝气、调皮活泼的小战士人物形象,而将欧阳海的用声和语气按照他与刘延生的年龄对比,以及自身在连队里班长的职务和身份来进行设定,声音略显宽厚、沉稳,而又不失年轻和热情,既有上级对下级的严肃和关切,同时又充满对小战士的叮嘱与呵护。

在《欧阳海之歌》第四十一回"雷锋的战友"的最后是这样一段情节:

天擦黑的时候,屋子全部修补好了。欧阳海帮着黄婆婆把一件件东西搬回屋里,把那袋优良麦种又重新搁在楼板上。一切都安排得停停当当的了,他才告别出来。

"莫走哇!"队长拦住他说,"忙了你大半天,水都没喝一碗,留下个姓名再走。"

"我又没做什么事,房子是社员们(自己拿出料来)帮忙盖的,火是大家救的,我一个过路人只帮了一把手,这算得了什么!"欧阳海说完想跑,队长一把拉住了他。

"算什么?要不是你来得早,黄婆婆年纪大,手脚不灵便,又一心只记挂着那袋优良麦种,恐怕真要出事哩……"队长认真地说,"留个姓名嘛!黄婆婆为队里抢救种子,你又把黄婆婆救了出来,一个是舍己为公,一个是见义勇为,都应该宣传宣传,也好让社员们学习学习。"

"好,你等我告诉你啰!"欧阳海在想脱身之计,"你放了手我就说!(你先松开手,我又跑不了!)"

"好(这就对啰。)"队长松开了手("留下个姓名,我们也好借借大军的东风,教育乡亲们嘛!")

"我们部队的番号,(那是)要保密的哦!"欧阳海装出一副要说的样子。(故意磨蹭着,正在想脱身之计。)

"这我晓得,你光说个姓名就行。"

"我呀,"欧阳海大声地说,"我叫雷锋的战友。"说完他转身就跑了。

队长在后边大声喊："同志，雷锋的战友！你回来……雷锋的战友！……"

"队长，（莫再）别找我了，我是个过路的，你找也找不着的！"欧阳海已经蹚过了小河，回头朝河对岸喊，"谢谢你们，我一定把黄婆婆爱社如家的事迹，带回部队去宣传宣传。（谢谢你们，借你们的东风了……）再见了……"

（注：小说原文括号里的内容根据演播需要有所改动）

这最后的一段故事，欧阳海回答楠口公社队长询问时的一句"我叫雷锋的战友！"在点了题的同时又与这一回的标题前后呼应，回味无穷。

在播讲这一段故事的时候，情节和人物都比较多，先是欧阳海在买完竹子返回连队的路上听闻呼救而舍身救火救人，然后几经周折救出了黄婆婆和优良麦种，当他正要走时，当地队长拦住他想要欧阳海留下姓名。小说文本已经描写了时间、场景和环境等诸多细节，在进行有声语言表达时，欧阳海和楠口公社队长的行为动作等细节对表现人物很重要，他们的对话和语言在塑造欧阳海奋不顾身英勇救人的好人好事上显得尤为重要，欧阳海的舍己为人、谦虚机敏、队长的憨厚诚恳和热情实在，欧阳海作为年轻战士与当地队长在年龄和说话方式、说话语气上需要细化分析处理，以表现出人物之间的区分和关联，同时在表现欧阳海做了好事不想留名，脱身跑开的情景时，还需要表现出队长与转身跑远的欧阳海之间喊话时的声音在远近、强弱上的变化，陈醇采用虚声来表现声音的距离感，又用拔高调门、拖长字音的方式让远距离的喊话更为传神。

四

在小说《乔厂长上任记》中，当乔光朴来到电机厂这个"大难乱杂的大户头厂"时，立刻就陷入了"千奇百怪的矛盾，五花八门的问题"之中。等待乔光朴的不仅是个烂摊子，还是一个斗争的漩涡。小说通过一系列精心选择的细节，紧紧抓住乔光朴上任以后所采取的种种独特的行动方式，或重彩酣墨，或粗线淡笔，突出地加以描绘、勾画，使人物的个性清晰、明朗地展现出来。

小说通过对乔光朴外表精细入微的描绘来揭示其内在的精神状态，即通过以形传神，达到形神兼备、生动逼真，让乔光朴的形象栩栩如生。在小说开头的局党委扩大会上，当讨论到谁出任电机厂厂长时，全场冷场，就在乔光朴率先发言、毛遂自荐前，通过一段简洁犀利的笔触，直接勾画了其富有个性特点的外貌肖像：

> 有一张脸渐渐吸引住霍大道的目光。这是一张有着矿石般颜色和猎人般粗犷特征的脸：石岸般突出的眉弓，饿虎般深藏的双眼；颧骨略高的双颊，肌厚肉重的阔脸；这一切简直就是力量的化身。他是机电局电器公司经理乔光朴，正从副局长徐进亭的烟盒里抽出一支香烟在手里摆弄着。自从十多年前在“牛棚”里一咬牙戒了烟，从未开过戒，只是留下一个毛病，每逢开会苦苦思索或心情激动的时候，喜欢找别人要一支烟在手里玩弄，间或放到鼻子上去嗅一嗅。仿佛没有这支烟他的思想就不能集中。他一双火力十足的眼睛不看别人，只盯住手里的香烟，饱满的嘴唇铁闸一般紧闭着，里面坚硬的牙齿却在不断地咬着牙帮骨，左颊上的肌肉鼓起一道道棱子。霍大道极不易觉察地笑了，他不仅估计到第一炮很快就要炸响，而且对今天会议的结果似乎也有了七分把握。

这种与中国古典章回体小说人物出场时“亮相”类似的人物肖像描写，寥寥数笔便神情毕肖，就像电影特写镜头，让乔光朴的面部表情和神态推一下子便浮现眼前，不但给人以深刻的印象，而且乔光朴刚毅倔强的气质也借此显示，烘托出乔光朴决定到电机厂去之前激烈的内心状态。

陈醇在播讲这一段时，语言的速度不快，对于每一个具体而形象的外貌描写都力图表现得绘声绘色，语言表达的幅度很大，确实能感受到播讲古典章回小说描述性语言时字字珠玑的舒展和张力，在这种节奏中听众能够将乔光朴的面部形象和气质从听觉通过想象和联想而转换成人物的视觉形象，毕竟乔光朴在小说中第一次出现的形象会一直贯穿到整部小说的始末，这样对小说人物形象的有声化呈现，无疑对听众通过听觉欣赏小说播讲至关重要。

说到播讲小说时要注重细节的感受和刻画，小说《乔厂长上任记》着重将主人公乔光朴喜欢“不断地咬着牙帮骨，左颊上的肌肉鼓起一道道棱子”的习惯性动作和外貌特点，在情节发展的不同阶段作了多次反复、略有差别地描绘和渲染，把洞悉乔光朴人物内心世界，以及人物在不同场合下的神情描写得恰到好处，为准确把握乔光朴的个性特征等方面起到了重要作用。小说对乔光朴面部肌肉的描写，一共有五次：

第一次在党委会上，“左颊上的肌肉鼓起一道道棱子”。

第二次在立军令状后，要石敢做他的老搭档时，他“腮帮子上的肌肉又鼓起一道道肉棱子”，表明决心已定。

第三次是在下车间，面对杜兵一问三不知时“乔光朴左颊上的肌肉又鼓起一道道棱子”。

第四次是在郗望北批评乔光朴不懂新的人际关系时，“乔光朴左颊上的肉棱子跳动起来，用讥讽的目光瞧着郗望北，没有说话”。

第五次是在乔光朴看到一封恐怖信时，“左颊上的肌肉不住地颤抖。突然，嘴里咯嘣一声，一个下槽牙碎成了两半”。

在小说播讲时陈醇把握住乔光朴这五次不同的境况以及心理状态，将人物的性格特征与外貌特征融合在一起，将乔光朴的改革排头兵的人物形象表现得惟妙惟肖。

小说《乔厂长上任记》在人物肖像描写上，对比手法运用得特别突出，通过人物外貌特征凸显对不同人物的态度和爱憎。

乔光朴的出场是通过霍大道的视角展现的，让人物呈现出刚毅、果敢，充满力量：

> 有着矿石般颜色和猎人般粗犷特征的脸：石岸般突出的眉弓，饿虎般深藏的双眼；颧骨略高的双颊，肌厚肉重的润脸；这一切简直就是力量的化身。

而冀申则是：

> 瘦骨嶙峋的面孔。
>
> 像一张复杂的地形图那样变化万端，令人很难琢磨透。

便由人物外在的“骨瘦嶙峋”和“变化万端”窥见其内在灵魂。由此，小说浓墨重彩地描绘了乔光朴公而忘私、忠心耿耿的正直高尚，对应地以犀利的笔锋勾勒了冀申善观风向、见风使舵、极度自私自利的卑鄙无耻。这种匠心独运，把真和假、善和美、美和丑进行强烈对比，艺术效果强烈。

小说在突出乔光朴的进攻型性格，刻画其棱角分明的个性特征时，并没有弱化人物性格的丰富性，通过表现其精神世界的美和多样化的兴趣爱好，让人物不会过于生硬，而体现出刚柔相济。例如，他和童贞之间的爱情以及他对已故妻子的情感，就使人们窥视到乔光朴性格也不乏柔情蜜意；他对郗望北由冷淡到信任再到重用，不仅显示出他不记前仇的气度和知人善任的才干，也体现出他对青年人的热忱关怀和殷切期望；小说结尾，乔光朴和霍大道、石敢畅谈未来，越谈兴致越高，乔光朴应邀用裘派唱腔唱起了京剧，更是为他豪放的气质添上了一笔幽默、诙谐的色彩。

这些对情节和人物细节的深入分析，都为小说有声化的艺术二度创作提供了坚实可靠的创作依据，这既是小说播讲艺术的正确创作路径，更是小说播讲艺术创作还原文本、精益求精的至高目标和要求。

五

陈醇认为长篇小说有两个难点，“第一个是悬念，第二个就是效果声音。因为你不能配，有人主张配声音，那就不是广播小说、不是长篇小说了，那就成了配乐广播。我们要完全靠嘴来学，我们当时有这么一个想法，也是说‘神似’不要‘形似’。据我所知，有人很用功，尤其是艺人。拿打枪来说，他就知道什么枪什么声音，枪有多少种，长枪怎么样，短枪怎么样，从远处打过来什么样，从近处打出去什么样等等。我们就不这么要求，也没这个本事，学不会。还有一个，我们要用情来代声。我这一枪是朝叛徒打的，‘叭’这一枪就响了，这种响声和正面人物遭到枪击时的声响绝对不同”。

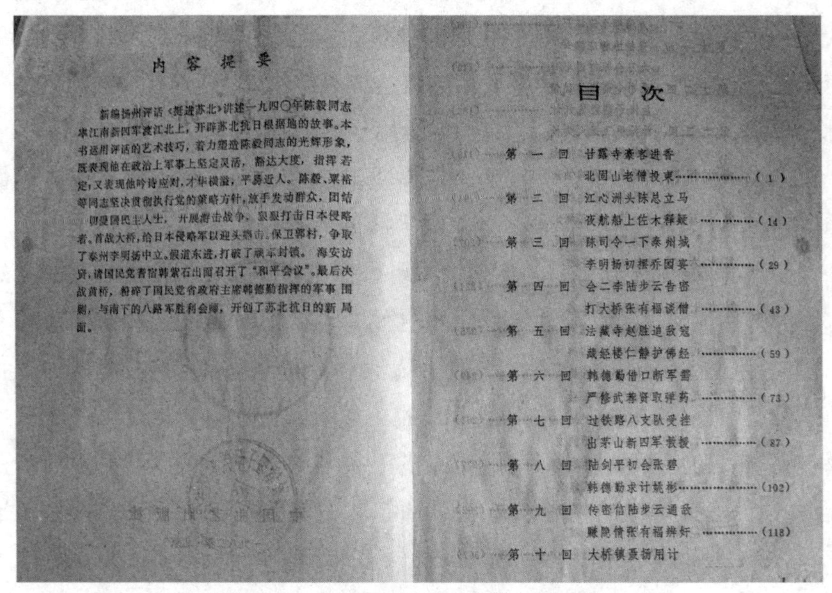

内　容　提　要

新编扬州评话《挺进苏北》讲述一九四〇年陈毅同志率江南新四军渡江北上，开辟苏北抗日根据地的故事。本书运用评话的艺术技巧，着力塑造陈毅同志的光辉形象，既表现他在政治上军事上坚定灵活，豁达大度，指挥若定；又表现他吟诗应对，才华横溢，平易近人。陈毅、粟裕等同志坚决贯彻执行党的策略方针，放手发动群众，团结一切爱国民主人士，开展游击战争，狠狠打击日本侵略者。首战大桥，给日本侵略军以迎头痛击。保卫郭村，争取了泰州李明扬中立。假道东进，打破了顽军封锁。海安访贤，请国民党耆宿韩紫石出面召开了“和平会议”。最后决战黄桥，粉碎了国民党省政府主席韩德勤指挥的军事围剿，与南下的八路军胜利会师，开创了苏北抗日的新局面。

目　次

第一回　甘露寺豪客进香
北固山老僧投柬……（1）
第二回　江心洲头陈总立马
夜航船上佐木释疑……（14）
第三回　陈司令一下泰州城
李明扬初摆乔园宴……（29）
第四回　会二李陆步云告密
打大桥张有福谈僧……（43）
第五回　法藏寺赵胜追敌寇
藏经楼仁静护佛经……（59）
第六回　韩德勤借口断军需
严修武孝贤取弹药……（73）
第七回　过铁路八支队受挫
出茅山新四军救援……（87）
第八回　陆剑平初会张碧
韩德勤求计姚彬……（102）
第九回　传密信陆步云通敌
赚脱情张有福辨奸……（118）
第十回　大桥镇聂扬用计

图 3－8　《挺进苏北》内容提要和目次
（中国曲艺出版社，1982 年 11 月第 1 版）

除了这些方法和技巧，陈醇还认为分析和处理好小说中细节的表达，最好的途径就是深入生活去体验。“我们有的时候访问作者也是深入生活，按照作者写的情况自己亲自到当年的地方看一看。”正是因为陈醇对自己有这样的严格要求，于是在每次接到新的小说之后，他都会非常认真地对待，说起 20 世纪 80 年代初期的一次创作经历，陈醇回忆道：“最典型的恐怕就是给中央台录的《挺进苏北》，作者夏芸，扬州文化局的，还有中央台一个编辑，我们三个人。夏芸写的东西是按照扬州评话格式写的，就请她带着我们两个人从新四军四一二政变以后到苏北，上了苏北岸一直到黄桥战役，就按她写的这个过程走了一遍。”① 陈醇在上海人民广播电台五十周年庆的时候曾写道：80 年代初，我播长篇小说《挺进苏北》。录制前，有机会与小说作者和广播编辑一起从扬州出发，踏着当年新四军由江南挺进苏北的路线一直走到黄桥。一路上，作者不断地给我介绍书中描写的人物情节；每到一处，就具体说明这里当年斗争的态势，并请当地同志帮助讲解；最后参观了新四军黄桥战役革命历史陈列馆和新四军指挥部原址。实地的走访与书中的情节加以结合，使整个故事犹如一幅幅生动的画面展现在我的眼前，播讲时的语言表达坚定自如，富有真实的情感，真像是在讲解自己亲身经历的故事。丰富的社会实践和生活体验，既陶冶了我的情操，也扎实了我创作的情感根基。② 陈醇认为体验生活无疑是小说播讲艺术中非常重要的一个环节，但是很多时候我们的播讲者没有把工作做好，或者没有条件做得很充分，这些都会直接影响我们的表达。对此他说：“得有这样的生活，否则你不理解，什么都不知道，就只能尽量用一些手段。”

很多时候直接和小说作者沟通也非常重要，对于小说中不清楚或者不懂的细节，通过和作者交流、沟通都会有助于播讲者的最终表达。陈醇是这么认为的，也是这样做的。“比如说，我们上海有个作家叫峻青，播他的东西那就好办了，因为都在上海，打个电话给他比较方便。包括那时播巴老的东西，我不懂的东西或《巴金传》里面有些细节我认为他写错的，我就直接找巴老去。我这方面好像还给他们改正过，在一篇发表的文章中，巴老写到从南京送他三弟回上海，到南京的下关去送行。当时南京的下关铁路还不通呢，下关发的车开不到上海，像这些具体的例子，要很认真、很仔细地琢磨一下这些细节才能

---

① 根据笔者 2005 年 8 月 9 日对陈醇访谈记录整理。

② 陈醇：《广播，我终生的事业——为纪念上海人民广播电台 50 周年台庆而作》，《中国广播》1999 年第 4 期，第 30 页。

发现。”

陈醇有一次参加演出是被指定朗诵海明威《老人与海》的片断，虽然只是片断，但是为了忠实于原著，很好地把原著地内涵表达出来，陈醇就从头到尾把《老人与海》看了一遍，这还不够，他又把能搜集到地介绍海明威的资料也看了一遍。“一开始，鲨鱼翻了个身，这鲨鱼怎么回事啊？这鲨鱼为什么翻了个身？实际上让这个老人跟它斗的，这些都是没有的。你不能很轻飘飘地来形容感情，就不对了。”陈醇还认为：“短篇小说也存在这个问题，某个短篇小说你得了解这作者是怎么回事，他哪年创作的，他为什么写这个。我的想法就是你的案头功夫下得越多，你读的才能越顺；读得越顺，感情才能够流畅。”

相对于短篇小说，长篇小说的篇幅一般都比较长，由于小说的播出只能是每天一小部分，所以对小说演播中节奏的把握是一个很重要的问题，如何统领全篇的节奏、把握好每个部分的节奏，陈醇认为：“节奏关键是变化，节奏越丰富、越变化，你的表达越准确，表达的水平越高。它没有总体上应该怎样。你要讲速度，那要让人听得懂，但速度听得懂你也不完全一样，因为里面有它的变化，有地方快，有地方慢，以听得舒服为主。有些小说容易懂的，那么快点，没有一个规定它大概是什么样的，这个好像不应该的。”

陈醇认为在播长篇小说的过程中，还有另外一个难解决的问题，就是每天半小时小说播讲结束时，需要留一个“扣子”，就是留个悬念给听的人，吸引他第二天再听。有的小说比较容易留这个“扣子”，比方说战斗小说就很容易留，“一枪打出去了，结果如何？请明天继续收听”，这就好办了。但不见得每一章，每到30分钟都有个悬念，播讲者就得千方百计地找悬念，找一个自认为能够拎得起来的、能够吸引人明天想着到时候得开收音机听的这么一个问题或悬念吧。而且当时没有编辑来做这些工作，都是自己来做。可能你播了20分钟，这里面没悬念，怎么办呢，就前后找悬念，就找这么个自认为能够吸引人的东西，第二天播的时候要说“昨天我们说到……”，这个话要自己编，不是书上的，“昨天我们正说到谁谁举枪在打谁谁”，这一枪打出去就接上了，三言两语的，不是长篇大论的。

陈醇在演播小说的时候非常重视自己在播讲中和听众的交流，也就是我们所说的“对象感”，陈醇认为：“你要有和听者的交流，没有交流就是不行的。但现在有很多人听起来是自己人在自说自话。”所以他的切身体会就是要觉得有人在专注地听自己的小说演播，而且跟着自己的演播一起进入小说的情节，体会小说中人物、环境和事件的发展变化。

第四节　区分“播讲”和“扮演”

陈醇的观点是，在广播中播讲小说和影视剧或者戏剧中的扮演是截然不同的，也和说书艺人的说书迥然不同。演员扮演角色自不必多讲，就是说书艺人也可以按照小说提供的文本进行重新的编创，但是播音员演播小说却不能这样，尽管也是在进行文学作品的二度创作，但是播讲者一定要根据小说原著的文本播讲，就好像是“戴着脚镣的舞蹈”，有一个范围和程度的限制，这不但体现了忠于原著的宗旨，也为小说演播的创作带来了一定的难度。就像陈醇自己所说的：“我们是要照读的，但是又使人感觉到不是在读，是你在说，让听的人不知道你在念书，而实际上是你在念书。”①

图3－9　陈醇在演播小说

在谈到小说播讲中人物的具体表现技巧时，陈醇说：“长篇小说里面还有人物出现，人物怎么来读，这有争论。我不太主张扮演。我觉得扮演，一个，我一个人扮演那么多角色，我觉得有困难，不可能；第二，如果你要扮演人物，

① 根据笔者2005年8月9日对陈醇访谈记录整理。

那就变成广播小说或广播剧了。现在有的小说两个人、三个人来播，来扮演了，我就觉得其实一个人还是要扮演几个角色、几个任务，我觉得听起来好像觉得它不是在播讲小说了，小说阅读本身就是读者一个人在看，所以当播讲小说时个人观点就不太同意采用扮演的方式。那么不扮演怎么办呢？你就需要转述了，要'神似'不能'形似'。你要像我这个嗓子扮演小姑娘怎么办呢？还比如小说中如果是部队的几个人在一起谈话，应该怎么区分，所以这就是个值得考虑的问题了。"①

一

在《欧阳海之歌》中有这样一段情节：欧阳海领着七班的同志早饭后打扫完食堂的卫生，忽然想起俱乐部门口墙报架子上的遮檐还没安好。就去伙房背后堆放柴火的地方找一些没用的杉树皮打算拼凑一下做遮檐。

刚拐过伙房门前，远远看见一个穿着背心的同志在那儿劳动。欧阳海走上前一看，代理副指导员正用一把铲刀在剥树皮哩。他已经满身是汗，背心都湿透了。不用问就知道他已经干了好一会儿了。

"副指导员倒比我先想到这个事了。"欧阳海对自己说，"这些方面都很值得好好向他学习。劳动活儿上他总是说干就干，爽快得很，星期天也很难得看见他休息。"他记起第一次和薛新文见面的情景，嘴里喃喃地重复着：

"一天到晚抄着手休息，我敢保险，（不出三天就一定）（那还不）把人憋出病来！"

欧阳海刚想上前去帮帮手，薛新文说：

"欧阳海，你来干吗？快回去休息休息！"

"那……那你呢？"欧阳海不肯走。

"你跟我比（干什）么？"薛新文（抡了抡粗壮的胳膊）说，"这次下放时间虽然不长，可是我有个很深的体会：连队里最辛苦的就是你们这些当班长的，（白天黑夜）领着十来个同志摸爬滚打，（组织学习，个别谈心，）事事都要模范带头，（实在是不容易。）今天是星期天嘛，休息休息。去，睡不着也给我在床上躺（着）（一会儿）！"

① 根据笔者2005年8月8日对陈醇访谈记录整理。

欧阳海见他快干完了，只好转身来到伙房。

“去去去！你又来干什么？”司务长李祥也往外撵他，“今天可没有你干的活儿了。下午吃的面条早擀好了；炸酱，你这个湖南伢子又不会弄，还是回去休息休息吧。”

欧阳海想，人家当干部的星期天都不休息，我们年轻轻的怎么能够闲得住！他硬挤进门去想找点儿零活儿干干。可是伙房里（打扫得干干净净,）整理得井井有条，确实是一切都弄好了。他指着蒸笼问道：

“司务长，怎么这么长时间没吃馒头了，是人手不够，忙不过来吧！”

“人手倒是够啰，就是（蒸笼）（笼屉）坏了。修理组的同志忙，还没来修理。”

欧阳海把蒸笼检查了一遍。根据他修补箩筐的技术，只要有竹子，自己也能动手修一修。他想，到底还是让他找着了一件活儿，要不然星期天真难过。心里拿定了主意，他说道：

“行啊，算我今天来晚了，什么忙也没帮上，我干脆打场球去吧。”

“对嘛，劳逸结合一下！刚才刘大个子还到处找你，说要跟一连赛球哩。”

（注：小说原文括号里的内容根据演播需要有所改动）

这个段落里共有三个人：欧阳海、薛新文、李祥，他们三人的年龄不同、性格不同，说起话来的态度和语气也各不相同，但是小说播讲时由一个人来完成所有的叙事和人物对话，所以在表现这三个人所说的话时，既要有所区别，但又不能脱离播讲者本来的声音特质，因此只能在发声和吐字的位置，以及态度和语气上进行区分，同时还要符合人物的性格和年龄特征。陈醇在播讲这一段对话时做了一些设计和区分，表现欧阳海的语言时选择用诚恳、谦和的态度，且较为年轻的音色；表现薛新文的语言时选择用命令的口吻，态度强硬，声音明亮坚定；表现李祥的语言时用一种长辈的语气，看似不近人情，话语里却又充满了对战士们的理解、关心和爱护，发声和吐字位置靠后，有年长者的厚重感。

本想在星期天做些有意义的事情而不成，欧阳海无心打球，便为做扁担、修蒸笼请了假去楠口公社买竹子。回来的路上歇脚时看了《红岩》，激发了欧阳海想快点儿回去为革命多做贡献。就在这时，又发生了新的情况：

欧阳海（把《红岩》揣进兜里,）扛起竹子朝连队走去。刚爬上一道土坎就听见背后有人喊叫。回头一看，河那边的一间房子上冒起了滚滚黄烟。

“失火了?!”欧阳海吃惊地喊了一声，连忙扔下竹子，飞快地朝着冒烟的方向奔去。

一间单独的土墙草顶的房子正被浓烟包裹着。几个妇女、小孩站在旁边大喊大叫，一个约莫六七岁的小孩对着草房大声哭着：

“婆婆呀，婆婆呀！……”

欧阳海一听，心里明白了：房里边有人！他像箭似的一步窜进门里去。

满屋浓烟使得欧阳海什么也看不见。他焦急地四下里寻找着，大声在屋里叫喊着：

“有人吗？快出来呀！……婆婆……”

屋里没有回答的声音。

欧阳海在屋里摸了一圈，没有找着婆婆。他抱着两床棉被跑了出来。

小孩还在哭，还在喊婆婆，欧阳海跑过去说：

“小兄弟，别哭，你婆婆在哪里?”

小孩急得讲不出话来，只把手往屋里指了指。欧阳海又往门里冲去。刚到门口，只听轰的一声，浓烟变成明火，烧起来了！两个妇女赶过来死死拉着欧阳海喊着：

“（不能进去）（去不得）呀！大军同志……”

正是“大军同志”这声喊叫，使欧阳海浑身是胆。“（人民的子弟兵，哪有进不去的地方？是刀山，我要上；是火海，我也）要迎着烈火冲上去！”他脑子里飞快地掠过了这样一些话，一甩手，又蹿进烈火中。

“老婆婆，你出来呀！……”

看不见也听不见，欧阳海被浓烟呛得连气都不能喘了。忽然，从已经燃起来的楼板上掉下来一个口袋：人在楼上！

（注：小说原文括号里的内容根据演播需要有所改动）

以上这段情节的有声化表达，除了要把握好语言的节奏，抓住每个人语言的特点更为关键。面对突然起火的民宅乡亲们都束手无措，在十万火急的情形下，几个小孩、妇女只能大喊大叫然而却帮不上什么忙，欧阳海既要向他们询问火灾情况，还要迅速行动进行营救，加上火灾现场的浓烟，让欧阳海更多的是急促地询问和大声地呼喊。然而这段情节中更需要花心思琢磨和表现的是孩子的哭喊和妇女的喊话，陈醇没有去追求与孩子和妇女们在声音上的相似，而是通过揣摩人物的年龄、性格、心理等等的特征，以及火灾现场环境中人们说话、喊话的用声方式，尽量实现小说人物说话语气、方式和态度的接近性，而避免出现表演特征的再现，让人感觉到一种“神似”的转述表达。

图 3－10 陈醇 1979 年在演播小说

二

小说《创业史》第二部上卷中，当梁生宝在支部大会上看到卢支书的神情似乎在问自己为何不说话，但为了避免给大家留下显摆自己的印象，梁生宝决定克制一点，以使自己区别于郭振山。

“生宝同志，你的看法呢（怎么不说呢）?”支书果然亲切地笑问。

生宝（迟疑了一下）笑着说：“大伙同志说得对着哩。卢支书，你说吧！你比我们有经验，看得全面!”

生宝（说完了看了看十分了解他的支部书记）看见支部书记能体会他这时的心情。他虽然是一个走在大伙前头的人，但他是一个年轻人，不久前才转成正式党员。在（前辈）同志们面前（他应该谦虚点）（谦逊是他继续进步的必要基础）。卢支书很理解地着了看他，笑了笑，放弃了让他发表意见的意图。生宝了结了一桩心思。

“还有很要紧的一条!”支书对着坐在五排长板凳上的下堡乡全体共产党员说,“就是党员对群众起带头作用。这是永远要紧的一条,(但是)大伙(常)把这条忘了。”

所有的同志都非常钦佩地转头看梁生宝。

“振山同志。”卢支书叫道。

郭振山在三斗桌对面,低着戴毡帽的头沉思。现在他把脸抬起来了。

卢支书站在三斗桌后面问:“你记得四九年咱俩入党的情形吗?”

(“哦,那怎么不记得啊!”郭振山大声地笑着,表现出通常回忆光荣历史的愉快。)(郭振山开头不明白支书叫他的意思,迷惑地笑着。当他明白提出的是他的光荣,他立刻轻松起来了。)

“记得清清楚楚!和昨日的事情一样啊!王书记,那时还是区委组织委员,在马家堡你那个小土窑窑里,接受咱俩入党。那土窑里地场太小只能挂一张领袖像,还有头大一面小红旗。有一年多,下堡乡他谁也不知道咱俩在党。咱的支部是在土改时公开的。对不对?(老卢!)”

“对着哩!”卢支书笑说,(“你在这方面记性不错”)(“可是我说的不是这个意思。”他抬起头对大伙说)“(同志们,)土改以后,咱们就有十来个党员了。我那小土窑窑,就不够开支部大会了。咱们就得在乡政府党支部的办公室里头开会。查田定产和整党以后呢?党支部的办公室也坐不下全体党员了。现在,大伙看嘛,咱们在会议室开支部大会,坐满了五排长板凳。我说,到下堡乡完成合作化的时候,党员同志准定能坐满这个会议室。这是我个人的看法。嗯!互助合作运动大发展,准定有大批贫雇农够上当党员的条件。我们能实行关门主义吗?不能!大量的工作要党员带头嘛!大伙看是不是这个理呢?”

“是啦!”

“对对!”

“道理说得(可真)透亮!”

下堡乡的共产党员们从心底里同意,拿灿亮的眼光盯着灯塔农业社主任梁生宝和他领来的两个伙伴。

(注:小说原文括号里的内容根据演播需要有所改动)

在这一段对话中,播讲时无须去饰演人物从而设计其语言表达,而只需主要抓住梁宝生、卢支书、郭振山几个人物的性格和心理特征,比如将梁宝生的朴实、正直、勇于担当，卢支书的和蔼、公正、平易近人，郭振山的精明、自私、打小算盘，把握住了几位主要人物的这些特征，表现他们的对话语言时不用刻意地去成为小说人物本身，做到人物区分鲜明、语言符合个性特征，就已经能够较好地实现小说文本的有声化播讲，如果再根据人物分析适当调整不同人物的发声和吐字状态，自然会让听众感觉到小说人物的生动形象、活灵活现。

卢支书走近他身边，亲切地低低说："增福同志！你怎样想，就怎样说。甭管它几个问题，你甭作难哪！"

增福沉吟说："我思量：对党的认识，我不懂啥。众同志都比我强。咱朝众同志学习。这是实话！"

他表明了态度。然后他又深沉地思量起来了。他是有满满一肚热烈的话，说不出来吧？生宝眼巴巴地望着他的副手，干着急。要是有个重东西，增福一个人搬不动，生宝早已跳出去帮助搬了。(但这是在自己入党的会上讲话……)

增福突然仰起脸，看着坐在第三排板凳上的生宝。"主任！你刚才讲话，提到俺爸领我讨饭做啥？老人已经不在世上二十多年了。再甭提他哩！提起他叫人伤心？"说到这里，增福转向静听的大伙同志，继续抒情地说："俺爸是有一股穷志气。他不到财东街门口去讨饭。他到庄稼院街门口讨饭，看见人家打发时不高兴，他就不要了。他领我到了另一个庄稼院街门口，才告诉我：人家瞧不起穷人，咱没志气，人家就更瞧不起了。可是，这有啥意思呢？我长大了，还是低三下四给财东做活哩。说是解放以后穷人翻身了，我高增福又是有志气的人嘛，为啥连个互助组也搞不成功？嗯？为啥我跑了二里远，入梁生宝互助组？嗯？没党领导！我信服咱王书记说的话——庄稼人没党领导，治不了世。李自成就坐了朝廷，没党领导，他弄得乱七八糟，只坐了四十天，完哩！咱有党领导，咱敢办农业社。咱把地界石扳得扔在一边。咱把社员们的渠道挖通，实行冬灌。咱把郭庆喜和冯有义的草棚屋租来，改修成农业社的饲养室。咱心里踏踏实实，胆正着哩。没党领导，蛤蟆滩的几个人谁敢这么大胆？"

整个会议室都兴奋地笑着。增福自己很严肃、很认真。他那么激动！他的面部表情反映出他内心激动的感情。

卢支书热情地鼓励他。"讲！增福同志，你讲得很好嘛！你继续讲。把你肚里头热腾腾的话，全讲出来！"

所有的人，包括从前认定高增福无能的郭振山同志，都瞪大了眼睛。生宝心中无限地感慨：他这伙伴可是一个牛皮灯笼，外头不见光，内里亮堂着哩！生宝没想到增福在肚里头准备好这样一篇精彩的入党演说，不声不响带到会上来了。

但是增福非常诚恳地对卢支书说：

“完了。我对党的看法，就是这些。”

然后他转向大伙同志，变得愉快地说：

“介绍人提我的两点意见，我全承认。我有庄稼人的一股别扭劲儿。当了党员，我要把心胸放宽豁一点。另外，对党的政策，我学习差池。从今向后，我要站党的立场，不能站贫农立场。生宝同志，多谢你。我今日才明白了：依靠贫农和站贫农立场不一样。就是这话！我讲完了。”

增福从讲桌上拿起了他的包头巾。他仍然用不慌不忙的步子，走回他的原位。梁生宝连忙给这个穿着一身新棉衣显得宽壮的左邻让开点位置，并且用充满了深情盛意的眼光迎接他。

高增福坐在板凳上以后，往光头上包着他的头巾。他现在平静了。他严肃的脸上带着做完一件事的愉快的笑容。

（注：小说原文括号里的内容根据演播需要有所改动）

图 3－11　陈醇 1999 年参与 4 集电视专题片
《飞翔的史诗——〈小说连播〉50 年》录制

同样的，在播讲这一段时，重点仍然是对人物的理解和分析，明确区分这一人物形象的独特之处，进而探究其说话方式的特点，然后再根据具体人物的性格和心理特征，从语音、发声、语气、态度等诸方面逐一落实到具体的播讲当中。这一段的重点是表现平常沉默寡言的高增福在支部大会上的慷慨发言，高增福这一反常态的表现让大伙对他刮目相看，大段大段非常口语化的发言在小说播讲时并不好把握，陈醇抓住了高增福这一小说人物朴实耿直、不善言辞、态度鲜明的特征，在播讲时没有刻意去用饰演的方式表现高增福的发言，而是去按照人物性格和心理特征，并结合西北方言习惯在用气发声和吐字方面进行调整，让小说的旁白和人物讲话区分开，让不同人物的语言区分开，但这些都不同于戏剧和影视的表演，而是小说播讲所特有的惟妙惟肖的转述。

三

在短篇小说《乔厂长上任记》里面有很多人物和对话，而且人物之间的关系存在着很多对比与心理的描写，还有小说叙事当中的评论，在处理这些段落的时候，如果都用扮演的方式去演绎，对于只有一个人的声音来说恐怕远远不够，所以只能采用一种接近于“神似”的转述方式，才能实现小说播讲的语言样式和效果。

比如在《乔厂长上任记》中的《出山》这一章主要描写了乔光朴在党委扩大会上毛遂自荐，还打算立下军令状，小说文本对乔光朴的行为、动作，尤其是语言有着极为细致的描写，既凸显了其人物性格特征，又将故事叙述得引人入胜。

> 乔光朴没抬眼皮，用平稳的显然是经过深思熟虑的口吻说：“别人不说我先说，请局党委考虑，让我到重型电机厂去。”
>
> 这低沉的声调在有些委员的心里不啻是爆炸了一颗手榴弹。徐副局长更是惊诧地搞出一支香烟主动地丢给乔光朴：“光朴，你是真的，还是开玩笑?”
>
> 是啊，他的请求太出人意外了，因为他现在占的位子太好了。“公司经理”——上有局长，下有厂长，能进能退，可攻可守。形势稳定可进到局一级，出了问题可上推下卸，躲在二道门内转发一下原则号令。愿干者可以多劳，不愿干者也可少干，全无凭据，权力不小，责任不大，待遇不低，费心血不多。这是许多老干部梦寐以求而又得不到手的“美缺”。乔光朴放着轻车熟路不走，明知现在基层的经最不好念，为什么偏要下去呢?

乔光朴抬起眼睛，闪电似地扫过全场，最后和霍大道那穿透一切的目光相遇了，倏地这两对目光碰出了心里的火花，一刹那等于交换了千言万语。乔光朴仍是用缓慢平稳的语气说："我愿立军令状。乔光朴，现年五十六岁，身体基本健康，血压有一点高，但无妨大局。我去后如果电机厂仍不能完成国家计划，我请求撤销我党内外一切职务。到干校和石敢去养鸡喂鸭。"

这家伙，话说得太满、太绝。这无疑是一些眼下最忌讳的语言。当语言中充满了虚妄和位权，稍负一点责的干部就喜欢说一些漂亮的多义词，让人从哪个方面都可以解释。什么事情还没有干，就先从四面八方留下退却的路。因此，乔光朴的"军令状"比它本身所包含的内容更叫霍大道高兴。他激赏地抬起眼睛。心里想，这位大爷就是给他一座山也能背走，正像俗话说的，他像脚后跟一样可靠，你尽管相信他好了。就问："你还有什么要求?"

乔光朴：我要带石敢一块去，他的党委书记，我当厂长。"

会议室里又炸了。徐副局长小声地冲他嘟囔："我的老天，你刚才扔了个手榴弹，现在又撂原子弹，后边是不是还有中子弹？你成心想炸毁我们的神经?"乔光朴不回答，腮帮子上的肌肉又鼓起一道道肉梭子，他又在咬牙帮骨。

有人说："你这是一厢情愿，石敢同意去吗?"

乔光朴："我已经派车到干校去接他，就是拖也要把他拖来。至于他干不干的问题，我的意见他干也得干，他不干也得干。而且——"他把日光转向霍大道，"只要党委正式做决议，我想他是会服从的。我对别人的安排也有这个意见，可以听取本人的意见和要求，但也不能完全由个人说了算。党对任何一个党员，不管他是哪一个级别的干部，都有指挥调动权。"

这一段，先是乔光朴"用平稳的显然是经过深思熟虑的口吻"和"低沉的声调"说："别人不说我先说，请局党委考虑，让我到重型电机厂去。"让徐副局长很是"惊诧"，然后乔光朴仍用"缓慢平稳"的语气说："我愿立军令状……"再到霍大道"高兴""激赏"地问"你还有什么要求?"在这一段落里这么多不同态度、不同想法剧烈地碰撞在一起，要想表现出每个人物的性格特征，而又不是去扮演，确实需要对每个人物进行深入细致的分析，着重在语气和节奏上贴近人物性格和说话方式，让听众感觉到一种神似之感。

乔光朴把自己的打算，立“军令状”的前后过程全部告诉了石敢，充满希望地等着老伙伴给他一个全力支持的回答。

石敢却是长时间的不吭声，探究的、陌生的目光冷冷地盯着乔光朴，使乔光朴很不自在。老朋友对他的疏远和不信任叫他心打寒战。石敢到底说话了，语言低沉而又含混不清，乔光朴费劲地听着：

“你何苦要拉一个垫背的？我不去。”

乔光朴急了：“老石，难道你躲在干校不出山，真的是像别人传说的那样，是由于怕了，是‘怕死的杨五郎上山当了和尚’？”

石敢脸上的肌肉颤抖了一下，但毫不想辩解地点点头，认账了。这使乔光朴急切地从沙发上跳起来替他的朋友否认：“不，不，你不是那种人！你唬别人行，唬不了我。”

“我只有半个舌……舌头，而且剩下的这半个如果牙齿够得着也想把它咬下去。”

“不，你是有两个舌头的人，一个能指挥我，在关键的时候常常能给我别的人所不能给的帮助；另一个舌头又能说群众服从我。你是我碰到过的最好的党委书记，我要回厂你不跟我去不行！”

“咳！”石敢眼里闪过一丝痛苦的暗流，“我是个残废人，不会帮你的忙，只会拖你的手脚。”

“石敢，你少来点感伤情调好不好，你对我来说，重要的不是舌头，你有头脑，有经验，有魄力，还有最重要的——你我多年合作的感情。我只要你坐在办公室里动动手指，或到关键时候给我个眼神，提醒我一下，你只管坐镇就行。”

石敢还是摇头：“我思想残废了，我已经消耗完了。”

“胡说！”乔光朴见好说不行，真要恼了，“你明明是个大活人，呼出碳气，吸进氧气，还在进行血液循环，怎说是消耗完了？在活人身上难道能发生精力消耗完的事吗？掉个舌头尖思想就算残废啦？”

“我指热情的细胞消耗完了。”

“嗯？”乔光朴一把将石敢从沙发上拉起来，枪口似的双眼瞄准石敢的瞳孔，“你敢再重复一遍你的话吗？当初你咬下舌头吐掉的时候，难道把党性、生命连同对事业的信心和责任感也一块吐掉了？”

石敢躲开了乔光朴的目光，他碰上一面无情的能照见灵魂的镜子，他看见自己的灵魂变得这样卑微，感到吃惊，甚至不愿意承认。

乔光朴用嘲讽的口吻，像是自言自语地说："这真是一种讽刺，'四化'的目标中央已经确立，道路也打开了，现在就需要有人带着队伍冲上去。瞧瞧我们这些区局级、县团级干部都是什么精神状态吧，有的装聋作哑，甚至被点将点到头上，还推三阻四。我真纳闷，在我们这些级别不算小的干部身上，究竟还有没有普通党员的责任感？我不过像个战士一样，听到首长说有任务就要抢着去完成，这本来是极平常的，现在却成了出风头的英雄。谁知道呢，也许人家还把我当成了傻瓜哩！"

石敢又一次刺疼了，他的肩头抖动了一下。乔光朴看见了，诚恳地说："老石，你非跟我去不行，我就是用绳子拖也得把你拖去。"

"咳，大个子……"石敢叹了口气，用了他对乔光朴最亲热的称呼。这声"大个子"叫得乔光朴发冷的心突地又热起来了。石敢立刻又恢复了那种冷漠的神情："我可以答应你，只要你以后不悔。不过丑话说在前边。咱们订个君子协定，什么时候你讨厌我了，就放我回干校。"

当他们两个回到会议室的时候，委员们也就这个问题形成了决议。霍大道对石敢说："老乔明天到任，你可以晚几天，休息一下，身体哪儿不适到医院检查一下。"

石敢点点头走了。

在这一段当中，石敢因"文革"期间咬掉了一半舌头而成了个"半哑巴"，所以他说起话来肯定不会清楚，但是作为小说播讲，并不能完完全全按照缺了一半舌头的状态去说对白，那样从听觉上就不太听得清楚含混的发音，所以我们才会听到播讲者陈醇采用了一种既接近于舌头残缺的吐字发音状态，然而却又能够把石敢的话都说得能让人听清楚的这种介乎类似残障与正常说话之间的"神似"的状态，使小说中石敢人物形象的有声化塑造达到了惟妙惟肖的效果。

对于区分"播讲"和"扮演"，陈醇认为更重要的环节，或者说解决的方案，就是在播前认真地做好人物分析工作，要抓住人物有个性特点的语言和行为动作，同时还要把人物成长过程和情节发展变化进程做到心中有数。有的时候播讲者不要去追求与小说人物声音上的相似，而是要力求表现出与小说中人物特点上的神似。把这些分析和刻画工作做好了，在演播时具体细节上的区分才会越精细、越明显，这是把小说播讲成功的关键所在。

第四章　陈醇散文朗读艺术

在现代文学中，散文是一种自由、灵活地抒写见闻感受的文学体裁。通常，我们把散文的取材叫“形”，把作者的感悟叫“神”。散文的最大特点就是：形散神聚。

陈醇朗读散文作品，提出要“运用想象，获取感觉；运用假设，进入意境；运用分析，揭示内涵；运用技巧，恰当表达”①。散文中所写的人生、自然、事件、景物等，都好像是从他自身感悟出发，达到了和作者一致的对事物特殊意义和美的发现。这种发现，是知觉、思维、感觉的综合思维结果，体现出了创作者的深思妙悟和散文原作的情、理、意、味。

在散文朗读创作中，陈醇做到了把作者的深思妙悟和自己的精妙表达融合在一起，让人听了不但觉得就是巴金的、就是茅盾的，同时毋庸置疑地觉得，这也是陈醇的。就像张颂教授的评价：不同风格的作品，到他自己身上，他会体现一种伽达摩尔说的“视域”的融合。就把作品、作家的风格，和自己对作品的理解、自己的表达风格融化在一起。②

① 陈醇：《散文朗诵浅谈》，《北京广播学院学报》，1981年5月，第2期，第79－82页。

② 根据笔者2005年9月21日对张颂教授访谈记录整理。

第一节 精读原作聚散明

散文，“形散而神不散”。光追求形式上的美，而抓不住文章的“神”，那么一篇散文的朗诵创作还不能作为一个成功的艺术品奉献给听众，因为它还没有栩栩如生地挺立在听众面前。① 散文的最大特点是“形散神聚”，虽然取材范围广泛，内容博杂，所谓“上下几千年，纵横数万里”，但都统一在“神”这个灵魂之下。若能很快找到这一统领全文的“神”，那么就会准确地把握文章主旨，从而对散文播读创作奠定一个良好的基础。

一

在散文中总有集中表达作者思想感情，反映作品主旨的词句，是为“文眼”，倘若散文朗读创作在通读全文的基础上，抓住这“点睛”之笔，就能透视文章的“心灵”，理解作者的写作意图。陈醇认为朗诵一篇散文要善于“设眼点睛”：一篇散文常常有“文眼”，也就是文章中最精彩、最传神的一句或两句，而这句中的最有神采的一字或两字，其意更深，其味更浓，其色更鲜，又是“文眼”的“眸子”。“文眼”是作品的“凝光点”，朗诵者要善于捕捉这些“凝光点”。一旦捉住，就要着力予以加色添彩，得以传神达情。② 比如散文《荷塘月色》，只要扣住“这几天心里颇不宁静”，就能知道作者在重点抒写了“荷塘月色”之后，为何还要联想到江南采莲的风俗、忆起《西洲曲》里的句子；散文《灯》，只要抓住“在这人间，灯光是不会灭的”，再结合作者的处境和写作背景，就能弄清为什么除了写眼前的“灯”之外，还要写回忆中的“灯”和联想传说中的“灯”；散文《故乡的榕树》，只要能找到有“怀念”“思念”字样的两个反问句，就能体会作者为什么由眼前的两棵榕树以及小儿子口含榕树叶吹口哨逗小黑狗取乐的场面，想到了故乡的榕树，再由此而及故乡的人和事。

另外，陈醇认为在散文朗读中要运用想象获取感觉：想象，是朗诵者本身

① 陈醇：《散文朗诵浅谈》，《北京广播学院学报》，1981 年 5 月，第 2 期，第 80 页。

② 陈醇：《散文朗诵浅谈》，《北京广播学院学报》，1981 年 5 月，第 2 期，第 80 页。

所接触过的彼时彼地的场景被作品提供的此时此地的情景激发而在脑子里产生出画面的思维活动。有了这样的想象，朗诵者对于作品描绘的情景就有身临其境之感，从而更深刻地理解作品。想象和感觉是联系在一起的。有了想象才能引出感觉，获取感觉。感觉是外界事物通过我们的感官并于感官内产生的一种反应。……建筑师透过工程设计图而能在头脑里耸立起一幢幢巍峨的大厦；音乐家透过乐谱符号而能在耳畔奏起优美的旋律；作为一个播音员，透过文字稿而能看到作品所描绘的情和景。这就是想象（联想）。它唤起我的激情，抓住我的心灵，感觉到它们的存在。播音员首先要被稿件所感染。如果在第一遍看稿时没能产生这种状态，以后就较难入稿。①

陈醇在朗读散文作品的时候，每每都是认真研读原作，有的时候在条件允许的情况下，他甚至还要和作者进行直接的沟通。著名作家峻青曾经回忆道：他播出的我的那篇拙作《雄关赋》，我就感到，他不仅播出了我在作品中所要表达的主旨和情感，而且比我原作的主旨情感更加深刻，更加丰富、更加感人。应该说，这是一种再创作，是陈醇同志的那种超越原作的思想感情和艺术魅力的再创作。无疑地此种再创作，对播音工作者来说，是一个典范，对于作为作者的我，也是一个十分有益的启迪。②

图4－1　陈醇向峻青请教作品细节

① 陈醇：《散文朗诵浅谈》，《北京广播学院学报》，1981年5月，第2期，第79页。
② 峻青：《德艺并重——贺陈醇同志播音生涯五十周年》，《陈醇播音生涯五十周年研讨会征文集》（内部资料），上海人民广播电台2001年10月，第8页。

二

《繁星》是当代作家巴金于1927年1月赴法留学途中创作的一篇散文。通过对星空、繁星的细致描写，表达了巴金对美好生活的热爱和向往，同时也通过写景抒发了淡淡的离情。全文语言隽永清丽，耐人寻味。陈醇的朗读，令人产生身临其境之感，很亲切，很自然。

繁 星

巴金

我爱月夜，但我也爱星天。从前在家乡，七、八月的夜晚，在庭院里纳凉的时候，我最爱看天上密密麻麻的繁星。望着星天，我就会忘记一切，仿佛回到了母亲的怀里似的。

三年前在南京，我住的地方有一道后门，每晚我打开后门，便看见一个静寂的夜。下面是一片菜园，上面是星群密布的蓝天。星光在我们的肉眼里虽然微小，然而它使我们觉得光明无处不在。那时候我正在读一些关于天文学的书，也认得一些星星，好像它们就是我的朋友，它们常常在和我谈话一样。

如今在海上，每晚和繁星相对，我把它们认得很熟了。我躺在舱面上，仰望天空。深蓝色的天空里悬着无数半明半昧的星。船在动，星也在动，它们是这样低，真是摇摇欲坠呢！渐渐地我的眼睛模糊了，我好像看见无数萤火虫在我的周围飞舞。海上的夜是柔和的，是静寂的，是梦幻的。我望着那许多认识的星，我仿佛看见它们在对我眨眼，我仿佛听见它们在小声说话。这时我忘记了一切。在星的怀抱中我微笑着，我沉睡着。我觉得自己是一个小孩子，现在睡在母亲的怀里了。

有一夜，那个在哥伦波上船的英国人指给我看天上的巨人。他用手指着：那四颗明亮的星是头，下面的几颗是身子，这几颗是手，那几颗是腿和脚，还有三颗星算是腰带。经他这一番指点，我果然看清楚了那个天上的巨人。看，那个巨人还在跑呢！

1923年，19岁的巴金和三哥毅然冲破封建家庭的樊笼，考入东南大学附中补习班。学习期间，著名的五卅运动对他影响较大，他的民主思想得到进一步发展。1927年1月15日，他与九名中国学生同乘法国轮船“昂热号”离沪赴法求学。法国当时既是无政府主义的发源地，也是欧洲的政治流亡者的庇护所，巴金去法国求学是为了“向西方找真理”，进一步研究无政府主义理论，考察欧洲的社会活动。在邮船航行期间，巴金撰写了《海行杂记》三十八则。《繁星》是其中的一篇游记，写于1927年1月。

当时巴金作为一个年轻的学生离开了祖国和家乡，对海行所见，旅途风光，多么急切地希望告诉他的亲人。文中描写了海轮上看星空的情形，并联系到过去看星空的状况，表达了青年巴金对星空、繁星的热爱，对美好生活的向往，同时，此文虽然集中描写了自然景色，但是又并不单单是为描写而描写，而是一种抒情的手段。巴金当时的心情，正如他给哥哥的信上所言：“我虽然知道我们的心不会被那无边的海洋所隔断，但是现在我的心确实是寂寞得很！冷得很！望你们送点火来罢。”在夜空漫天繁星的大海上，那种离情和寂寞孤独之感自然涌上心头。“在星的怀抱中我微笑着，我沉睡着。我觉得自己是一个小孩子，现在睡在母亲的怀里了。”曲折地表达了当时的寂寞情绪。

《繁星》只有六百字，简约、流畅、隽永，围绕“繁星”，描绘细致，感受真切。文中三次写繁星，由于年龄、阅历、心情等主观因素和时间、地点、氛围等客观因素的不同，使客观景物染上自己的主观感情，正如王国维在《人间词话》里提到的“有我之境，以我观物，故物皆着我之色彩”。让景物皆成有情之物，情景相融，物我相融，表现出意境和感受的不同，给人以丰富的联想。

开篇先是写家乡盛夏纳凉时夜空中的繁星，“望着星天，我就会忘记一切，仿佛回到了母亲的怀里似的”。然后写的是三年前在南京住处后门外菜园夜空中的繁星，当时挣脱了封建家庭的樊笼，接受了自然科学的知识，因此觉得“光明无所不在”。再然后就是赴法留学的航程中，船动星移，时过境迁，感慨涌上心头，于是“渐渐地我的眼睛模糊了”，去国远游，家国情怀倾泻于仰望的漫天繁星，勾起思乡之情，又与起初抒写的家乡夜空的繁星相呼应，“这时我忘记了一切。在星的怀抱中我微笑着，我沉睡着。我觉得自己是一个小孩子，现在睡在母亲的怀里了”。

陈醇在播读这几个段落的时候，通过悠远深长的声音，将三次仰望夜空静观繁星的时空感表现得层次分明，听似恬淡，细细品味却又意境辽远的家国情怀，以“深沉稳健、舒展自如”的独特语言表达风格呈现出来，听后意犹未尽。

巴金写夜空的繁星，除了客观地描绘自然景色，还有主观的感受，在客观景物中，赋予了主观的色彩：“我好像看见无数萤火虫在我的周围飞舞。”“我望着那许多认识的星，我仿佛看见它们在对我眨眼，我仿佛听见它们在小声说话。这时我忘记了一切。”“也认得一些星星，好像它们就是我的朋友，它们常常在和我谈话一样。”从所见来描绘景物，仿佛繁星也带了感情，也有了生命。这篇散文，把遥远的星空写得如此美妙动人，从“视星为友”，到“与星谈话”，及“天上的巨人”“还在跑呢”，将夜空的繁星拟人化，令人感到格外亲切。巴金当年在三等舱餐厅打算寄给哥哥的这篇短文，真情实感，过目难忘，回味无穷。

陈醇在播读这些文字的时候，情感真切、自然、生动，在内心丰富情感的推动下，让听者闭上眼睛就仿佛被带到了散文所描绘的繁星点点的夜空美景之中，令人顿生身临其境、感同身受之妙。

图 4－2 陈醇 1995 年 2 月 5 日与巴金及其胞弟李采臣、李济生合影

三

《养花》一文是老舍先生 1956 年给报刊写的一篇散文，刊载在 1956 年 12 月 12 日的《文艺报》上。中华人民共和国成立后，1950 年老舍搬进了北京一座小四合院。从此老舍和夫人就可以在院子里有更大的空间养花，光是菊花，就养了 100 多种，300 多棵。每到秋天花朵争奇斗艳，真可以举办个小菊展了，这情景在《养花》一文中提到过。通过写养花的过程，表达了养花的乐趣：有喜有忧，有笑有泪，有花有果，有香有色，抒发了作者对生活的热爱之情。这篇散文夹叙夹议、由事及理，揭示了全文的主旨："既须劳动，又长见识，这就是养花的乐趣。"

养 花

老舍

我爱花，所以也爱养花。我可还没成为养花专家，因为没有工夫去研究和试验。我只把养花当作生活中的一种乐趣，花开得大小好坏都不计较，只要开花，我就高兴。在我的小院子里，一到夏天满是花草，小猫只好上房去玩，地上没有它们的运动场。

花虽多，但无奇花异草。珍贵的花草不易养活，看着一棵好花生病欲死是件难过的事。北京的气候，对养花来说，不算很好。冬天冷，春天多风，夏天不是干旱就是大雨倾盆；秋天最好，可是忽然会闹霜冻。在这种气候里，想把南方的好花养活，我还没有那么大的本事。因此，我只养些好种易活、自己会奋斗的花草。

不过，尽管花草自己会奋斗，我若置之不理，任其自生自灭，它们多数还是会死了的。我得天天照管它们，像好朋友似的关切它们。一来二去，我摸着一些门道：有的喜阴，就别放在太阳地里；有的喜干，就别多浇水。这是个乐趣，摸住门道，花草养活了，而且三年五载老活着、开花，多么有意思啊！不是乱吹，这就是知识啊！多得些知识，一定不是坏事。

我不是有腿病吗，不但不利于行，也不利于久坐。我不知道花草们受我的照顾，感谢我不感谢；我可得感谢它们。在我工作的时候，我总是写几十个字，就到院中去看看，浇浇这棵，搬搬那盆，然后回到屋中再写一点，然后再出去，如此循环，让脑力劳动和体力劳动结合到一起，有益身心，胜于吃药。要是赶上狂风暴雨或天气突变，就得全家动员，抢救花草，十分紧张。几百盆花，都要很快地抢到屋里去，使人腰酸腿疼，热汗直流。第二天，天气好了，又得把花都搬出去，就又一次腰酸腿疼，热汗直流。可是，这多么有意思呀！不劳动，连棵花也养不活，这难道不是真理吗？

送牛奶的同志进门就夸"好香"！这使我们全家都感到骄傲。赶到昙花开放的时候，约几位朋友来看看，更有秉烛夜游的味道——昙花总在夜里开放。花分根了，一棵分为几棵，就赠给朋友们一些；看着友人拿走自己的劳动果实，心里自然特别欢喜。

当然，也有伤心的时候，今年夏天就有这么一回。三百棵菊秧还在地上（没到移入盆中的时候），下了暴雨，邻家的墙倒了，菊秧被砸死三十多种，一百多棵。全家几天都没有笑容。

有喜有忧，有笑有泪，有花有果，有香有色。既须劳动，又长见识，这就是养花的乐趣。

正如前所述，好的散文大都具有“形散神聚”的鲜明特征，常常言在此而意在彼，字里行间往往还蕴藏着另一层意思，能感到话中有话，悟到言外之意，听到弦外之音。

这篇题为“养花”的散文，通篇没有一处不谈养花，然而，却能读出作者的另外一重含义：“生活是多么有趣啊！生活是多么美好啊！”这句话虽在文中并未直接表达，可是每个字又都包含着这个意思。这篇散文就是一篇生活的赞歌，洋溢着对美的事物的喜爱、对生活的热爱。正因为有了这样的弦外之音、韵外之致，这篇散文才会让人感到味之不尽，回味无穷！这种弦外之音正是作者的心声。倘若老舍先生不是打心眼里热爱新生活，或者他没有那样一颗善良、美好的心灵，想必是发不出这样的弦外之音的。看着一棵好花生病欲死就难过；抢救风雨中的花草，累得腰酸腿疼、热汗直流，感到说不出的有意思；甚至会感谢花草，因为它们带来了快乐……散文所流露出老舍对美好事物的热爱正源于他那颗善良美好的心。

《养花》的文字自然、流畅，就像朋友聊天般娓娓道来，像是清泉自然而然流泻出来，看似不着丝毫刀斧痕迹。所以陈醇在朗读这篇散文的时候，对语势和节奏的把握也遵循着原文自始至终贯穿的这种自然、流畅，语言运用上更接近于朋友促膝畅聊般的从容、恬淡，而又绘声绘色、趣味盎然，将养花过程的酸甜苦辣、喜怒哀乐表现得恰到好处、韵味十足。

然而，这篇散文的结构和布局又很巧妙，句句不离养花，段段环环相扣，养花的爱好、养花的辛苦、养花的快乐、养花的忧伤……对比与变化之间，又有着递进和转折。第一自然段“我爱花，所以也爱养花”作为统领全篇的起始句，简洁地概括了全文；第二自然段一开头就是一个转折：“花虽多，但没有奇花异草。”随后通过阐释得出结论：“因此，我只养些好种易活、自己会奋斗的花草。”第三自然段起始的“不过”二字，以及“尽管……我若……我得……”

这一系列的转折、假设、因果等等多重关联句群，又引出养花的乐趣所在；第四自然段开始一句“我不是有腿病吗，不但不利于行，也不利于久坐”，这重因果关系句式，又引出了养花的辛劳与健康之关联，也是养花的益处之一；第五自然段三言两语道出了养花所带来“获赞”与“分享”的妙处；第七自然段开始的“当然”二字，理性地表达了养花也不只有喜悦和乐趣，辩证地道出养花偶尔也会令人“伤心”；最后一段，铺排了几个四字词，韵味尽显于节奏韵律当中，同时又做到了画龙点睛，明确题旨，卒章显志，不禁令人叫绝。

陈醇在播读这篇散文的时候，兼顾散文第一人称更显亲切自然的语态，以及老舍“京味儿”文学的语言特色，既能够从篇章结构上抓住线索和脉络，同时又通过段落之间的起承转合关系将字里行间所蕴含的道理和意蕴通过醇厚、娴熟的语言表达出来，真正体现了散文播读“二度创作”的意义和精髓。

总之，陈醇每次在进行散文朗读创作时都有个习惯，一定是从深入细致地认真研读散文原作、了解作者和创作背景开始的，如果条件允许他还会亲自到原作中描写过或作者生活过的地方去走走看看，切身体会一下作者的感受，以及熟悉和了解一下和原作相关的事物。正是有了这些细致、入微的工作，才会有这么多的散文朗读经典流传下来。

第二节　把握线索脉络清

线索是串联文章内容的一根“红线”，它在文章结构中起着举足轻重的作用，没有恰当的线索，文章将是“一盘散沙”。找准散文的线索，就可理清它的内容结构。比如散文《荷塘月色》以游踪为线索，散文《灯》《故乡的榕树》则分别以“灯”和“故乡的榕树”为线索。顺着线索可以一步步地概括出各部分的大意，从而体味出散文的内在结构，对作者严谨、巧妙、独到的构思有个全面的掌握，从而为深入理解和朗读散文奠定基础。

一

陈醇朗读的散文《白杨礼赞》是我国现代散文的一篇力作，是茅盾先生的代表作之一。这篇散文，不仅思想博大精深，而且结构严谨完美，具有极其独特、不同凡响的艺术魅力。

白杨礼赞

茅盾

白杨树实在不是平凡的，我赞美白杨树！

汽车在望不到边际的高原上奔驰，扑入你的视野的，是黄绿错综的一条大毡子。黄的，那是土，未开垦的处女土，几十万年前由伟大的自然力所堆积成功的黄土高原的外壳；绿的呢，是人类劳力战胜自然的成果，是麦田。和风吹送，翻起了一轮一轮的绿波——这时你会真心佩服昔人所造的两个字“麦浪”，若不是妙手偶得，便确是经过锤炼的语言的精华。黄与绿主宰着，无边无垠，坦荡如砥，这时如果不是宛若并肩的远山的连峰提醒了你（这些山峰凭你的肉眼来判断，就知道是在你脚底下的），你会忘记了汽车是在高原上行驶。这时你涌起来的感想也许是“雄壮”，也许是“伟大”，诸如此类的形容词；然而同时你的眼睛也许觉得有点倦怠，你对当前的“雄壮”或“伟大”闭了眼，而另一种味儿在你心头潜滋暗长了——“单调”。可不是？单调，有一点儿吧？

然而刹那间，要是你猛抬眼看见了前面远远地有一排，——不，或者甚至只是三五株，一二株，傲然地耸立，像哨兵似的树木的话，那你的恹恹欲睡的情绪又将如何？我那时是惊奇地叫了一声的！

那就是白杨树，西北极普通的一种树，然而实在不是平凡的一种树！

那是力争上游的一种树，笔直的干，笔直的枝。它的干呢，通常是丈把高，像是加以人工似的，一丈以内绝无旁枝。它所有的丫枝呢，一律向上，而且紧紧靠拢，也像是加以人工似的，成为一束，绝无横斜逸出。它的宽大的叶子也是片片向上，几乎没有斜生的，更不用说倒垂了；它的皮，光滑而有银色的晕圈，微微泛出淡青色。这是虽在北方的风雪的压迫下却保持着倔强挺立的一种树。哪怕只有碗来粗细罢，它却努力向上发展，高到丈许，二丈，参天耸立，不折不挠，对抗着西北风。

这就是白杨树，西北极普通的一种树，然而绝不是平凡的树！

它没有婆娑的姿态，没有屈曲盘旋的虬枝，也许你要说它不美丽，——如果美是专指“婆娑”或“横斜逸出”之类而言，那么白杨树算不得树中的好女子；但是它却是伟岸、正直、朴质、严肃，也不缺乏温和，更不用提它的坚强不屈与挺拔，它是树中的伟丈夫！当你在积雪初融的高原上走过，看见平坦的大地上傲然挺立这么一株或一排白杨树，难道你觉得树只是树，难道你就不想到它的朴质、严肃、坚强不屈，至少也象征了北方的农民；难道你竟一点也不联想到，在敌后的广大土地上，到处有坚强不屈，就像这白杨树一样傲然挺立的守卫他们家乡的哨兵！难道你又不更远一点想到这样枝枝叶叶靠紧团结，力求上进的白杨树，宛然象征了今天在华北平原上纵横决荡用血写出新中国历史的那种精神和意志。

白杨不是平凡的树。它在西北极普遍，不被人重视，就跟北方农民相似；它有极强的生命力，磨折不了，压迫不倒，也跟北方的农民相似。我赞美白杨树，就因为它不但象征了北方的农民，尤其象征了今天我们民族解放斗争中所不可缺的朴质、坚强，以及力求上进的精神。

让那些看不起民众，贱视民众，顽固的倒退的人们去赞美那贵族化的楠木（那也是直干秀颀的），去鄙视这极常见，极易生长的白杨罢，但是我要高声赞美白杨树！

（原载于《文艺阵地》1941年3月第6卷第3期）

大凡好的散文，都是拢中见散，散拢结合的。《白杨礼赞》就是如此。从通篇布局上看，它严收谨拢，颇具论辩色彩；从个别段落上看，它又漫放巧纵，确有形散神凝的笔法。整篇散文，开阖自如，朗读起来，跌宕有致。

线索是结构的核心，线索抓不准，结构就理不清。文章中，作者一唱三叹，反复歌咏“不平凡”的白杨树。“不平凡”三字，是作者抒发赞美之情的基础，也是作者用来结构文章的线索。围绕这个线索，作者“首句标其目”起笔苍劲有力：“白杨树实在是不平凡的”，赞美之情破空而来，让人在开头就获得一个深刻印象。接着，散文又具体分析白杨树的不平凡，构成散文主体。作者继而从三个不同侧面分别叙写：白杨的生长环境不平凡，白杨的外部形态不平凡，白杨内在气质的不平凡。这样，从白杨赖以生存的“景美”，说到白杨自身的“形美”，又进而揭示白杨内在的“神美”，由远及近，由表及里，写尽了白杨的“不平凡”。

二

陈醇认为《白杨礼赞》的艺术成就很高，这就使朗诵者不得不在语言表达处理上要更费些心思。散文第一句开门见山，起笔点题：“白杨树实在是不平凡的，我赞美白杨树！”寥寥几字，使我们好像听到了作者那热烈奔放，生气虎虎的声音，见着了他那紧张激动、不能自已的表情。这是一曲赞美的歌。如果起口就高声赞颂，慷慨激昂，会使听众吓一跳，他们在习惯上不易接受这样的处理方法。我则“欲扬且抑”。纵然对白杨树饱蘸着无限的敬意，要引吭高歌，而在声音的表现上却是含蓄、深沉的。这既不违背作品的本意，听众也能欣然聆听。①

散文的开头，作者虽直接点出礼赞对象，却不急于描写阐发，而是轻宕一笔，用舒缓亲切的笔调领我们在黄土高原上漫游起来。你看，忽而是“黄绿错综的一条大毡子”，忽而又是“宛若并肩的远山”；本来是“雄壮”，一下子又变成了“单调”，令人应接不暇……作者如此不厌其烦地铺写塞外风光，是在为白杨出场布置背景，渲染气氛……不妨设想一下，作者如果直接承前写白杨的“形”和“神”，而不是先写白杨赖以生存的“景”，那么，白杨的“笔直”和“坚强”就将有根基不牢之感。所以，这种“放”，从根本上说，是为巧妙的“收”，是貌离而神合。

陈醇在朗读这些细节的时候，充分抓住了文中所展现的黄土高原上的景致，用形象生动的语言给人们勾勒出了这个“黄与绿主宰着，无边无垠，坦荡如砥”的壮观景象。陈醇通过想象和假设来营造一种场景和氛围，以更好地表达出文中的意境：“我把播音桌椅假设成驰骋在西北高原上的汽车，把播音座位对面那凸出于墙面的几条隔音板设想为粗大的白杨树干。看见它们，就好像见着了白杨树一般，自己似乎又进入了这样的境地。有了意境再开口朗诵，心理就觉得格外踏实、稳妥。”② 在朗诵这一段时为了吸引听众将他们一起带入散文描述的画面，陈醇试着与听者进行交流和交谈：这段话先给人以“雄壮”“伟大”的概念，但突然笔锋一转，出现一个与前面完全相反的意念——“单调”。作者的含义很深：祖国的大好河山多么雄伟壮丽，但是被敌人蹂躏了。“雄伟”和“单调”在这种特定的环境下统一了起来。“单调”二字的处理，基本上是含而不露，力图给人以回味的余地。当它第二次出现时，则更含蓄，语气是我和听众促膝交谈，潜在语是：你会跟我一样有这感觉吧！显得亲切、随和。③

---

① 陈醇：《散文朗诵浅谈》，《北京广播学院学报》，1981年5月，第2期，第81页。
② 陈醇：《散文朗诵浅谈》，《北京广播学院学报》，1981年5月，第2期，第79－82页。
③ 陈醇：《散文朗诵浅谈》，《北京广播学院学报》，1981年5月，第2期，第79－82页。

三

在接下来的第三自然段，陈醇运用想象来激发内心的感受：它使我想起东北松辽平原三年多的生活。在农村时，我常常要在沙丘地带走路，有时一走就是几十里。风沙蒙面，精疲力竭。但是，翻上岗子，迎面看见矗立着的一排排高高的白杨，心情为之一振，大有生机勃发之感。甚至那时也是惊奇地叫了一声的。因此，当我朗诵这段文章时，感受就很具体、丰富。①

“景”如此，“形”呢？作者写“形”，用的是工笔细描的手法，先用“力争上游”这一人格化的语言，总括出白杨在外貌形态上的基本特征，然后牵引着人们的视线，自下而上地观察白杨的“干”（“绝无旁枝”）、“枝”（“紧紧靠拢”）、“叶”（“片片向上”），由平视而仰视，突出白杨的高大。接着，他又把读者的视线拉回来，集中在白杨的“皮”上：“光滑而有银色的晕圈，微微泛出淡青色”，给白杨穿上一件富有光泽和色彩的外衣。这一笔很传神，像定影一样，使得刚才还略觉模糊的形象，一下子清晰起来，活现出白杨的神韵风采。陈醇在表达这一段落的时候，由情景再现生发的语言表达更加形象生动，为人们用有声语言勾画出了一棵棵、一排排笔直向上、坚毅挺拔的白杨树的形象。

陈醇在朗诵“这曾在北方风雪的压迫下却保持着倔强挺立的一种树”时，当年他在东北看到白杨树时的情景又浮现脑海、历历在目：作者的激情，精湛的描绘，唤起了我的想象。想象促使我去找到感觉，获取感觉。只有感觉到了的东西，才能更深刻地去理解它，更生动地去表达它。这样的朗诵，才能感染和打动听众，使白杨树“伟大、正直、坚强”的形象屹立在听众的心中。只有这样的朗诵，才有“滋味”，有“嚼头”，否则似白开水一杯，淡然无味。②

“神”是作者“礼赞”白杨的根本所在。白杨的象征意义在“形”里只是若隐若现，需靠想象才能补足；而在写“神”时，则在议论和抒情中，直陈白杨的象征意义，使白杨形神毕现。状“形”，作者十分注意描写层次；言“神”，作者又很讲究抒情脉络。先以“伟丈夫”和“好女子”的比照为根据，突出白杨的鲜明特性；再以错落有致的排比手段，突出白杨的象征意义；接着，又补写一笔，直接说明赞美白杨的原因，赋予“不平凡”以实际内容。至此，

---

① 陈醇：《散文朗诵浅谈》，《北京广播学院学报》，1981 年 5 月，第 2 期，第 79 – 82 页。
② 陈醇：《散文朗诵浅谈》，《北京广播学院学报》，1981 年 5 月，第 2 期，第 79 – 82 页。

景、形、神三美合一，勾勒出高大丰满的白杨形象。

陈醇在这些语句的表达中，充满了力量，也展示了其语言的功力和魅力。最后两句概括白杨树的气质和性格，突出它的正直、坚强、倔强和不折不挠。接下来，陈醇用拟人和对比的表达方式，用昂扬的语调进一步给白杨树以高度的评价。两个“没有……”似乎要否定白杨树的美，这是欲扬先抑。“但是……”一转，变抑为扬，否定的是好女子，但肯定的却是“伟丈夫”。以此对比，突出了白杨树的与众不同。由赞美树到赞美人，陈醇对语言的过渡非常自然。在这里，文章连用了四个反问句，像剥春笋一样一层深似一层地揭示白杨树的象征意义，引导人们去思考。第一个“难道”以反问句引导人们思索人和白杨树的联系，引起人们的共鸣，为下文做铺垫。第二个“难道”以反问句肯定白杨树不平凡的本质，肯定白杨树和北方农民之间的联系。第三个“难道”以反问句进一步明确体现出白杨树象征着坚强战斗的抗日军民。第四个“难道”以反问句肯定白杨树的精神面貌，而这正是敌后抗日群众的精神和意志。四个反问排比句，由外向内，层层深入，句法同中有异，点破白杨树的象征意义，赞美之情到这里也发展到了顶点。同时，此处也是思想内容的精华所在，展现了一种更为阔大更为深远的境界。播读这几句的时候陈醇特别注重把握好语气和节奏。

四

最后，“卒章显其志”，作者在具体分析白杨的基础上，水到渠成地得出结论：“白杨树是不平凡的树”，并且再次疾呼：“我要高声赞美白杨树”，以照应文章的开头。写顽固派的态度，实际上是换个角度继续赞美白杨，写楠木的“贵族化”，实际上是反衬白杨的“不平凡”。陈醇在朗读的时候正是由于抓住了“不平凡”这个纲，又辅之以巧妙的过渡和自然的呼应，陈醇将音量逐渐增大，情感层层递进，使得全篇有疏有密，有散有拢，线索清晰，层次井然，赞美之情借此得到淋漓尽致的抒发，文章的主题也因鲜明的逻辑力量着上了强烈的论辩色彩，显得不容置疑。

陈醇在最后两段，在用语言完成对白杨树形象刻画的基础上，进一步强调了白杨树的象征意义，又一次表达出赞美白杨树的原因，从正面点明了主题。两个“相似”是排比句，“不但……尤其……”是散句，句式富有变化，与文中感情的波澜相适应。在陈醇的朗读中以昂扬的调子高声赞美白杨树，有力地结束了全文，与开头形成呼应。作者所表达的白杨树的意义，由于陈醇抒情性的表达和议论语气的点染，显得更加鲜明突出。陈醇的朗诵最后以“我要高声赞美白杨树!”结束，他说：“重音是在‘我’上，只有突出‘我’字，才能表现作者强烈的爱憎。而这个‘我’，韵母是‘o’，气流不易送出，声音发不响，这给表达带来了一定困难。朗诵了好几遍，重音还是在‘高声赞美’上。后来，我把它拉长音韵，并且前后稍作停顿，以求突出。这样的处理，虽是接近了作品的精神，但听来还不甚理想。”①

思想是作品的灵魂，结构是文章的骨架，而朗读者理解的如何，直接影响表达效果。如果说我们听了陈醇朗读的《白杨礼赞》后更加能够体味到茅盾的写作意图和初衷的话，那正是因为陈醇很好地把握住了原作的精髓和作者创作的深层内涵。

第三节 融情于声见意境

“一切景语即情语”。大凡散文都要采用借景抒情、寄情于物、托物言志或象征等手法来含蓄、形象而具体地表情达意。常言道：“画龙点睛”，唯有“点睛”方能出神，“画龙”之后才好“点睛”，而“画龙”的过程即是融情于景的过程，所以，把握散文的“立意”，需要紧扣“文眼”，认真分析作者对景、人、物细腻逼真的描写，特别是那些精妙的片段，需要细细品味。

一

陈醇在散文朗读中总是能够准确地领悟和把握住那些“点睛”之笔，随着作者的思路层层推进，向纵深开掘；结合散文创作背景，整体把握全篇的语言表达。

著名作家峻青是这样评价陈醇的：他不像有的人那样照本宣科诵读原文，而是倾注了全部的情感设身处地地投入到了作品的情景中去，与作品的思想境界、环境气氛融为一体，甚至比作品的原文更加深了思想境界和艺术的感染力

① 陈醇：《散文朗诵浅谈》，《北京广播学院学报》，1981年5月，第2期，第81页。

度和审美情趣。①

陈醇的学生、云南人民广播电台的朱滨在谈到陈醇进行散文朗诵创作时回忆道：陈醇老师播讲的配乐散文《灯下》给我留下了难忘的记忆，录音我保留至今。这篇作品写的是粉碎“四人帮”后，百废待兴，百业待举，刻画了中国的知识分子、科学工作者为了追回失去的时光白天勤奋工作，晚上仍在一盏盏灯下奋笔疾书、刻苦钻研的精神风貌。陈老师表达这篇作品时，字正腔圆、准确、鲜明、生动的表意传情。随着作品的深入，时而激昂、时而轻柔、情真意切、酣畅淋漓。听着、听着，我的脑海里不禁浮现出一幅幅生动的图画，“……在一盏盏灯下，年轻人在勤奋学习科学文化知识、满头白发的科技工作者在努力追回逝去的时间，勾勒着伟大祖国美好明天的蓝图……”突然我感到悟到用有声语言传情达意这绝不是简单的“高、平、空”或“降调”所能诠释的。陈醇老师是在“用心”进行创作啊！②

陈醇也主张“在开口前就进入规定情景”“有了意境再开口，心里就觉得格外踏实、稳妥”“文章题旨才会有隐显，意境才会有虚实，取舍才会有祥略”“要提前调动，到话筒前控制”……所谓“意在笔先”“情在嘴先”，无论是文学艺术、绘画艺术、还是语言表达艺术都在乎一个“情”字，在乎感悟之后的一种情绪迸发。语言技巧固然重要，但更重要的是“情”——只有当声与情臻于和谐时，才能使播音的作品取得完美的艺术效果。③

陈醇特别强调在散文播读一开始的时候就要营造出一种意境，要把听者的思路领进播读者所描述的诗情画意当中去。他说：“人们的思想，就像孩子用线牵着的风筝，虽然在蓝天里飘摇飞忽，但始终是在你的创作中进行，你牵住了他们的思想，携领着他们遨游。《黄昏颂》第一段描绘了一幅欢乐而活跃的黄昏美景，并垫以抒情音乐的陪衬，很能吸引人。最后落笔到叶剑英同志的诗作：‘老夫喜作黄昏颂，满目青山夕照明’，寓情于景，把景物描写推到了一个思想峰峦。这是人们产生一种需求，要听下回分解，得到出师获利的效果。”④

---

① 峻青：《德艺并重——贺陈醇同志播音生涯五十周年》，《陈醇播音生涯五十周年研讨会征文集》（内部资料），上海人民广播电台 2001 年 10 月，第 8 页。

② 朱滨：《初识陈醇——记八十年代初与陈醇老师交往二三事》，《陈醇播音生涯五十周年研讨会征文集》（内部资料），上海人民广播电台 2001 年 10 月，第 34 页。

③ 刘静：《率直热情，含蓄精美——陈醇老师印象》，《陈醇播音生涯五十周年研讨会征文集》（内部资料），上海人民广播电台 2001 年 10 月，第 16 页。

④ 陈醇：《散文朗诵浅谈》，《北京广播学院学报》，1981 年 5 月，第 2 期，第 81 页。

关于散文朗读中情感的调动和控制，陈醇说："我就有一个观点，你没有情感的调动便谈不上控制，在朗读之前一定要调动你的感情，调动得越充分越好，情感越奔放越好。但是你在朗读的时候，就应该控制了，如果你没有朗读前的调动，在朗读的时候所谓的控制也就无从谈起。"①

巴金在散文《愿化泥土》中倾吐了他对祖国、对人民的那种"真挚"的情感。"人要忠心，火要空心"，这是一位轿夫当年送给年轻巴金的一句话，这句话一直伴随着巴金走上革命道路和文学道路。大半个世纪过去了，巴金先生仍将这句话当作自己的做人准则，忠实的对待着生活，对待自己的祖国和人民。巴金先生说他走上写作之路不在于他的才华，而是因为他有感情，他有对祖国和同胞无限的爱。他唯一的心愿是：化作泥土，留在人们温暖的脚印里。正是有了巴金先生这种对祖国对人民的忠诚与挚爱，才会有他"愿化泥土"，和祖国、和人民永远在一起的美好心愿。陈醇在朗读《愿化泥土》的时候，能够准确地把握住这种"真挚"和"爱"的基调，用他那醇厚、深情的声音，将巴金心底那种浓浓的情意表达出来，让我们能够感受得到巴金说的"我唯一的心愿是：化作泥土，留在人们温暖的脚印里"所蕴含的真挚的感情。

二

在上海，陈醇可谓是播音界的权威人士，不但广大的听众朋友非常喜欢他，就连同行和晚辈都非常崇敬和佩服他，上海人民广播电台已经退休的播音指导范惠凤谈到陈醇的散文朗读艺术时这样说道："给我印象最深的就是那篇《奶娘的遗言》。就这篇东西我觉得是听了那么多陈老师的播音，这篇是他跟其他非常不同的一篇播音，就可以用四个字来概括：朴实无华。如果说陈老师以前有的一些播音好像还是渲染的比较多或重彩浓墨的话，我觉得这一篇散文朗读完全是非常平实的。"②

陈醇后来说，《奶娘的遗言》这篇散文并非一次提前策划安排好的录制，而完全出于一次偶然的机会。陈醇与郑拾风相识，当时郑拾风刚去世不久，陈醇在为教育部录制作品时遇到了郑拾风做录音师的儿子，便问他父亲过去的文章有没有可以录制成磁带作为纪念的，于是就有了这篇《奶娘的遗言》的录音作品，陈醇

① 根据笔者2005年8月8日对陈醇访谈记录整理。

② 根据笔者2005年8月对上海人民广播电台播音指导范惠凤访谈记录整理。

印象中当时几乎是一遍录制完成，在录音间外面的人们被文章的内容和陈醇表达所感动，一边听着录音一边潸然泪下，所以这是一次特殊的创作，令人印象深刻。

奶娘的遗言

郑拾风

1944年夏，带着妻小逃离桂林，经历过黔桂路上那场九死一生的磨难，终于回到离别五年的四川老家。1945年春节是在老家过的。可就在合家团聚的年夜饭桌上，我忽然想起一个人而悲从中来。为了怕眼泪夺眶而出破坏全家的兴致，我借故离开了饭桌。

我想起我的奶娘。自从她那个抬轿子的独子1937年劳累致死之后，每年春节总是在我家里过的。而这个春节，她没有来，也永远不会来了。我回到久别的老家的那天晚上，母亲叹口气说："你奶娘前年冬天就死了，是活活冻死的，在城墙边缩成一团，手里还紧紧攥着一只包袱，里面就是她那件浆洗得发白的布衫。那年大年夜，我们才听到她的死讯。哪天死的，谁也说不清。"母亲推断，奶娘断气在腊月廿四以前而不是以后，大概是对的。

要是腊月廿四那天她还活着，她一定穿上那件布衫了。腊月廿四，传说是灶王爷上天的日子，也是我的生日，也是我这位奶娘不能忘怀的日子。母亲告诉我，我出生的那一天，漫天飘舞罕见的大雪，我一坠地，冻得嘴唇发紫，连呱呱之声也没有，在场的人都说这娃娃活不成了，多亏这位善良的奶娘，把我抢到手里，很快解开自己的棉袄用火热的胸脯暖活我，半晌，我才哭出第一声。她名为奶娘，其实已五十出头，没有奶的。当晚我祖父就很感激地说："把娃娃给她做干儿吧！"她就愉快地接受了。

没几年，我家境不妙，她受雇到别家，但还是没忘记我这个儿子。至少每年我过生日，她必到。亲生儿子死后，她很快就衰老了，呆钝了，失掉了工作，失掉了记忆力，连自己的生辰年月也忘记了。她沦为乞丐，对人家的施舍或呵斥总是笑眯眯的，别人背地都叫她"傻婆婆"。但我的生日她仍然不会忘记。只消全城街上响起卖"灶疏"（黄纸印成的祭送灶王的疏文）的喊声，她就被唤醒了，立即换上她那件唯一的体面的布衫，提两块油糌粑，颤巍巍地到我家做客，给儿子祝贺生日来了。无论我家再苦，母亲也要留她住几天，过了春节再走。

她讨饭，总是绕开我家住的那条街走，我离开四川的前两年，曾去邻县盐务局当过小雇员。有一次，请假回县城住了一两天，她听到风声，马上哭哭啼啼离开县城到附近乡镇去乞讨，她伤心地说："我的儿子当了官，我怕给他丢脸啊!"我当时曾遍寻不着，事后才听到她这句使人揪心的话，我可敬而又可怜的娘啊！我哪里是什么官啊？

几十个春节过去了，每想到我这位瘦小精悍、白发稀疏的奶娘倒毙雪地的情景，细细咀嚼她留下的寓意深刻的遗言，总是感到莫名的歉疚和深沉的悲哀。如果我做了什么官儿，难道真会厌弃、忘掉曾给我以温暖和生命，那多灾多难的"母亲"么？

郑拾风的《奶娘的遗言》抒写的是对作者儿时奶娘的怀念，通过回忆奶娘生前的点点滴滴，寄托了对奶娘的怀念之情，文字平实感人，细细品味却情透纸背，令人动容。

文章采用倒叙的结构方式，头尾两个自然段相互呼应，从年夜饭"我忽然想起一个人而悲从中来"拉开回忆，到"几十个春节过去了，每一想到我这位瘦小精悍、白发稀疏的奶娘倒毙雪地的情景，细细咀嚼她留下的寓意深刻的遗言，总是感到莫名的歉疚和深沉的悲哀"，这几十年跨度的回忆，都集中在了中间几个段落的细碎往事当中。

这种叙事的方式就如同一部怀旧的电影，随着平淡文字的娓娓道来，怀念与感伤之情倾泻而出，一幕幕感人至深的场景和画面随文字逐渐清晰可见，这特殊的浓于水的"母子"之情催人泪下、令人动容。

三

第一自然段写了 1945 年春节年夜饭时，"我忽然想起一个人而悲从中来"，怀念之情喷涌而出，不能自已。

陈醇的播读自始至终沉浸在文章所营造的感伤的情绪当中，开篇第一句就将回忆拉回到十几年前的年夜饭场景，因为在这个特殊的时刻总会想起过往曾经在场的人及其回忆，然而又在自己经历了背井离乡、颠沛流离之后的阖家团圆之时，必然回忆让人"悲从中来"。仔细聆听陈醇对这一段的播读，点睛的一个重音便是"悲从中来"里的"悲"字，一下便将全篇的基调和情绪定位于这个重音上，为后面段落的叙事进行了充分的铺垫，可谓拿捏得巧妙而准确。

第二自然段通过母亲之口得知奶娘去世时的悲惨状况，令人唏嘘。

陈醇在这一段落中着重强调了"而这个春节，她没有来，也永远不会来了”，这也是为何“我”会在年夜饭桌上想起奶娘来的原因，通过母亲之口道出奶娘前年冬天惨死于寒冬腊月的惨状，语气当中充满了怜悯、悲伤和遗憾，让“我”的追忆更显悲恸和凄凉。在转述母亲的话语时，陈醇通过“神似”年迈老母亲的口吻缓慢而感伤地诉说，不能不让人动容。

第三自然段回忆勾起了“我”与奶娘最初的往事，道出了“我”和奶娘感情笃厚的原因是“多亏这位善良的奶娘，把我抢到手里，很快解开自己的棉袄用火热的胸脯暖活我”，和“她名为奶娘，其实已五十出头，没有奶的”的实情，以及自己与奶娘感情笃厚是因为祖父许诺下奶娘将“我”当作干儿子。

陈醇通过第一人称的回忆，用有声语言将文字转化为可感可见的一幕幕陈年往事的动人画面，将奶娘之于“我”的“救命”之恩，表现得感人至深。在铺垫“我”出生时的情景，陈醇特别通过强调“漫天飘舞”四个字来营造当时的寒冷，这就是为何奶娘对“我”的救命之恩令“我”终生难忘。

第四自然段回忆了因家境不妙，奶娘受雇他家，却不曾忘记“我”的生日，后来沦为乞丐，被人呵斥并称为“傻婆婆”，即使年岁大了记性不好，却依然记得“我”的生日。

陈醇在这一段落中非常鲜明地抓住了叙事的脉络与怀念之情层层递进之间的关系，通过节奏的变化和气氛的转换，将奶娘老去、记忆衰退、无依无靠、沦为乞丐，到一听到卖灶疏的喊声就来为“儿子”祝贺生日的奶娘，脑海中浮现出悲情中又略带滑稽的体态动作，这种动作和情绪的反差，陈醇通过声音将其塑造得生动形象而又令人动容，对于自己的生辰都能忘记了的奶娘，却能从不缺席“我”的生日，还能有谁比这更让“我”感动的。

第五自然段听闻奶娘因为怕给“我”丢脸而绕开我家那条街，以至于“我”遍寻不着她的踪迹，让“我可敬而又可怜的娘”的形象更为打动人心。

陈醇在这一段落中，最为动情、最为打动人心的地方便是转述奶娘那句“我的儿子当了官，我怕给他丢脸啊!”句中的那一小小的顿挫，既有为“我”担忧的哽咽，又有对自己卑微的嫌弃，正如文中所写她这句“使人揪心”的话，然而作者心底发出的“我可敬而又可怜的娘啊！我哪里是什么官啊”，“母子”二人各自内心的纠结与挣扎，情感之真挚，不禁令人潸然泪下。

第六自然段与文章开头相呼应，悲伤的回忆让“我”“总是感到莫名的歉疚和深沉的悲哀”，烘托出感人至深的“母子”之情：无论如何“我”也不会“厌弃、忘掉曾给我以温暖和生命，那多灾多难的“母亲”啊。

陈醇在篇章的最后一个段落中，不同于对往事回忆的表达，从过往回到现实，语气和情感愈发深沉和悲恸，对奶娘“瘦小精悍、白发稀疏”形象的描摹、对自己内心“莫名的歉疚和深沉的悲哀”，以及对“难道真会厌弃、忘掉曾给我以温暖和生命，那多灾多难的母亲”的假设，都能让听者久久沉浸在深沉的怀念和感伤之中，体味到作者内心对“奶娘”真挚的情感。

这篇文章用第一人称写就，陈醇播读时也是以第一人称来进行情感的调动的，陈醇将自己对稿件的深入理解，完全化为真情实感，一气呵成的表达，听来让人感同身受。

陈醇在他的散文朗读艺术创作中，总是将自己的理解和原作的主旨、意境尽可能地融合，最后用自己饱含深情的声音将散文倾吐出来，带给人们无尽的美的享受，正像著名表演艺术家孙道临对陈醇语言艺术的精辟概括：听君细陈，如饮甘醇。

第四节　语言精妙动人心

文学是语言的艺术。艺术语言是最能反映作家的创作个性的，所谓“言为心声”。因此，品读散文的优美语段，能够使人受到美的熏陶，达到“与我心有戚戚焉”的审美境界。赏析、品味散文的语言，进行有效积累，进而上口朗读散文，对开拓我们的思维空间，充实文学素养，增强语言表达能力，都是大有裨益的。

一

散文的范围很广，题材多种多样，作者也各具风格。朗诵时需用心研究它的特点，进行语言艺术的再创造。白居易说：“感人至深者，莫出乎情。”散文朗诵能打动听众，语言技巧固然重要，但更重要的是“情”。在播音实践中，不仅要强调“以情带声”，而且还要强调“以声传情”，达到“声情并茂”。只有当声与情臻于和谐时，才能使散文的朗诵，以至播音的作品取得完美的艺术效果。① 在进行散文朗读艺术创作时，应该了解和熟悉散文作家的创作风格、创作思路和创作背景，每个作家都有自己独特的语言风格。朱自清的清新真挚，巴金的含

① 陈醇：《散文朗诵浅谈》，《北京广播学院学报》，1981 年 5 月，第 2 期，第 82 页。

蓄深沉，鲁迅的语锋犀利，冰心的恬淡自然……我们需要兼采众家之长，遨游于语言表达艺术的江海之中。

陈醇就是这样一位语言艺术家，他在朗读每篇散文作品的时候都会对作家进行分析和研究，然后用最恰当的有声语言进行朗读创作。在朗读巴金的散文《愿化泥土》时，陈醇已经和巴金先生非常熟悉。多年前巴金无论住院或到杭州养病，他的包内总是放着一盘磁带，需要时他会让人把它放进“随身听”中，他戴着耳机，坐在轮椅上静静地听着，此时，谁也不愿打扰他。这盘磁带上录着的是巴金 1979 年写成的那篇刻骨铭心的《怀念萧珊》，朗读者正是陈醇。这磁带是陈醇特意为巴老精心录制的。当年长白山影像出版社要出一套全国著名播音员的朗诵艺术作品。陈醇与中央电台的齐越、夏青等同仁接下了任务。陈醇看中了巴金的散文《愿化泥土》，于是上门征求意见，得到了巴金的支持。当这盘朗诵带正式出版，送到巴金手上时，巴金听后高兴地说：“读得好。”1978 年 8 月，巴金花了整整 5 个月的时间，才断断续续写成了那篇《怀念萧珊》。陈醇读完这篇文章，眼前模糊了。他了解巴金的心情，于是他请朋友帮忙，将自己朗读的《怀念萧珊》录制成磁带。当他送给巴金后，想不到这盘带子竟成了他的“随身听”。看到巴金如此喜爱，陈醇又先后录下了巴金的散文《怀念从文》和《再忆萧珊》。这些都成了他的最佳“音像制品”。巴金的女儿李小林称其为“百听不厌”。特别是《怀念萧珊》，巴金已足足听了上百遍。

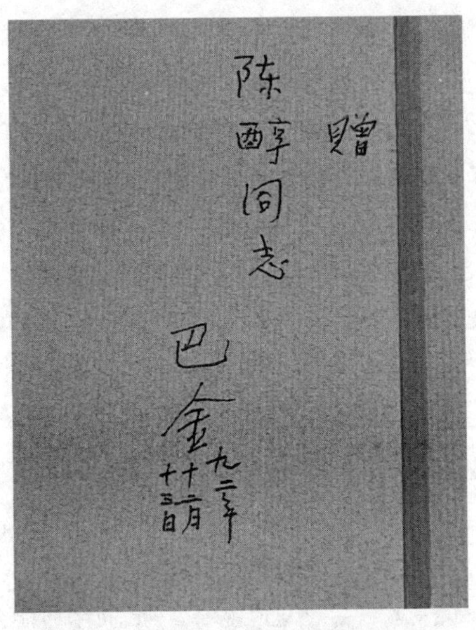

图 3-3 巴金 1992 年赠与陈醇签名书籍

陈醇后来撰文写道：近二十年来，我不断地朗读播出巴老的作品，散文、小说、杂感、随想录……还有序、跋篇章。1988 年吉林要出一套“全国著名播音员的《播音与朗诵艺术作品选》”，要收入我的录音，我立即提供了上海电台多次播出的我朗诵的巴老散文《愿化泥土》。这篇散文的朗诵录音，我也复制成盒式音带送给了巴老，得到巴老的热情鼓励。一个语言艺术工作者所朗诵的作品，能得到原作者的肯定，是最大的荣幸。我先后给巴老朗读了他想听的自己的作品《怀念从文》《怀念萧珊》《再忆萧珊》……他经常听我朗诵的这些录音。近几年，他常去杭州休养，有次我到西湖边探望他，他深情地告诉我：“最近又听了一遍。”这是对我极大的鼓舞，促使我更努力地去钻研艺术语言的表达，更认真地去从事播音这一有声语言的创作。①

巴金喜欢听陈醇录制的这几篇散文，除了因为这几篇散文是巴金的最爱，更因为陈醇熟悉和了解巴金先生，巴金先生的内心世界他体会和洞察得到，所以每每朗读巴金的散文，陈醇总是能够恰如其分地表达出巴金的“真挚”和对祖国、对人民深深的“爱”。

二

愿化泥土

巴金

最近听到一首歌，我听见人唱了两次：《那就是我》。歌声像湖上的微风吹过我的心上，我的心随着它回到了我的童年，回到了我的家乡。近年来我非常想念家乡，大概是到了叶落归根的时候吧。有一件事深深地印在我的脑子里，三年半了。我访问巴黎，在一位新认识的朋友家中吃晚饭。朋友是法籍华人，同法国小姐结了婚，家庭生活很幸福。他本人有成就，有名望，也有很高的地位。我们在他家谈得畅快，过得愉快。可是告辞出门，坐在车上，我却摆脱不了这样一种想法：长期住在国外是不幸的事。一直到今天我还是这样想。我也知道这种想法不一定对，甚至不对。但这是我的真实思想。几十年来有一根绳子牢牢地拴住我的心。一九二七年一月在上海上船去法国的时候，我在《海行杂记》中写道：“再见吧，我不幸

① 陈醇：《“把心交给读者”——巴老的教诲》，《我们的脚印——上海老新闻工作者的回忆》（内部资料）第 2 辑。

的乡土哟！”一九七九年四月再访巴黎，住在凯旋门附近一家四星旅馆的四楼，早饭前我静静地坐在窗前扶手椅上，透过白纱窗帷看窗下安静的小巷，在这里我看到的不是巴黎的街景，却是北京的长安街和上海的淮海路、杭州的西湖和广东的乡村，还有成都的街口有双眼井的那条小街……到八点钟有人来敲门，我站起来，我又离开了“亲爱的祖国和人民”。每天早晨都是这样，好像我每天回国一次去寻求养料。这是很自然的事，我仿佛仍然生活在我的同胞中间，在想象中我重见那些景象，我觉得有一种力量在支持我。于是我感到精神充实，心情舒畅，全身暖和。

我经常提到人民，他们是我所熟悉的数不清的平凡而善良的人。我就是在这些人中间成长的。我的正义、公道、平等的观念也是在门房和马房里培养起来的。我从许多被生活亏待了的人那里学到热爱生活、懂得生命的意义。越是不宽裕的人越慷慨，越是富足的人越吝啬。然而人类正是靠这种连续不断的慷慨的贡献而存在、而发展的。

近来我常常怀念六七十年前的往事。成都老公馆里马房和门房的景象，时时在我眼前出现。一盏烟灯，一床破席，讲不完的被损害、受侮辱的生活故事，忘不了的永远不变的结论：“人要忠心。”住在马房里的轿夫向着我这个地主的少爷打开了他们的心。老周感慨地说过：“我不光是抬轿子。只要对人有好处，就让大家踏着我走过去。”我躲在这个阴湿的没有马的马房里度过多少个夏日的夜晚和秋天的黄昏。

门房里听差的生活可能比轿夫的好一些，但好得也有限。在他们中间我感到舒畅、自然。后来回想，我接触到通过受苦而净化了的心灵就是从门房和马房里开始的。只有在十年动乱的“文革”期间，我才懂得了通过受苦净化心灵的意义。我的心常常回到门房里爱“清水”恨“浑水”的赵大爷和老文、马房里轿夫老周和老任的身边。人已经不存在了，房屋也拆干净了。可是过去的发过光的东西，仍然在我心里发光。我看见人们受苦，看见人们怎样通过受苦来消除私心杂念。在“文革”期间我想得多，回忆得多。有个时期我也想用受苦来“赎罪”，努力干活。我只是为了自己，盼望早日得到解放。私心杂念不曾消除，因此心灵没有得到净化。

现在我明白了。受苦是考验，是磨炼，是咬紧牙关挖掉自己心灵上的污点。它不是形式，不是装模作样。主要的是严肃地、认真地接受痛苦。“让一切都来吧，我能够忍受。”

我没有想到自己还要经受一次考验。我摔断了左腿，又受到所谓“最保守、最保险”方法的治疗。考验并未结束，我也没有能好好地过关。在病床上，在噩梦中，我一直为私心杂念所苦恼。以后怎样活下去？我不能回答这个问题。

漫长的不眠之夜仿佛一片茫茫的雾海，我多么想抓住一块木板浮到岸边。忽然我看见了透过浓雾射出来的亮光：那就是我回到了老公馆的马房和门房，我又看到了老周的黄瘦脸和赵大爷的大胡子。我发觉自己是在私心杂念的包围中，无法净化我的心灵。门房里的瓦油灯和马房里的烟灯救了我，使我的心没有在雾海中沉下去。我终于记起来，那些“老师”教我的正是去掉私心和忘掉自己。被生活薄待的人会那样地热爱生活，跟他们比起来，我算得什么呢？我几百万字的著作还不及轿夫老周的四个字“人要忠心”。（有一次他们煮饭做菜，我帮忙烧火，火不旺，他教我“人要忠心，火要空心”。）想到在马房里过的那些黄昏，想到在门房里过的那些夜晚，我仿佛回到了自己的童年。

我多么想再见到我童年时期的脚迹！我多么想回到我出生的故乡、摸一下我念念不忘的马房的泥土。可是我像一只给剪掉了翅膀的鸟，失去了飞翔的希望。我的脚不能动，我的心不能飞。我的思想……但是我的思想会冲破一切的阻碍，会闯过一切难关，会到我怀念的一切地方，它们会像一股烈火把我的心烧成灰，使我的私心杂念化成灰烬。

我家乡的泥土，我祖国的土地，我永远同你们在一起接受阳光雨露，与花树、禾苗一同生长。

我唯一的心愿是：化作泥土，留在人们温暖的脚印里。

1983 年 6 月 29 日

（1986 年人民文学出版社《随想录》）

巴金是一位真诚的作家，他常常把读者也视为同样善良、真诚的人，毫无保留地将自己的思想与情感坦露出来。巴金的作品，使人常会感到一种亲切感，读这篇随想录，亲切之感再次油然而生，仿佛这位老人正在与人促膝谈心。

文章的思绪由一首当时的通俗歌曲开始。巴金有一颗从未失落的童心，这颗心对美好的事物总是很敏感的。《那就是我》是一支抒发思乡之情的歌曲，它那优美的旋律和歌词使这位八旬老人深受感动，“近年来我非常想念家乡，大概是到了叶落归根的时候吧”，引出了他对故乡、人民和祖国的浓浓的情思。回忆像电影般闪回到1927年初次赴法求学途中，又再次闪回到1979年4月，这是两个非常具有划时代意义的时刻，从牵挂水深火热中“我不幸的乡土”，到中华人民共和国改革开放后社会主义现代化建设欣欣向荣中“亲爱的祖国和人民”，其中的感悟和情感，跨越了半个多世纪，凝结了太多的回忆。

陈醇在表达这一段时，开篇便以一种深沉悠远的中音将听者的思绪带入那种淡淡的回忆和思乡氛围当中：“最近听到一首歌，我听见人唱了两次：《那就是我》。歌声像湖上的微风吹过我的心上，我的心随着它回到了我的童年，回到了我的家乡。”尤其是那句“歌声像湖上的微风吹过我的心上”，陈醇的表达已经完全超越出任何技巧，一切都由心中真挚的情感推动着，将巴金文字所蕴含的对祖国对人民的感情轻轻巧巧、举重若轻地表现了出来，这是一种二度创作与原作相得益彰、出神入化的境界，让那首当年耳熟能详的流行歌曲从我们的心田流过并吹起阵阵涟漪。在巴金眼中透过巴黎酒店的白纱窗看到的小巷，已幻化成他脑海中自己曾在祖国大地上留下的那些记忆，陈醇通过丰富的情景再现以及巧妙的停连重音，用舒展自如的声音展现出来这些城市留在巴金脑海中的印象，流畅得像一组交叉剪辑错落有致而又精美的动态画面，让听者跟随陈醇饱含深情而又温暖内敛的声音感受到巴金所说“亲爱的祖国和人民”“好像我每天回国一次去寻求养料”“于是我感到精神充实，心情舒畅，全身暖和。”

在文章接下来的几个段落里，巴金阐释了心中所谓的“人民”：“他们是我所熟悉的数不清的平凡而善良的人。”旧公馆门房里的瓦油灯和马房里的烟灯照亮了这位地主少爷的人生，使他产生了正义、公道、平等的观念，使他懂得了生命的意义，也在他心中种下了对人民的深深的爱。在漫长的人生旅途中，巴金曾经受过许多痛苦的磨炼，正是因为那些善良淳朴的人们的影响在他心里发光，使他能勇敢地、严肃地接受痛苦。“近来我常常怀念六七十年前的往事”，这不仅是出于老年人的怀旧情绪，还有其特定的深刻内涵。回首往事，深感童年时代的经历在巴金一生中有着极其重要的意义：对祖国、人民的爱就源于那时。童年曾接触的劳动人民曾向童年巴金打开了心扉，使他看到了劳动人民金子一样的心。六七十年前老公馆轿夫老周的感慨：“我不光是抬轿子。只要对人有好处，就让大家踏着我走过去。”这类似的语言、相通的思想，我的心常常回到门房里爱“清水”恨“浑水”的赵大爷和老文、马房里轿夫老周和老任的身边，使巴金视自己为人民的儿子。

在文中巴金毫不掩饰地剖析了自己在“四人帮”横行的十年间心灵所走过

的曲折历程，又一次体现了他的真诚。这种严格的自省精神令人起敬，而促使作者时常自省的动力，正源自劳动人民。巴金将劳动人民视为自己的老师，每当想起童年时代结识的那些老师，就会使他的心灵得到净化：“我终于记起来，那些‘老师’教我的正是去掉私心和忘掉自己。被生活薄待的人会那样地热爱生活，跟他们比起来，我算得什么呢?”

“人要忠心，火要空心”，这是轿夫老周当年送给年青巴金的一句话，那时巴金还是四川一个封建大家庭的四少爷。这句话一直伴随着巴金走上革命道路和文学道路。几十年过去了，虽然已拥有1000多万字的26卷创作作品和10卷本译文作品的骄人文学成就，但老人却还是认为，他的作品不如家仆老周说过的这八个字“人要忠心，火要空心”。《瞭望》杂志刊出的人物专稿《平民巴金》，向读者还原了巴金童年时期与家仆们的故事：出生在成都一个封建大家庭里，当时巴金被唤作“四少爷”，最愿意与家中40多个轿夫、厨子、奶妈、丫鬟、马夫……等等仆人们在一起。轿夫老周是巴金一生中最敬重、最不能忘怀的人，老周很瘦弱，儿子死在战场上，老婆跟人跑了，孤零零地住在马房里。巴金常去那儿，在烟灯旁听老周讲故事，老周总“教育”他：“要好好地做人，对人要真实，不管别人待你怎样，自己总不要走错脚步。自己不要骗人，不要亏待人，不要占别人的便宜。”巴金常在马房后轿夫们做饭时帮着烧火，巴金不停地把柴放进去，然而却常常把火弄灭了。老周自己示范烧火给巴金，然后告诉他说：“你要记住：人要忠心，火要空心。”这句话既有生活的经验、更蕴含着做人的道理，所以后来巴金说：“我的几百万字作品，还不及老周的8个字。”

巴金的心中，祖国不是一个抽象的概念，它是与故乡、童年不可分割地联系在一起的；它是由无数普通而又可敬的人合成的。一天也离不开给予他力量的人民，一天也离不开有着这样好的人民的祖国，他的生命早已与祖国、人民融为一体了。祖国和祖国的人民，在巴金的心里分量如此之重，所以他唯一的心愿是“化作泥土，留在人们温暖的脚印里”。

这几个段落，既有对童年过往旧事的回忆，又有个人对祖国及人民深沉的爱，还有为人处世与不断反省的哲思，更有“唯一的心愿”。陈醇在播读这几个段落时，通过饱含深情的有声语言将原作文字所蕴含的丰富而深刻的内涵与神韵准确地呈现出来，既忠实于原文字里行间情透纸背的真情，又体现出有声语言二度创作的语言艺术之美，那句“人要忠心”几次出现在散文当中，陈醇都能够恰切地拿捏好这四个字几次出现的不同语境，不但平淡深沉、意境悠远，更能够让人陷入沉思，进而产生一种摄人心魄的力量。文章最后道出巴金唯一的心愿是“化作泥土，留在人们温暖的脚印里”。陈醇在表达这句时，微妙的情感把握和以情托声的控制拿捏得细腻准确、收放自如、浑然天成，从心底流淌出来的深沉而动人的声音萦绕于心，久久不能弥散，使人不由想起龚自珍的传世名句“落红不是无情物，化作春泥更护花”所表达的关心祖国命运、不忘报国之志、热爱人民，甘为祖国和人民化为泥土、奉献一生的赤子情怀。细细品味令人备受感动、鼓舞，并且回味无穷。

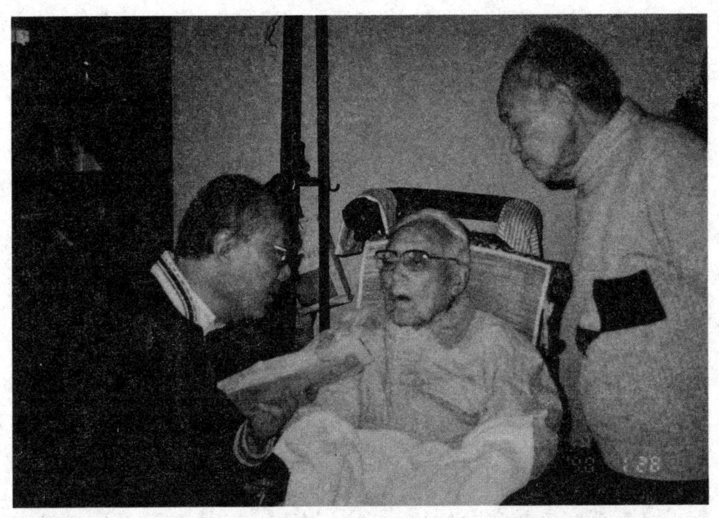

图 4－4 陈醇 1998 年 1 月 28 日春节于华东医院探望巴金先生

1987 年，巴金自 1923 年阔别家乡成都后第 5 次返回家乡。10 月 8 日他参观了正通顺街的旧居原址。巴金出生在这里，除了有两年随父亲去广元县外，他在这里一直居住到 19 岁。临街有两口紧挨着的“双眼井”，是巴金小时候常常流连的地方。当时巴金在陪同人员的搀扶下站在井边往下望，他说了一句话：“只要双眼井在，我就可以找到童年的足迹。”正如巴金在《愿化泥土》中所写到的：“我唯一的心愿是：化作泥土，留在人们温暖的脚印里。”陈醇后来有机会到四川，特地来到巴金生活过的故居探访，然而陈醇到了才发现巴金故居正在进行拆迁，只剩下几棵银杏树和最后几间房。据打听才知道，原来当地相关部门仅仅根据巴金说的一句“不要保留”，没有过多考虑就傻乎乎地拆了，对此陈醇很不能理解，同时也感到非常惋惜。在拆除现场陈醇邂逅一位文艺团体的美术工作者，是巴金故居附近的街坊，也对拆迁行为扼腕叹息，所以特地来工地捡拾一些建筑上拆除的木石材料。陈醇当时也在考虑能否带给巴金一件故居的木石废料。当得知陈醇的来意和想法，但石料太沉不便携带，这位街坊就拿了一件拆下来的木雕给陈醇。陈醇返回上海后送给巴金，当看到故居的物件时巴金很平静，也很沉默，一句话也没有说。

三

陈醇朗读任何一篇散文，都是如此地用心。陈醇曾经为普通话水平测试录制过示范录音，其中有几篇就是他朗读的。上海戏剧学院的赵兵教授对其中的几个细节的语言表达记忆深刻：《第一场雪》在陈醇老师朗读的语气、语调中为我们展现了一幅北国瑞雪丰年图。

> 这是入冬以来，胶东半岛上第一场雪。
>
> 雪纷纷扬扬，下得很大。开始还伴着一阵儿小雨，不久就只见大片大片的雪花，从彤云密布的天空中飘落下来。地面上一会儿就白了。冬天的山村，到了夜里就万籁俱寂，只听得雪花簌簌地不断往下落，树木的枯枝被雪压断了，偶尔咯吱一声响。
>
> 大雪整整下了一夜。今天早晨，天放晴了，太阳出来了。推开门一看，嗬！好大的雪啊！山川、河流、树木、房屋，全都罩上了一层厚厚的雪，万里江山，变成了粉妆玉砌的世界。落光了叶子的柳树上挂满了毛茸茸亮晶晶的银条儿；而那些冬夏常青的松树和柏树上，则挂满了蓬松松沉甸甸的雪球儿。一阵风吹来，树枝轻轻地摇晃，美丽的银条儿和雪球儿簌簌地落下来，玉屑似的雪末儿随风飘扬，映着清晨的阳光，显出一道道五光十色的彩虹。
>
> 大街上的积雪足有一尺多深，人踩上去，脚底下发出咯吱咯吱的响声。一群群孩子在雪地里堆雪人，掷雪球儿。那欢乐的叫喊声，把树枝上的雪都震落下来了。
>
> 俗话说，“瑞雪兆丰年”。这个话有充分的科学根据，并不是一句迷信的成语。寒冬大雪，可以冻死一部分越冬的害虫；融化了的水渗进土层深处，又能供应庄稼生长的需要。我相信这一场十分及时的大雪，一定会促进明年春季作物，尤其是小麦的丰收。有经验的老农把雪比做是“麦子的棉被”。冬天“棉被”盖得越厚，明春麦子就长得越好，所以又有这样一句谚语：“冬天麦盖三层被，来年枕着馒头睡。”
>
> 我想，这就是人们为什么把及时的大雪称为“瑞雪”的道理吧。
>
> （节选自峻青《第一场雪》）

赵兵教授回忆道：陈老师在谈到朗读此文时，他说他在北方所见到过的雪景，此时又都浮现在自己的眼前，仿佛完全置身于这场大雪中了。那一句“雪纷纷扬扬，下得很大”他将那第一个“纷”字做了拖腔技巧的处理，这就把字面上的文字，化作了立体化的影像，把我们听众也带入到鹅毛纷飞的雪景之中。陈老师那高超的语言技巧运用是以他那真实的充满激情的“情景再现”为底蕴的，因此听来毫无刀削斧砍之痕，感到的是他情感的自然流露。后面“推开门一看，嗬！好大的雪啊！”一个“嗬”字，又把我们推入到了一尺多深的积雪景色中，来到了一个粉妆玉砌的世界里了。这就是他朗读时“情景再现”所产生的巨大效果，他不仅让我们听到了他朗读的字音与含义，更让我们看到了作品中那优美的图景……陈醇老师在朗读中凡遇到人物，他都着力刻画他们的个性，使他们一个个都栩栩如生。《迷途笛音》中的卡廷老头，陈老师采用偏低又异常浑厚的声音，而语调则是爽朗的，既有一定力度又显得十分和蔼可亲：“你好！小家伙！”“看天气多美，你是出来散步的吧？”——于是，一个高大、健壮、慈祥、善良的外国老头形象显现在我们的眼前……在《贪得一钱丢了官》中，他又着力刻画了一个巡抚大人的形象。作品中巡抚大人没有直接的话语，陈老师不放过作品对人物神态动作的语气、语调，使我们仿佛见到了一位耿直、正气、廉洁而又严厉的老者……在《挤油》中，又给我们展现了一个年轻、富有朝气，能和学生打成一片又力大无比的老师形象……此外，《一言既出》中的“主人”形象；《匆匆》中的“我”，以及《济南的冬天》中的“我”，也都有着不同形象的展现。各篇由于风格笔调的不同，陈老师的语调也随之有所变化，有的甚至其变化是异常鲜明的。这些都令我们感到，陈醇老师在朗读前，对每一篇作品都做了深入细致的准备工作。①

四

《中国人失掉自信力了吗》是鲁迅的一篇杂文，最初发表于1934年10月20日《太白》半月刊第一卷第三期，当时署名公汗。“九一八”以后，日寇加紧侵略我国，国土日益沦丧。国民党反动政府于1934年派亲日分子黄郛乞求和平，遭到日本公使有吉明的拒绝，日军深入华北，悲观失望的气氛笼罩着上层

① 赵兵：《富有魅力的朗读》，《播音主持艺术》（4），北京广播学院出版社，2002年1月第1版，第37页。

社会。当时资产阶级报纸《大公报》发表社论，指责中华民族失去了自信力，为国民党反动政府推卸责任。这篇文章确切地说是一篇驳论文，是鲁迅在“九一八”事变三周年之际，批驳有些人散布对抗战前途的悲观论调，指责中国人失掉了自信力的错误论调，鼓舞民族自信心而写的。

（杂文）中国人失掉自信力了吗

（作者）鲁迅

从公开的文字上看起来：（似乎）两年以前，我们总（在）自夸着（中国是何等的）“地大物博”，（这确实）是事实；（但是）不久就不再自夸了，（而）只希望着国联，（这）也（确实）是事实；现在（呢?）是既不夸自己，也不信国联，（却）改为一味求神拜佛，怀古伤今了——（这一切）却也是事实。于是有人慨叹曰：（看来）中国人（已经）失掉自信力了。

如果单据（刚才提到的）这一点现象而论，（中国人的）自信其实是早就失掉了的。（比方说“中国人”）先前信“地”，信“物”，后来（又）信“国联”，（却从来）都没有相信过“自己”。假使这也算一种“信”，那也只能说中国人曾经有过“他信力”，自从对国联失望之后，便把这他信力都失掉了。

（一旦）失掉了他信力，（“中国人”）就会疑，（就）一个转身，也许能够只相信了自己，倒（不妨）是一条新生路，但不幸的是（这种“信”）逐渐玄虚起来了。（如果）信“地”和“物”，（这）还是（属于）切实的东西，（然而信）国联就渺茫，不过这还可以令人（用不了）不久就省悟到依赖它的不可靠。一到求神拜佛，可就（显得）玄虚之至了，有益或是有害，一时就（都）找不出分明的结果来，它可以令人更长久的麻醉着自己。（由此可见）中国人现在是在发展着“自欺力”。

（其实）“自欺”也并非现在的新东西，现在只不过日见其明显，笼罩了一切罢了。然而，在这笼罩之下，我们（仍然）有并不失掉自信力的中国人在。

我们从古以来，就有埋头苦干的人，有拼命硬干的人，有为民请命的人，有舍身求法的人，……虽是等于为帝王将相作家谱的所谓“正史”，也往往掩不住他们（在中国革命史上）的光耀，这就是中国的脊梁。

（像刚才提到的中国的脊梁）这一类的人们，就是现在也何尝少呢？他们有确信，不自欺；他们在前仆后继的战斗，不过（他们）一面总在被摧残，被抹杀，（并）消灭于黑暗中，（而）不能为大家所知道罢了。（要是）说中国人失掉了自信力，用以指一部分人则可，倘若加于全体，那简直是诬蔑。

（如果）要论中国人，必须不被搽在表面的自欺欺人的脂粉所诓骗，却（应该）看看他的筋骨和脊梁。自信力的有无，状元宰相的文章是不足为据的，要自己去看地底下。

九月二十五日

（注：文中括号部分为播读时并不实际读出，只做揭示语句关系、补充语句链条之用）

文章抓住敌论据不能证明敌论点为“突破口”，采用反驳对方论证的方法，通过正面立论和间接反驳相结合的手法，一举击中要害，反驳强劲有力。论证思路上采用揭示对方谬误、直接反驳、间接反驳、作出结论的顺序逐层推进，语言具有辛辣的讽刺意味。

鲁迅杂文的语言也是自由无拘而极富创造力的。他的杂文可以把汉语的表意抒情功能发挥到极致。另外，他的语言又是反规范的，仿佛故意破坏语法规则，违反常规用法，制造一种不和谐的“拗体”，以打破语言对思想的束缚，同时取得荒诞、奇骏的美学效果。所以在鲁迅杂文里面总是感觉“话在此而义在彼”或者说是“话里有话”，如果要想朗读出鲁迅杂文语句里的那种韵味，实在是不太容易，不但需要深刻地领会文本的意味，还要将那种“意犹未尽”的韵味表现出来。

陈醇在朗读这篇文章的时候，可以说将“内在语”这个播音技巧运用得淋漓尽致、炉火纯青，将原文“稿件文字语言所不便表露、不能表露或没有完全显露出来，或没有直接显露出来的语句关系、语句本质”自然而然、不着痕迹地表现出来，还原了鲁迅杂文的风格和韵味。

整篇文章共有七个自然段，可以分为三个部分：

第一部分（第一自然段）：摆出对方的论点和论据。

开篇以似乎确凿的事实为据，用一句话指出了三个阶段中“中国人”表现出来的三种不同的态度：其一，盲目骄傲，夜郎自大。（“总”含有“一向”的意思）；其二，盲目崇拜，借助外援。（“只”含有“唯一”的意思）；其三，今不如昔，祈求鬼神。（“一味”含有“死心塌地”的意思）。把这三者连贯起来，其态度是：由自夸到崇洋，再到自欺欺人、虚无渺茫。因此有人“慨叹”：“中国人失掉自信力了。”这是论敌的论点。（这是报刊上先后宣扬过的三件“事实”，都不过是“公开”的、表面的东西，并不能反映社会的本质和主流）用了三个事实来反复强调和肯定，即事实已铸成铁案。

第二部分（第二至六自然段）：驳斥论敌的论点和论据。

根据批驳的对象不同，分两层。

第一层（第二、三自然段）：针对对方的三个论据，运用层层剥茧的方法，指出其虚伪性和欺骗性，抨击其卖国行径。

“他信力”“自欺力”这是作者在本文里特地造的两个新词，用“自”和“他”，“信”和“欺”两对反义词衍义造成的。这是一种修辞手法，这两个新造的词和原词“自信力”一对照，就显出极其深刻的讽刺意义。

文章用两个假设复句，第一个假设复句，“自信”早已失掉，第二个假设复句，是退一步讲，接着指出失掉“他信力”后可能寻找一条“新生路”，那就是相信自己，“但”字一转，“不幸”得很，走上了一条可怕的路，即求神拜佛、虚无缥缈、精神麻醉的路。这就是上层统治者自欺欺人，以掩盖他们乞求于帝国主义镇压革命的罪恶目的。因此，文中“中国人”究竟是谁，就不言而喻了。

第三自然段从正面立论，既失掉“自信力”又失掉“他信力”走上自我麻醉的道路，就是“发展自欺力”的表现，这一语道破了反动派自欺欺人的实质。

第二层（第四至六自然段）：正面歌颂我国有史以来前仆后继战斗着的中国人民，揭露反动派凶残毒辣的行径，驳斥论敌的论点。

第四自然段是过渡段，承上启下，明确论点“我们有并不失掉自信力的中国人在”。先承接上文，对“自欺”作了历史说明，指出“自欺”是反动派的老货色，从古就有，于今更甚。“笼罩了一切”说明“自欺”在当时国民党上层社会泛滥的严重性。这里的“中国人”与上文的“中国人”内涵迥然不同，上文指国民党反动派一小撮民族败类；这里指富有反抗精神的中国人民。

这就是“中国的脊梁”，是用比喻形象地对在历史上起过进步作用的人的高度评价。

鲁迅先生在赞美革命者具有坚定的信仰和不屈不挠的精神的同时，怒不可遏地揭露了敌人“摧残”“抹杀”革命者的罪行。最后郑重宣告：“说中国人失掉了自信力，用指一部分人则可，倘若加于全体，那简直是诬蔑。”直斥“有人”的无耻谰言。观点十分鲜明，感情十分强烈。

在这一层中，作者运用辩证唯物主义的观点，从历史和现实两方面，对“中国人”作了阶级分析，热情赞扬了作为“中国的脊梁”的“并不失掉自信力的中国人”。

第三部分（第七自然段）：号召广大中国人民要分清是非，向英雄人物学习，积极投入革命的洪流中去。

这一部分，作者号召广大中国人民必须擦亮眼睛，剥去敌人的伪装，彻底粉碎反革命的阴谋活动。同时指出“状元宰相”与“地底下”的地位不同、立场不同、对待革命的态度也不同。“状元宰相”是为一小撮上层统治阶级摇旗呐喊的，“地底下”是指中国人的真正代表及其正在奋斗的光辉业绩。这里运用了比喻，含义是：反动派及其御用文人的文章是荒谬的，不足为据的，要自己亲自到被压在下面的另一个世界里去观察。

陈醇对这篇驳论文的朗读，可以说将鲁迅先生想要表达的内涵主旨，以及鲁迅先生语言特点的韵味表达得相当精准。尤其鲜明的一点，就是鲁迅先生杂文“话在此而义在彼”或者说是“话里有话”，以及打破常规语法规范不和谐的“拗体”的语言特点，在有声化表达时显得尤其突出。陈醇在朗读中，将作为语言表达重要技巧之一“内在语”运用得极其娴熟，“内在语”六种基本类型都可以在这篇杂文的朗读中有所体现：

发语性内在语，比如“（下面请听杂文）《中国人失掉自信力了吗》，（作者是）鲁迅”，其作用是帮助我们演播前把头开好，营造一种起始感。

寓意性内在语，比如在第七自然段“（如果）要论中国人，必须不被搽在表面的自欺欺人的脂粉所诓骗，却（应该）看看他的筋骨和脊梁。自信力的有无，状元宰相的文章是不足为据的，要自己去看地底下”，这一段是作者号召广大中国人民必须擦亮眼睛、明辨是非，剥去敌人的伪装，彻底看清时局的真实面目。

关联性内在语，对于这篇逻辑非常严密的驳论文，在整个立论和驳论的过程当中有相当多的关联性内在语，如文中所标注，就不再赘述。

提示性内在语，比方说第四自然段的开头就可以添加提示性内在语“其实”，起到承上启下的作用。先承接上文，对“自欺”作了历史说明，进而直接转入下面的正面论述我们自古以来就不乏“脊梁”人物。这样就能够很好地辅助解决衔接之间的语气，让语句之间的逻辑关系更加顺畅和严密。

回味性内在语，比如第六自然段开头：“（像刚才提到的中国的脊梁）这一类的人们，就是现在也何尝少呢？他们有确信，不自欺；他们在前仆后继的战斗，不过（他们）一面总在被摧残，被抹杀，（并）消灭于黑暗中，（而）不能为大家所知道罢了。（要是）说中国人失掉了自信力，用以指一部分人则可，倘若加于全体，那简直是诬蔑。”其实这就是在正面颂扬“中国的脊梁”，用形象的比喻对在历史上起过进步作用的人的高度评价。作者在这里表达的是：除历史人物外，当今的英雄更多，斗争更伟大。最后鲁迅先生郑重宣告：“说中国人失掉了自信力，用指一部分人则可，倘若加于全体，那简直是诬蔑。”直斥“有人”的无耻谰言。观点十分鲜明，感情十分强烈，令人回味无穷。

反语性内在语，本文开始的第一段就有典型的反语性内在语：“从公开的文字上看起来：（似乎）两年以前，我们总（在）自夸着（中国是何等的）‘地大物博’，（这确实）是事实。”对于中国的“地大物博”就是一个反语，其实当时中国已经被帝国主义瓜分得七零八落了，哪里还有什么地大物博，当前又有日本帝国主义霸占东北，和先前的“地大物博”形成了鲜明的对比。

第五章　陈醇诗歌朗诵艺术

诗歌是文学的一大样式。它要求高度集中地概括、反映社会生活，饱含着作者丰富地思想感情和想象，语言精练而形象性强，并具有一定的节奏韵律，一般分行排列。按有无比较完整的故事情节，可分为叙事诗和抒情诗；按语言有无格律，可分为格律诗和自由诗；按是否押韵，又可分为有韵诗和无韵诗。

陈醇对诗歌朗诵有着自己的感悟：朗诵一首诗既是一种语言艺术再创造，又是一次诗情画意的陶冶，同时还能从中得到思想和知识的营养。诗人臧克家说过：“雄壮的诗使人听了奋发，悲哀的诗使人听了落泪，快乐的诗使人听了起舞。诗，燃烧了朗诵的人，朗诵的人再拿它去燃烧广大群众。一个真正好的诗歌朗诵者，应该是一个最懂诗的人。他的朗诵不仅是一种诗的传声，也应该是一种诗的再造。”所以，要想把一首好诗朗诵得好，一定要下些功夫去钻研的。①

对于诗歌的语言艺术表达，陈醇认为最重要的有这么三点：第一个是“情”；第二个是“意境”；第三个是“韵味”和“节奏”。

① 陈醇：《情真意切读诗篇——“中国梦之歌校园朗诵诗”诵读指导》，2014年7月3日，https：//www. bookdao. com/article/82050/。

第一节　诗歌言志“情”为率

陈醇曾坦言：播音是一门语言表达艺术，艺术就要讲究感情。语言是人们交流思想的重要的工具，既然是交流思想，势必要表达观点、态度和感情。同时，很难想象，会有“不带感情”的播音，事实上，“不带感情”的播音，是没有的，而只有感情运用得恰当和不恰当的问题。① 陈醇引用白居易的那句话“感人至深者，莫出乎情”来阐释，在播音实践当中，无论是散文、诗歌，还是小说等文艺作品的有声语言表达和呈现，都应该遵循“以情带声”“以声传情”的创作规律，通过“情”与“声”的和谐，从而达到“声情并茂”的境界。

诗歌要求高度集中地概括、反映社会生活，饱和着作者丰富地思想感情和想象，语言精练而形象性强，并具有一定的节奏韵律。而朗诵诗歌的时候，除了语言要有一定的功力，朗诵者最强调的就是一个“情”字。

“情”，是播音员调动起来的思想感情的运动状况。上海台的范惠凤老师说：陈老师非常强调播音表达中的“情”，以情感人。他的播音，也总是力求“一字一句总关情”，让人感受到他融入稿件的满腔热情。② 而我们在朗诵诗歌的时候，一定要深切体会到诗歌的内涵，才能够准确地把握住自己的情感和相关表达技巧，当技巧运用达到一定程度的时候，应该在朗诵诗歌的时候全身心地投入到诗歌意境和诗歌主旨当中去，真正做到气随情动、声随情变。

陈醇的观点是：朗诵一首诗，是朗诵者代表诗人在说话，是一次有声语言的艺术创造，也是一次思想感情的熔化、燃烧。这就是说，朗诵者应该进入到诗人创作时所具有的那种精神状态中去，把诗人在创作时燃烧着的思想感情，再一次在朗诵中燃烧起来。我们要刻苦探索，努力掌握这种燃烧的本领。真挚饱满的感情来源于对诗篇精神的透彻领会和具体感受，只有深刻的理解，才能

---

① 陈醇：《我从那儿起步》，《徐州人民广播电台成立40周年纪念专辑》（内部资料），徐州人民广播电台，1989年7月30日，第79页。

② 范惠凤：《播音——陈醇的第二生命》，《播音主持艺术》（4），北京广播学院出版社，2002年1月第1版，第72页。

有情感上的共鸣，任何矫揉造作、虚伪的感情都是不能朗诵诗篇的。①

二

在古诗词当中表达怀念思乡之情的佳作很多，留下千古名句“每逢佳节倍思亲”的唐诗《九月九日忆山东兄弟》是王维十七岁时所作，这首诗巧妙别致地抒写了游子的思乡怀亲之情。当时王维独自一人漂泊在洛阳与长安之间，他是蒲州（今山西永济）人，蒲州在华山东面，所以称故乡的兄弟为山东兄弟。

九月九日忆山东兄弟

唐　王维

独在异乡为异客，每逢佳节倍思亲。
遥知兄弟登高处，遍插茱萸少一人。

诗一开头便紧切题目，写游子因孤独凄凉而时时怀乡思人，遇到佳节良辰思念尤重。接着诗转而跳脱开来抒写远在家乡的兄弟，重阳节登高时也在怀念自己。诗意跳跃，含蓄深沉，既朴素自然，又曲折有致。“每逢佳节倍思亲”成就千古传颂的名句。

陈醇在朗诵“独在异乡为异客”这开篇一句时，紧紧抓住诗人在异乡的孤独之感，在这短短的一句话中着重于游子之情，细腻而准确地强调了一个“独”字和两个“异”字，表现出诗人心中强烈的异地做客的心情，烘托出独自在外越是孤独对家乡与亲人的思念之情就越强烈的情感主旨。其实在朗诵之前对诗歌进行分析和理解时，就能够体会到古时候因交通闭塞、自给自足的生活方式以及地域之间往来较少，各地风土人情差异较大，自然诗人背井离乡来到异地陌生感和孤独感油然而生。相较于平日，“每逢佳节倍思亲”是人之常情。“佳节”大多是亲人们团聚的日子，因此思乡之情愈发强烈。这句写得自然质朴，如娓娓道来，也写出了许多在外漂泊游子的真切感受。陈醇在朗诵这两句诗时通过深沉、宽厚的声音处理得内敛而深情，更贴近诗人平淡地叙述自己身在异地的思乡之情，将诗人内心真挚、自然的思想感情表现得更为传神。

前两句直抒胸臆，已经道尽思乡之情，让人难以想象后面如何继续抒写，

① 陈醇：《情真意深诵华篇——浅谈诗歌散文小说的朗读》，《播音知识讲座》（内部资料）第10讲，1984年。

稍有差池就会让后两句难以为继、后劲不足。然而作者巧妙地转换场景，看似平淡，实则更加深沉。陈醇在朗诵“遥知兄弟登高处”一句时，语势上扬，与前两句之间形成错落有致的区分，将诗句从直抒胸臆转为自己对亲人团聚的遐想的情景烘托出来，自然而然地在脑海中浮现出诗人遥想亲朋们在重阳佳节身上插着茱萸登高时的开心畅快，是多么令人神往的一幕。最后一句“遍插茱萸少一人”一句，陈醇又将节奏放缓推动语势下降，令人陷入悠远深长的深思，更加契合诗人所想到的：亲朋好友们在插茱萸登高时发现少一个人也一定会思念独自客居他乡的我吧。这样的朗诵处理，更显得此诗构思巧妙、曲折有致，也让诗人作诗时出乎常情的表达手法，使得此诗更显内敛深厚之妙。

这首抒情小诗写得平淡质朴，然而千百年来备受推崇，每当背井离乡、客居他乡的游子思乡之时首先想到的就是这首诗，能让游子产生强烈的共鸣，并感受到此诗涌动的力量，这种力量来自它的朴质、深厚以及凝练的概括。

图 5－1　陈醇 2019 年参加“献给祖国的声音”朗诵

二

陈醇认为，在朗诵当中既要调动情感，同时应该会控制情感，“在充分调动了情感，让情感运动起来的情况下，播音员还要善于控制自己的感情，总不能悲痛时泣不成声，气愤时声嘶力竭吧！而是要用真情实感去打动你的听众，使他们同你一起悲痛或气愤”①。

---

① 陈醇：《我从那儿起步》，《徐州人民广播电台成立 40 周年纪念专辑》（内部资料），徐州人民广播电台，1989 年 7 月 30 日，第 80 页。

臧克家的诗《有的人》是为纪念鲁迅逝世13周年而作。这首诗不单纯写对鲁迅的怀念，而是在通过与鲁迅截然相反的“有的人”对比中，阐扬了某种人生哲理。《有的人》是酝于抒情之中的“诗的哲学”，是“哲学的诗”。诗歌融情于理，并采用了多重对比的方法，颇具意味。

有的人

——纪念鲁迅逝世十三周年有感

臧克家

有的人活着，
他已经死了；
有的人死了，
他还活着。

有的人，
骑在人民头上：“呵，我多伟大！”
有的人，
俯下身子给人民当牛马。

有的人，
把名字刻入石头，想“不朽”；
有的人，
情愿做野草，等着地下的火烧。

有的人，
他活着别人就不能活；
有的人，
他活着为了多数人更好地活。

骑在人民头上的，
人民把他摔垮；
给人民做牛马的，

人民永远记住他！

把名字刻入石头的，
名字比尸首烂得更早；
只要春风吹到的地方，
到处是青青的野草。

他活着别人就不能活的人，
他的下场可以看到；
他活着为了多数人更好地活的人，
群众把他抬举得很高，很高。

1949 年 11 月 1 日

《有的人》这首诗写于 1949 年 11 月 1 日。1949 年 10 月 19 日是鲁迅先生逝世 13 周年纪念日，胜利了的人民在全国各地第一次公开地隆重纪念伟大的文学家、思想家和革命家鲁迅先生。臧克家亲身参加了首都的纪念活动，并去瞻仰了鲁迅故居。这首诗就是当代诗人臧克家为纪念鲁迅逝世 13 周年而写的一首抒情诗。诗人以高度浓缩概括的诗句，总结了两种人、两种人生选择和两种人生归宿，讴歌了鲁迅先生甘为孺子牛的一生，抒发了对那些为人民而活的人们由衷的赞美之情。通篇使用对比，在相互的对照中将现实世界中两种截然不同的生命方式及其历史结果艺术呈现。闻一多曾下过一个精辟结论：“克家的诗，没有一首不具有一种极顶真的生活的意义。”这“极顶真”正是来自诗人观照生活本质，把握生活本质的哲理性结论。臧克家的代表作《有的人》因此成为响遍祖国大地的名著力作。现代诗人余玮曾在《雨天停在老橡树下》一文中写道：念过中学的人，没有谁不熟悉这么一段诗句“有的人活着/他已经死了/有的人死了/他还活着”。这通俗易懂、容量极大、哲理性极强的诗句，把人生的伟大与丑恶论述得淋漓尽致、入木三分；全诗又是那么潇潇洒洒，句句都镌刻在人们心间，以哲理的力量毫不容情地道出人生真谛。

这首诗手法非常简单，语言明快直接，观点立场鲜明、毫不含糊，其中所表达的观点也是一针见血，使人能够直接领会其中所包含的情感。诗人从开篇到结尾，反复使用简明的对比手法来写两种人，这两种人相互对照和映衬，因此而使其中伟大的更伟大，卑劣的更卑劣。

在诗歌的开头是这样的："有的人活着，他已经死了；有的人死了，他还活着。"诗句中两个"死"字、两个"活"字的含义是迥然不同的。前一个"活"是指"肉体的生存"，后一个"活"是指"精神的永存"；前一个"死"是指"精神死亡"，后一个"死"是指"生命结束"。这样的对比不是从单一的而是丰富的多角度展开，"有的人活着/他已经死了；有的人死了/他还活着"。诗人首先指出这样一种现象，然后从这个现象出发，再一一从多个角度进行比较，从这两种人的灵魂、动机、行动、后果上来探究其原因。

陈醇在朗诵这两句的时候，饱含激情，对诗句中两个"死"字、两个"活"字的处理，爱憎分明，态度鲜明，因为从那个特殊年代走来，陈醇有了太多的感触和体会，他首先想到的就是人民敬爱的周总理，周总理正是这种"永远活在人们心中"的人。这种真挚的情感是发自内心的，丝毫没有矫揉造作之感。

之所以有的人活着却已经死了，是因为他"骑在人民头上"，而且感到自己的伟大；把名字刻入石头想"不朽"，但是"他活着别人就不能活"，这样的从灵魂深处是卑劣渺小的，从动机上讲是贪婪自私的，从后果上讲是给人民造成了深重的灾难并与人民为敌的，所以，"人民把他摔垮"，"名字比尸首烂得更早"。而相反的，"有的人死了，他还活着"，是因为他"俯下身子给人民当牛马"，"情愿做野草，等着地下的火烧"，"他活着是为了多数人更好地活"，所以，人民永远记住他，"只要春风吹到的地方，到处都是青青的野草"，群众把他抬得很高很高。

陈醇在1956年曾经参与过鲁迅先生逝世20周年迁墓典礼的直播报道活动，陈醇回忆说，他被指定为现场播音员时，十分激动，除了急于准备资料外，还特地到万国公墓鲁迅旧墓处实地查看，以对现场和全面情况有更多的了解。所以在朗诵诗中那几句点睛的诗句的时候，更深切地理解了臧克家为什么用《有的人》为题，因为这样会更含蓄，但更重要的是以《有的人》为题，大大扩大的诗歌的思想内涵，使诗歌具有了更为普遍的意义。陈醇也深知作者创作的本意：人生的价值和意义完全取决于对人民的态度，造福人民的人永生，压迫人民的人速朽。这种人生观念在诗人心底是深刻的。

《有的人》中另外一句："有的人俯下身子给人当牛马"，使人们联想起鲁迅"俯首甘为孺子牛"的名句，想起他"我好像一只牛，吃的是草，挤出的是牛奶和血"的话，感受到鲁迅对人民的爱的执着。"有的人情愿作野草，等着地下的火烧"，能唤起我们读鲁迅《野草·题辞》时的激动。"只要春风吹到的地方到处是青青的野草”，会使人们联想起白居易“野火烧不尽，春风吹又生”的意境。

陈醇在朗诵的时候牢牢抓住这首诗善用对比的鲜明特色，通过用声音的对比表现来造成两种生死观的巨大落差，让人听了更深刻地感受到作者揭示美丑、善恶的本质区别。而且将这种对比通过声音的变化贯穿于全诗的朗诵当中，让全诗的对比铺陈，依次展开。对于诗中多处巧妙暗引鲁迅的诗文，如源于鲁迅诗句“俯首甘为孺子牛”的“俯下身子给人民当牛马”，源于鲁迅《野草·题辞》中“我自爱我的野草，但我憎恶这以野草作装饰的地面。地火在地下运行，奔突；熔岩一旦喷出，将烧尽一切野草，以至乔木，于是并且无可朽腐”的“情愿作野草，等着地下的火烧”等等典故，陈醇深刻理解其内涵，化用鲁迅诗文语言的韵味以讴歌鲁迅精神，其表达态度鲜明、形象而又生动，更透彻更贴切地表达出诗作的意蕴。同时，陈醇在朗诵这首诗歌时，抓住诗歌本身语言凝练、富于节奏的韵律特点，饱含深情的朗诵在对比中推动情感变化，诗中情和理紧密结合更增强了诗的感染力量，具有强烈的效果，令人回味无穷。

陈醇曾经多次现场表演和录制过臧克家的这首《有的人》，陈醇在朗诵这首经典名作的时候，把这首诗中所蕴含的人生伟大与丑恶论表达得淋漓尽致，入木三分，他的语言表达又是那么潇潇洒洒，从他口中朗诵出来的字字句句都镌刻在人们心间，以哲理的力量毫不容情地道出诗中所传达的意境和人生真谛。

陈醇的学生回忆道：《有的人》这首诗原来为纪念鲁迅而作，而不同时期不同人朗诵它，总赋予其不同的思想内涵。我们对倒行逆施、残害百姓的人最痛恨，对关心他人胜过关心自己的人最景仰。陈醇老师曾被发派到吉林边境接受再教育。他所遭遇的世态人情在某一层面上也许正和我们这一代经历的有所重合，他倾注于诗的情感便给我们这些听众以很深的感染。当他朗诵到最后一句“他活着为了多数人更好地活着的人，群众把他抬举得很高，很高”时，那蕴蓄的情绪就像一股激流冲开久闭的闸门终于汩汩流出，“很高，很高”四个字的声音态势，其高度、深度与力度仿佛在一刹那间凝聚，使我们感受到他之所恨与所爱是那么分明、那样深切。①

陈醇是那么看重“情”在诗歌乃至有声语言艺术创作中的作用。他说：“有情的对话才能吸引人，有情的语言人家才能听得进去，交流思想也要有情。”他毫不掩饰自己的观点，他说：“我不同意纯客观、不带感情的播音。”此话朴实，

① 金重建：《他的语言充盈着精神力量》，《陈醇播音生涯五十周年研讨会征文集》（内部资料），上海人民广播电台 2001 年 10 月，第 25 页。

但意义深远。语言的魅力，首先在于感情的真挚，播音、主持不能例外。情是人的社会性的体现，是人们观察、体验、感受社会和自然的结果。由于人们观察社会和自然的立场、观点、方法常有不同，就必然会产生与之相应的情绪和情感。①

熟悉和了解陈醇的人都知道他把"情"看得有多么重要。他反复强调播音要"情真意切""情真意深"，这种真情实意，可说是他的敬业精神的光华，是他坚韧创业的推动力。②

图 5－2　陈醇参加活动时即兴朗诵《有的人》

三

离愁别绪的情感也是诗歌主要表现的内容之一，《再别康桥》是现代诗人徐志摩脍炙人口的诗篇，是新月派诗歌的代表作品。徐志摩 1922 年从英国回国，当时国内军阀统治下的黑暗，令他心中的理想渐渐破灭。1928 年秋天他再度游历英国，故地重游。1928 年 11 月 6 日从英国途经南中国海回国的轮船上，他吟成了《再别康桥》这首传世之作。全诗以离别康桥时感情起伏为线索，抒发了对康桥依依惜别的深情。

《再别康桥》的惆怅之情深藏于飘逸、洒脱的抒写之中。应该说，这首诗，是诗人在与自己心中的理想道别，那份深情和静谧，似乎唯恐惊破心中之梦。

① 张书玷：《声情之树长绿》，《播音主持艺术》(4)，北京广播学院出版社，2002 年 1 月第 1 版，第 41 页。

② 高宇：《可佩的创业精神》，《播音主持艺术》(4)，北京广播学院出版社，2002 年 1 月第 1 版，第 35 页。

它微妙地展露了诗人因“康桥”理想的破灭而无限哀伤的情怀。

再别康桥

徐志摩

轻轻的我走了，
　正如我轻轻的来；
我轻轻地招手，
　作别西天的云彩。

那河畔的金柳，
　是夕阳中的新娘；
波光里的艳影，
　在我的心头荡漾。

软泥上的青荇，
　油油的在水底招摇；
在康河的柔波里，
　我甘心做一条水草。

那树荫下的一潭，
　不是清泉，是天上虹；
揉碎在浮藻间，
　沉淀着彩虹似的梦。

寻梦？撑一支长篙，
　向青草更青处漫溯；
满载一船星辉，
　在星辉斑斓里放歌。

但我不能放歌，
　悄悄是别离的笙箫；
夏虫也为我沉默，
　沉默是今晚的康桥！

悄悄的我走了，
正如我悄悄的来；
我挥一挥衣袖，
不带走一片云彩。

（写于1928年11月6日，初载1928年12月10日《新月》月刊第1卷第10号，署名徐志摩。）

康桥，即英国著名的剑桥大学所在地。1920年10月到1922年8月间，诗人徐志摩曾在此游学，他称“康桥”为自己的“精神故乡”，“康桥”的英式文明逐渐形成徐志摩心中梦寐以求的“康桥理想”。徐志摩曾经在《猛虎集·序文》中说道：在24岁以前，他对于诗的兴味远不如对于相对论或民约论的兴味。正是康河的水，开启了诗人的性灵，唤醒了久蛰在他心中的诗人的天命。因此他后来在《吸烟与文化》一文中曾满怀深情地说：“我的眼是康桥教我睁的，我的求知欲是康桥给我拨动的，我的自我意识是康桥给我胚胎的。”足见这段在英国剑桥大学的求学岁月，深深地影响了徐志摩的一生。

胡适在《追悼徐志摩》中道：“他的人生观真是一种‘单纯信仰’，这里面只有三个大字：一个是爱，一个是自由，一个是美。他梦想这三个理想的条件能够会合在一个人生里，这是他的‘单纯信仰’。他的一生的历史，只是他追求这个单纯信仰的实现的历史。”那么诗人在康河边的徘徊，是这种追寻的一个缩影。但是徐志摩发现他追求的救不了中国，可是他还是不改变他的初衷，不改变他的人生观。人是自由的个体，没有一致的思想。所以在此时最痛苦的时刻，他依旧潇洒，以“挥一挥衣袖，不带走一片云彩”拂去一切。可以说“康桥情结”贯穿徐志摩一生的诗文，而《再别康桥》无疑是其中最有名的一篇。

《再别康桥》共有七个小节，文字所勾勒出来的美景和意境，陈醇都通过深沉、悠远的声音，缓缓地将诗人的情绪与感受融入其中。

第一节抒写了诗人作为久违的学子再次作别母校时的离愁别绪。此节四句，连用三个“轻轻的”，使人仿佛感受到诗人像清风一样来了，又悄无声息地离去，“轻轻的我走了，正如我轻轻的来”主人公就如一朵流云，无形无迹，自由而舒展。而心中那至深的情丝，在招手之间，便幻化成了“西天的云彩”。

陈醇在朗诵这一节时，声音的进入也是轻缓、深沉的，声音的淡入并不会有情感减淡之感，然而恰恰相反，在张口发出第一个“轻轻的”时候，在情感支撑下的气息却是充沛和饱满的，朗诵吐字的力度并没有因为饱满的气息而显得生硬，反倒有一种举重若轻的自由自在，恰到好处地表现出了诗作首节的缥缈如风般的意境。

第二节至第六节，诗人所抒写的是自己在康河里泛舟寻梦。诗人心中的康桥也如梦似幻，美好而易碎。诗中用“金柳”“青荇”“星辉”“笙箫”等意象来描写康桥景观之美和自己对康桥的眷恋。这些意象往往既是写景同时又是抒情，景与情难分难解。披着夕照的金柳，软泥上的青荇，树荫下的水潭，一一映入眼中，印在心间。两个暗喻用得颇为传神：依据“河畔的金柳”婆娑的姿态，大胆地将其看作是“夕阳中的新娘”，把眼中的景物，喻为美好的人物，浪漫而温情，“新娘”既是一种景象，也是“我”心中的眷恋着的情人形象，是“我”心中之旧情的流露——情与景已互为一体；在金柳之间，在青荇之上，“我”固执地寻找着“彩虹似的梦”，将波光粼粼、清澈的潭水反射夕阳晚霞红色光线的景观而视为“天上虹”，水波荡漾而消散在浮藻之间的光影，化成了“彩虹似的梦”。意乱情迷之间，诗人如庄周梦蝶，物我两志，只觉得“波光里的艳影，在我的心头荡漾”“在康河的柔波里，我甘心做一条水草”。他把那对以英国为代表的西方文化的热爱寄托到了那从不起眼的金柳、波光、青荇上，甘愿是一条水草。这种主客观合一的巧妙构思，看似妙手偶得，实乃推敲斟酌而来。在这一段落的第五、六节，诗人营造了诗歌又一重新的意境和独特韵味，通过“梦—寻梦”“星辉—在星辉斑斓里放歌”“放歌—但我不能放歌”“沉默—沉默是今晚的康桥”四个收尾相连的叠句，将全诗渐次推向高潮，如康河水面之涟漪，层层叠叠，回环往复！而事实上，“我”又不能纵情放歌，只有“沉默”，“悄悄”地离去。景色依旧，人事全非，诗人用与情人缠绵惜别的心情和笔调与“康桥”道别，写出了一种包含淡淡的惆怅和酸楚的不舍之情。此时的沉默无言，胜过千言万语！

陈醇对诗中这几个景象的表达，实现了诗人追求的眼中景物与心中思绪的统一和谐之境，声音运用的舒缓自如，吐字归韵的喷弹轻巧，情绪舒展的拿捏有致，意境营造的悠远深长，这一切都在陈醇深沉稳健的朗诵声中缓缓展开，不断地让听者在心底泛起涟漪。

最后一节以三个“悄悄的”与第一节里的“轻轻的”首尾相望而又巧妙呼应。潇洒地来，又潇洒地走。挥一挥衣袖的洒脱，已毋须赘言。徐志摩是一个有志的文人，只是他选择的是资本主义的文学道路，在当时的历史条件下也许是错的。可是，他的目的是一个——拯救中国。此时不妨回忆他第一次去英国的情景，他居然说道："康桥，我的故乡……"这话，可见他对英国西方文化的青睐和衷情。当他发现自己的路错误时，他的理想和抱负不能得以实现的时候，那种失败的心情在"轻轻的我走了，正如我轻轻的来""悄悄的我走了，正如我悄悄的来"这两句上表现得淋漓尽致。

陈醇对这最后一节的朗诵，在用声与用情上也与首节巧妙呼应，同样是举重若轻、轻轻巧巧，就像一首小夜曲般地淡入、淡出，给听者以意境悠远的审美体验。而舒缓清幽，浪漫而内敛，细致而恢宏的表达贯穿全诗的朗诵，是对原作以及诗人徐志摩"诗化人生"最好的诠释。

陈醇的朗诵将徐志摩文字所具有的单纯、轻盈、柔婉而又深含忧郁之情，以及气氛、情感和景象融为一体，通过有声语言营构梦幻般景象的同时也让诗篇从听觉上充溢着诗人的文字所营造一种梦幻般的情调。陈醇的朗诵情绪回环反复，自由舒展，毫无扭捏做作，让人听着这首《再别康桥》的朗诵特别舒缓、悦耳，会感受到一种和谐、优雅的音乐美。

第二节　品味"意境"情托声

陈醇认为对诗歌意境的体味和感悟在诗歌朗诵中至关重要：意境是指诗中所描绘的生活图景和表现的思想感情融合一致而形成的一种艺术境界。朗诵者要像入梦似的，进到作品所形成的境界中去，把身外的一切，统统忘记掉。在准备朗诵时，不能只从文字表面去捕捉形象，而必须把作品放在自己的心中去揣摩感受，用丰富的想象、联想把文字所描绘的意境在头脑中变成一个个生动具体可感的活动的画面。朗诵时尽量不要从意境之中跳出，努力保持自己进入意境的感受，同时把听众引领到诗的意境中。①

陈醇觉得朗诵者对诗歌所蕴含意境的准确理解和把握是再度创作的关键："要让听众理解节目的内涵，体会到播出的意味，播音员必须自己对所播稿件的含意有充分的理解，并表达出应有的情调和意念。我国古代艺术家在谈论书画

---

① 陈醇：《情真意深诵华篇——浅谈诗歌散文小说的朗读》，《播音知识讲座》（内部资料）第10讲，1984年。

时，有‘意存笔先，画尽意在’之说。他们在长期艺术实践中总结出来的艺术经验，对于今天我们从事语言艺术工作的播音员来说，仍具有极大的现实意义。”①

陈醇在诗歌朗诵艺术创作中非常注重诗歌所营造出来的意境，他的诗歌朗诵艺术创作也是围绕这个“意境”来表达得。他的老同事同时也是他的学生范惠凤这样说道：“意”，即播音作品呈现的意境。而意境的体现得力于字、词、句的具体表达。陈老师很讲究字、词表达的动感和形象性。② 陈醇对诗歌意境的理解和表达有他独到的方式，有的时候他的诗歌朗诵如波涛汹涌的大江大河涤荡着我们的灵魂；有的时候又如潺潺流水、涓涓细流流进我们的心田。正如他自己所说的“意存先声，画尽意在”，只是我们要把这个“画”字更为“声”，就更能概括出他在诗歌朗诵中对“意境”的独到理解和表达了。

一

古诗词本以言情，若情不能直达，则寄予景物，如此便情景交融，境界全出，这正是唐诗冠历代、宋词集大成之所在。古代文人格外重视诗文意象创造中“意”与“象”的有机融合，以创造出王夫之在《姜斋诗话》中所谓的“情中景，景中情”的审美意象，这一审美标准就是从意象中升华出境界，即意境。

意境壮阔雄奇、旷达开朗的《念奴娇·赤壁怀古》是苏轼贬官黄州后的词作。他在旧城营地辟畦耕种，游历访古，政治上失意，滋长了他逃避现实和怀才不遇的思想情绪，但他豁达的胸怀，在祖国雄伟的江山和历史风云人物的激发下，借景抒情，写下了一系列脍炙人口的名篇，此词为其代表之作。

念奴娇·赤壁怀古

宋　苏轼

大江东去，浪淘尽、千古风流人物。故垒西边，人道是、三国周郎赤壁。乱石穿空，惊涛拍岸，卷起千堆雪。江山如画，一时多少豪杰。

遥想公瑾当年，小乔初嫁了，雄姿英发。羽扇纶巾，谈笑间、樯橹灰飞烟灭。故国神游，多情应笑我，早生华发。人生如梦，一樽还酹江月。

---

① 陈醇：《我从那儿起步》，《徐州人民广播电台成立40周年纪念专辑》（内部资料），徐州人民广播电台，1989年7月30日，第80页。

② 范惠凤：《播音——陈醇的第二生命》，《播音主持艺术》（4），北京广播学院出版社，2002年1月第1版，第73页。

“怀古”，是古人写诗词常常采用的一个题目。在这类作品中，作者往往借助歌咏历史事迹来抒发自己的感慨。怀古抒情，怀古的重要一环，是怎样把今和古联系起来，苏轼写自己消磨壮心殆尽，转而以旷达之心关注历史和人生，通过对月夜江上壮美景色的描绘，借对古代战场的凭吊和对风流人物才略、气度、功业的追念，曲折地表达了自己怀才不遇、功业未就的忧愤心情。

陈醇在朗诵这首《念奴娇·赤壁怀古》时，深谙古人所谓“语意高妙，真古今绝唱”之精髓，结合写景和怀古来抒表感情，将上半阕对赤壁的描写和赞美，寓情于景，情景交融，对下半阕刻画周瑜形象倾注了对历史英雄的敬仰，通过感情充沛、生动形象的有声语言，使得整首作品的朗诵意境开阔，感情奔放。

上片写景。带出了对古人的怀念。

“大江东去，浪淘尽、千古风流人物。”词一开始，陈醇就用声音表现出以一泻千里、日夜东流的长江，给人以突兀峥嵘、震惊耳目的感觉。

“大江东去”四字，陈醇一张口就高视阔步，气势浑雄，概括出汹涌澎湃的万里长江向东流去的特点。“浪淘尽、千古风流人物”，一下子便把作者高度凝练写就的历史人物在历史长河中所处的地位，以及想要表达的客观历史规律，朗诵得既形象，又传神，可谓是“高屋建瓴”，先声夺人。

“故垒西边，人道是、三国周郎赤壁。”前面已泛指“风流人物”，这里就着力体现“三国周郎”作为诗篇的主要人物，怀古就由此生发开去。陈醇用声音营造出前一句气势非凡的大场景，那么，对于这一句的表现则是着力用声音营造出一个细致精确的小场景，这一句朗诵在声音运用上的转换作用极大，既契合词题，又为下阕缅怀周公瑾预伏一笔。“故垒”二字，表现出了古代战场的遗址如在目前，“西边”一词，点明方位，有亲临其境的真实感，“人道是”三字，语气当中表现出的是借人们的传说加以证实，从而深化“怀古”的感情色彩，使人倍感亲切。“三国周郎赤壁”，由分别指代时代、人物、地点三个名词，简洁而凝练地道出了一幅历史风云的画卷，六个字便将“赤壁之战”恢宏的图景呈现出来。

“乱石穿空，惊涛拍岸，卷起千堆雪。”集中写出赤壁雄奇壮阔的景色：陡峭的山崖散乱地高插云霄，汹涌的骇浪猛烈地搏击着江岸，滔滔的江流卷起千万堆澎湃的雪浪。陈醇在朗诵的时候通过节奏的变化，仿佛通过感知觉的情景再现从不同角度诉诸不同感觉的生动描写，顿时勾勒出一个奔马轰雷、惊心动魄的奇险境界，使人心胸为之开阔，精神为之振奋。“乱石”以下五句是写江水腾涌的壮观景象，陈醇通过对其中“穿”“拍”“卷”等动词精准的描摹、生动的表现，将陡峭峥嵘的石壁直插云天的险峻，波涛粗野凶暴急流澎湃的气势和威力，也都形象贴切地表现了出来，仿佛可以感受到狂涛拍岸的吼声。

“江山如画，一时多少豪杰。”一句中“江山如画“是写景的总括之句，而“一时多少豪杰“则又由景物过渡到人事。这两句是上、下片的转折。陈醇在朗诵中把“如画”的江山和众多的“豪杰”作为强调的重点，语势上扬，创造出一种崇高隽美的意境，使人听了肃然起敬。

下片怀古。转入对赤壁之战的中心人物周瑜的歌颂。

“遥想公瑾当年，小乔初嫁了，雄姿英发。”这三句描写周瑜风华正茂的形象，苏轼想象着几百年前的往事，而陈醇着重表现“遥想”二字，通过这两个字悠远、深沉的表达把听者引向遥远的过去。“小乔初嫁了”这句写入词中并非闲笔，参照历史来看这里写“初嫁”，不是诗人的疏忽，词中提到他们的婚事是为了突出周瑜年轻得意的神态，这对塑造“雄姿英发”的周郎形象起着稍加点染、全篇生色的艺术效果，所以在朗诵这一句的时候通过节奏和气息的变化来着意表现和渲染词的浪漫气氛。

“羽扇纶巾，谈笑间、樯橹灰飞烟灭。”陈醇通过声音描摹周瑜手执羽扇，头戴纶巾的人物形象，表现出他虽为武将，却有文士的风度，这样就突出了周瑜蔑视强敌的英雄气概。“谈笑间、樯橹灰飞烟灭。”“谈笑间”三字，从文字上来看是“字字千斤”，然而陈醇在朗诵时却可以处理得“举重若轻”，这样就非常准确地表现出周瑜当年赤壁破曹时那种轻而易举地神态。“樯橹灰飞烟灭”，六个字就再现了一场历史性的大战，寥寥几笔，显示了苏轼艺术概括的才能，陈醇在朗诵的时候，将苏轼对周瑜的由衷赞赏体现在字里行间：“樯橹”二字，表现曹操的军队，语气和态度中带有贬义，“灰飞烟灭”四个字，将火烧赤壁的情景和曹操覆灭的惨烈景象形象生动地表现出来。

“故国神游，多情应笑我，早生华发。”这三句是诗人抒发的感慨，陈醇在朗诵时能够准确地捕捉到苏轼的心神仿佛游到三国时代周瑜立功的地方，所以用一种自嘲的语气来表现诗人自己多愁善感，早已生出白发来了。

“人生如梦，一樽还酹江月。”要表现出作者自嘲之余，又有一种看破红尘的消极情绪油然而生。在朗诵的时候应该理解到：以酒祭奠江月，这是诗人一种无可奈何的精神苦闷的反映，是有志为国而不能施展怀抱的情绪的流露，隐含着对现实不满的感情在内。“江月”二字，既照应首句，又点明时间，增强了词的抒情意蕴，使词的情调刚柔相济、浓淡有度。

陈醇朗诵的《念奴娇·赤壁怀古》，以慷慨激昂、深沉稳健、张弛有度的声音，将苏轼对昔日英雄人物的无限怀念和敬仰之情以及对自己怀才不遇、坎坷人生的无限感慨准确地表达了出来，陈醇的朗诵能让听者思接古今，感情沉郁，余音袅袅。

图 5－3　陈醇 1999 年 5 月 29 日在“星期诗歌广播会”开播仪式上朗诵

二

意境是由诗人借世间万物来表达理想、信念、感悟时而生发的，特殊的情境能够激发诗人创作的灵感，从而营造出诗词独特的意境。陈毅的《梅岭三章》写于饥寒交迫的情况下，冬天的山窝里找不到能吃的野果野菜，陈毅六天没吃东西，浑身无力。陈毅意识到形势的严峻，一时百感交集，他拿出纸笔，写就了这一绝笔色彩的传世名作。

一九三六年冬，梅山被围。余伤病伏丛莽间二十余日，虑不得脱，得诗三首留衣底。旋围解。

《梅岭三章》

陈醇

（一）

断头今日意如何？

创业艰难百战多。

此去泉台招旧部，
旌旗十万斩阎罗。
（二）
南国烽烟正十年，
此头须向国门悬。
后死诸君多努力，
捷报飞来当纸钱。
（三）
投身革命即为家，
血雨腥风应有涯。
取义成仁今日事，
人间遍种自由花。

陈醇专门写过朗诵这首诗的体会，文中写道：诗言志，歌传情。我们先要对所读诗篇的精神和思想认真地去领会，具体地去感受，要有充分的感情酝酿，才能产生情感共鸣……真挚朴实的感情是朗读好诗篇的基础，也是朗读技巧运用的依据。①

陈醇先从深入理解诗作入手，认为《梅岭三章》写作时的意境就是在那种特殊环境和特殊条件下共同产生的，只有当时的那种情况才能让陈毅产生那种情怀，也才能够写出那么撼人心魄的诗句。这首脍炙人口的《梅岭三章》，淋漓尽致地表现了他那坚贞不屈、视死如归的浩然正气。1936 年冬，陈毅同志在梅山被围，九死一生之际，他以一个共产党员的耿耿忠心，在衣底留下了他那豪气入云的“绝笔”，写下了他向党向人民的铮铮誓言：断头今日意如何？创业艰难百战多。此去泉台招旧部，旌旗十万斩阎罗。

陈醇在《情真意深读诗篇——读〈梅岭三章〉有感》中写道：诗的意境是指诗中所描绘的生活图景和表现的思想感情融合一致而形成的一种艺术境界。我们在朗读《梅岭三章》时，不能只从文字的表面去捕捉形象，而必须把这首无产阶级的正气歌放在高远的意境中去揣摩感受，精细地去把握它的内在含义。这就是当时在“外有敌人重兵围困，内有叛徒告密陷害，身负重伤，弹尽粮绝，

① 陈醇：《情真意深读诗篇——读〈梅岭三章〉有感》，《汉语拼音小报》，1984 年 7 月 20 日。

到了最危险的生死关头”，诗人却是“生为革命死不哭”，回忆着“南国烽烟”“血雨腥风”的创业艰难，满怀着献身共产主义理想的坚定意志，为人民大众争取解放而奋斗到底的坚强决心，向往着“人间遍种自由花”的境地。朗读者要努力抓住诗的意境，并保持自己同诗人一起进入这种意境，才可能把听者引领到诗的意境之中去。①

所以在朗诵这首诗歌的时候，要着重去理解、体会作者的心意及他所营造出来的意境。劈头一句就提出“今日面临牺牲心中想些什么”这一意义重大而又必须作出回答的问题。“断头今日”是“今日断头”的倒装句，起了强调“断头”这一严酷现实就摆在面前的作用。生死关头，是人生的大关口，这一关键时刻心中想些什么，最能体现一个人的思想情操，而陈毅同志此时此刻首先想到的是无产阶级大业，“创业”，指创立共产主义大业；“百”极言其多，并非实数，革命是艰难困苦的，夺取革命的胜利要经历无数次的战斗。第三、四句进一步表达了誓与敌人血战到底的决心。这两句诗充分表现了无产阶级革命家生死不渝、坚贞如一的伟大情操，而且形象地说明：革命的火种是永远扑不灭的。一个共产党人倒下去，千百万革命者站起来。烈士的鲜血将唤起更多的人民更大的觉醒。他们会更加勇猛地战斗下去，一直到彻底推翻反动统治，实现烈士生前的遗愿。

全诗的三个章节围绕“断头”构思，扣住“意如何”铺开，从眼前写到未来，从个人写到同志，写到革命大部队，层层深化，层层扩展，寥寥 84 字，一个坚强的无产阶级革命者的形象，就像挺直、高洁的青松一样，巍然屹立于天地之间。

三

陈醇以自己朗诵诗歌的经验和体会来看，认为朗诵诗歌的关键还是“情”和“意境”，如果过于死板或者狭隘了就朗诵不出诗歌原来的意境和情感。

很多时候朗诵诗歌过于具象也不好，谈到这些，陈醇不太赞同有的朗诵者扮演成诗人来朗诵作品，比如扮演毛泽东来朗诵毛泽东的诗，毛泽东有的诗写明了是在马背上吟诵，那么到底是站在舞台上还是骑在马背上？还有很多不适合去扮演的朗诵作品，所以说，诗歌朗诵还是应该让听者通过朗读者的朗诵去想象，去体味诗的意境。

---

① 陈醇：《情真意深读诗篇——读〈梅岭三章〉有感》，《汉语拼音小报》，1984 年 7 月 20 日。

《登鹳雀楼》是唐代诗人王之涣仅存的六首绝句之一。作者早年及第，不到三十岁过上了访友漫游的生活。这首诗是作者三十五岁时写下的。这首诗写诗人在登高望远中表现出来的不凡的胸襟抱负，反映了盛唐时期人们积极向上的进取精神。

登鹳雀楼

唐 王之涣

白日依山尽，黄河入海流。
欲穷千里目，更上一层楼。

陈醇以《登鹳雀楼》里的“欲穷千里目，更上一层楼”一句为例来说明朗诵者准确理解并感受诗歌意境的重要性。

全诗的前两句写所见。“白日依山尽”写远景，写山，写的是登楼望见的景色，“黄河入海流”写近景，写水写得景象壮观，气势磅礴。这里，诗人运用极其朴素、极其浅显的语言，既高度形象又高度概括地把进入广大视野的万里河山，收入短短十个字中；而后人在千载之下读到这十个字时，也如临其地，如见其景，感到胸襟为之一开。首句写遥望一轮落日向着楼前一望无际、连绵起伏的群山西沉，在视野的尽头冉冉而没。就后面一句诗而言，诗人身在鹳雀楼上，不可能望见黄河入海，句中写的是诗人目送黄河远去天边而产生的意中景，是把当前景与意中景融合为一的写法。

诗的后两句写所想。“欲穷千里目”，写诗人一种无止境探求的愿望，还想看得更远，看到目力所能达到的地方，唯一的办法就是要站得更高，“更上一层楼”。从这后半首诗，可推知前半首写的可能是在第二层楼（非最高层）所见，而诗人还想进一步穷目力所及看尽远方景物，更登上了楼的顶层。在收尾处用一“楼”字，也起了点题作用，说明这是一首“登楼诗”。诗句看来只是平铺直叙地写出了这一登楼的过程，但其含意深远，耐人探索。“千里”“一层”，都是虚数，是诗人想象中纵横的空间。“欲穷”“更上”词语中包含了多少希望，多少憧憬。这两句诗发表议论，既别翻新意，出人意表，又与前两句写景诗承接得十分自然、十分紧密，从而把诗篇推引入更高的境界，向读者展示了更大的视野。也正因为如此，这两句包含朴素哲理的议论，成为千古传诵的名句。

这首诗把道理与景物、情事融合得天衣无缝，所以陈醇说：就“欲穷千里目，更上一层楼”一句，如果你登过就想，可能古时候看到这个景会觉得很不错，现在来看却不怎么样，我觉得这样理解古诗都是不对的，也是不可以的，千万不能固定在一种特定范围内去理解诗歌里的意境。①

陈醇举了一个例子：那天有个小朋友到我这来，朗诵杜甫的《望岳》。

望　岳

唐　杜甫

岱宗夫如何？齐鲁青未了。
造化钟神秀，阴阳割昏晓。
荡胸生层云，决眦入归鸟。
会当凌绝顶，一览众山小。

其中那句"会当凌绝顶，一览众山小"，我问她，你觉得杜甫的人在哪儿呢？她说在山顶上。我说不对。没有登上去啊，这句是杜甫看着泰山说的，他想象如果当他登上去后，可能会看到的景象。你这个意境错了，朗诵起来就不对了。我们知道，二十四岁的杜甫开始过一种不羁的漫游生活，这首诗就是在漫游齐、赵途中所作。这首诗通过描绘泰山雄伟磅礴的景象，热情赞美了泰山高大巍峨的气势和神奇秀丽的景色，流露出了对祖国山河的热爱之情，表达了诗人不怕困难、敢攀顶峰、俯视一切的雄心和气概，以及卓然独立、兼济天下的豪情壮志。一二句写泰山山脉绵延辽阔；三四句写泰山雄峻磅礴；五六句写仔细远望，见群峰云生，仿佛有归鸟入谷。七八句想象将来登山所见景象，同时抒发自己的抱负。最后"会当凌绝顶，一览众山小"两句，写诗人并不满足看岳而是想登上山顶一览盛景的心情。此联号为绝响，再一次突出了泰山的高峻，写出了雄视一切的雄姿和气势，也表现出诗人的心胸气魄。"会当"是唐人口语，意即"一定要"。众山的小和高大的泰山进行对比，表现出诗人不怕困难、敢于攀登绝顶、俯视一切的雄心和气概。这就是这两句诗一直为人们所传诵的原因。全诗以诗题中的"望"字统摄全篇，句句写望岳，但通篇并无一个"望"字，可见诗人的谋篇布局和艺术构思是精妙奇绝的。

陈醇还举了一个例子，就是唐代大诗人李白的那首诗作《梦游天姥吟留别》。这是一首记梦诗，也是一首游仙诗。《梦游天姥吟留别》的题目已经告诉了是"梦游天姥山别东鲁诸公",可还是有人理解不对，"留别"的意思没弄明

---

① 根据笔者2005年8月9日对陈醇访谈记录整理。

白，不是吟“留别”，是吟“梦游天姥”，吟了梦游天姥之后留在那儿。如果对古代诗词欠理解，那么朗诵的时候诗歌的意境和情感就把握不准了。

陈醇无论朗诵什么样的诗歌，只要是能和作者进行交流他一定要弄个清清楚楚，就算是古诗或者外国的诗歌，他也要请教专家或者尽可能地搜集到资料进行分析和研究。正是有着这样的执着，陈醇的诗歌朗诵才会如此地出神入化，撼人心魄。

第三节 “韵味”“节奏”更点睛

诗的语言精练，有它的节奏和韵律。诗歌按照它的本质要求语言音乐化。诗的朗诵如果不能体现语言的音乐美，那就很难把诗的韵味恰如其分地表达出来，浸润到听众的心灵深处，使他们可以优游涵泳，长久受用不尽。朗诵诗不应侧重表情，更不能近似表演，而是要努力将诗本身的节奏和韵律朗诵出来，只有这样才能把诗人心灵中的思想传达给听众。①

总体来讲，朗诵诗歌最重要的有四点：感情、意境、节奏和韵律，因此适合朗诵的诗歌作品也一定是情真意切、意境深邃、节奏鲜明、富有韵味的。为少年儿童朗诵选择的诗歌一定要贴近他们的兴趣、年龄和心灵特征。

一

陈醇在他以前的论述中说道：我们的播音最忌枯燥无味，而是要有意味，有趣味……如果对所播内容兴趣淡薄，播音必然味同嚼蜡，不受听，不耐听。这就涉及语言表达的刚柔相济和节奏韵律的巧妙运用。还要讲究含蓄，有时将情意含而不露，才更耐人寻味。如果声音平直或感情过于外露，甚至矫揉造作，那会令人生厌的。当然，我们还得发扬个人的独特风度韵味，或炽热，或淡雅，或严谨，或挥洒，只要你的表达符合内容需要，你的播音就会意味无穷。②

---

① 陈醇：《情真意深诵华篇——浅谈诗歌散文小说的朗读》，《播音知识讲座》（内部资料）第10讲，1984年。

② 陈醇：《我从那儿起步》，《徐州人民广播电台成立40周年纪念专辑》（内部资料），徐州人民广播电台，1989年7月30日，第81页。

陈醇又进而谈到什么是“味”。他说：“味”，播音作品展示的意趣和气韵。首先，它是在外部形式上的认同，即“像不像播音”？其次，蕴藉内涵的厚度和力度。第三，体现出不同体裁、不同作者写作的个性、风格。我们常常说“某播音够味”，大致也是在这些层面上的趋同感……他的播音多味、够味，经得起咀嚼、揣摩。① 有人在评价陈醇的播音艺术时说道：我喜欢陈醇先生的播音，更喜欢他的朗诵。他的朗诵美而不媚，朴而不俗，变化而无跳跃。重点处字斟句酌，精雕细刻；次要处如蜻蜓点水，轻快带过。他的朗诵作品犹如一幅山水画，渲染时，浓妆重彩，泼墨如云；清淡处，惜墨如金，薄若蝉翼。统一与变化和谐，清晰与模糊相间，真是“欲把西湖比西子，浓妆淡抹总相宜”。②

陈醇认为朗诵者在呈现的时候一定要将诗中的节奏和韵味朗诵出来，我们通过前面分析过的《梅岭三章》来举例说明在诗歌朗诵中如何来把握节奏和韵味：《梅岭三章》是七言律诗，朗读时需按照诗句的含义处理音节的高低、轻重、长短，掌握匀称的间接或停顿。如第三首的四行诗，第一行“投身/革命/即为家”（可分为二、二、三）中“投身”的“身”字声音稍微长些；“革命”二字加重音量，语调升高，“命”字延长；“即为家”三字渐渐下降，“即为”二字短些，“家”字轻放延长。第二行“血雨腥风/应有涯”（为四、三）中“血雨腥风”读得低沉，加强力度，“风”字延长；“应有涯”三字升高，“应有”二字放轻，“涯”字稍降并延长。第三行“取义成仁/今日事”（为四、三）中“取义成仁”读得高沉，“仁”字延长些；“今日事”三字轻低，“今日”读得短些，“事”字延长些。第四行“人间/遍种/自由花”（为二、二、三）中“人间”的“间”字稍长；“遍种”二字低轻，“种”字延长些；“自由花”三字升高加重，“花”字延长，把感情推向高潮。这四行诗中，一和三行后有个间歇，二和四行后有个停顿。还要注意行末和句末的吐字收音归韵，使诗读来声音和谐，韵律优美，以声传情，诗味盎然，把诗人的广阔胸怀和高风亮节，充分地体现出来。③

---

① 范惠凤：《播音——陈醇的第二生命》，《播音主持艺术》（4），北京广播学院出版社，2002 年 1 月第 1 版，第 73 页。

② 张书玷：《声情之树长绿》，《播音主持艺术》（4），北京广播学院出版社，2002 年 1 月第 1 版，第 43 页。

③ 陈醇：《情真意深读诗篇——读〈梅岭三章〉有感》，《汉语拼音小报》，1984 年 7 月 20 日。

二

陈醇在谈到诗歌朗诵的时候说：古诗有五言诗七言诗，现代诗歌还有自由体诗，不同时代、不同类型的诗歌，应该怎么去把握呢？比如唐代诗人杜牧的《山行》，是一首描写和赞美深秋山林景色的七言绝句。诗人在深秋时节登山赏景，沉醉于这如诗如画的美景之中，于是写就此诗以抒怀。

山 行

唐 杜牧

远上寒山石径斜，白云生处有人家。
停车坐爱枫林晚，霜叶红于二月花。

“远上寒山石径斜”，由下而上，一条石头小路蜿蜒曲折地伸向充满秋意的山峦。“寒”字点明深秋时节，“远”字写出山路的绵长，“斜”字照应句首的“远”字，写出了高而缓的山势。由于坡度不大，故可乘车游山。

“白云生处有人家”，诗人的目光顺着这条山路一直向上望去，在白云飘浮的地方，有几处山石砌成的石屋石墙。这里的“人家”照应了上句的“石径”，“石径”就是那几户人家上上下下的通道。这样就把两种景物有机地联系在一起了。白云仿佛从山岭中生出，飘浮缭绕，既可见山之高，又表现云之淡白与山之苍翠相映衬，点染出明快色调。诗人用横云断岭的手法，让这片片白云遮住读者的视线，却给人留下了想象的空间：在那白云之上，云外有山，一定会有另一种景色。

对这些景物，诗人只是在作客观的描述。虽然用了一个“寒”字，也只是为了逗出下文的“晚”字和“霜”字，并不表现诗人的感情倾向。它毕竟还只是在为后面的描写蓄势——勾勒枫林所在的环境。“停车坐爱枫林晚”便不同了，倾向性已经很鲜明，很强烈了。那山路、白云、人家都没有使诗人动心，这枫林晚景却使得他惊喜之情难以抑制。为了要停下来领略这山林风光，竟然顾不得驱车赶路。前两句所写的景物已经很美，但诗人爱的却是枫林。通过前后映衬，已经为描写枫林铺平垫稳，蓄势已足，于是水到渠成，引出了第四句，点明喜爱枫林的原因。

“霜叶红于二月花”是全诗的中心句。前三句的描写都是在为这句铺垫和烘托。诗人为什么用“红于”而不用“红如”？因为“红如”不过和春花一样，无非是装点自然美景而已；而“红于”则是春花所不能比拟的，不仅仅是色彩更鲜艳，而且更能耐寒，经得起风霜考验。

这首小诗不只是即兴咏景，进而咏物言志，是诗人内在精神世界的表露，志趣的寄托，因而能给读者启迪和鼓舞。

陈醇对“停车坐爱枫林晚，霜叶红于二月花”这句诗的理解，不仅仅在于诗人杜牧所描画的是一幅层林尽染的黄昏美景，托出了令人神往的境界，还要领会诗句中所蕴含着的深刻哲理，因此在朗诵的时候，应该对诗句进行适当的切割，这样才能够让意思比较清楚，注意了这些诗句间的“切”和“联”，做到“声断意不断”，就会在朗诵时一咏三叹，赋予诗句以意味。

谈到韵味和节奏，陈醇又提到臧克家《有的人》中“有的人活着他已经死了，有的人死了他还活着”，以及诗的最后“他活着别人就不能活的人，他的下场可以看到”那几句，他认为如果朗读者把诗中每一行都朗诵得给人感觉是一行一行差不多的话，就失去了诗歌本身所蕴含的味道了，朗读时应该有节奏的变化、速度的变化。

三

陈醇觉得诗的语言比较精练，表情达意，所以读来每个字都要把握得十分准确。他不像有的小说在叙述的过程中有的文字可以一带而过，但诗就办不到了，每个字都得清读。① 陈醇认为现在有些人读诗就有这方面的问题，比方说毛泽东写于1935年的《七律·长征》，这首诗是记叙二万五千里长征这一震惊全球的历史事件的革命史诗，不仅以精练之笔高度概括了红军夺关杀敌的战斗历程，而且用革命的激情艺术地、形象地表现了红军战士不屈不挠、英勇顽强的大无畏气概和革命乐观主义精神。

七律·长征

毛泽东

红军不怕远征难，
万水千山只等闲。
五岭逶迤腾细浪，

① 根据笔者2005年8月8日对陈醇访谈记录整理。

乌蒙磅礴走泥丸。
金沙水拍云崖暖，
大渡桥横铁索寒。
更喜岷山千里雪，
三军过后尽开颜。

《七律·长征》作于红军战士越过岷山后，长征即将胜利结束前不久的途中。作为红军的领导人，毛泽东在经受了无数次考验后，曙光在前，胜利在望，他心潮澎湃，满怀豪情地写下了这首壮丽的诗篇。

“红军不怕远征难，万水千山只等闲。”首联开门见山赞美了红军不怕困难，勇敢顽强的革命精神，这是全诗的中心思想，也是全诗的艺术基调，也是全诗意境之所在。“不怕”二字是全诗的诗眼，“只等闲”强化、重申了“不怕”；“远征难”概括了这段非凡的历程，“万水千山”则概写了“难”的内外蕴涵。这一联如高山坠石，滚滚而下，笼罩着全诗。“只等闲”举重若轻，显示了诗人的统帅风度。“只”加强了坚定的语气，它对红军蔑视困难的革命精神作了突出和强调，表现了红军在刀剑丛中从容不迫、应付自如、无往不胜的铁军风貌。首联是全诗的总领，以下三联则紧扣首联展开。

全诗展开了两条思维线，构造了两个时空域，一个是客观的、现实的：“远征难”，有“万水千山”之多之险；一个是主观的、心理的：“不怕”“只等闲”。这样就构成了强烈的对比反衬，熔铸了全诗浩大的物理空间和壮阔的心理空间，奠定了全诗雄浑博大的基调。

颔联、颈联四句分别从山和水两方面写红军对困难的战胜，按照红军长征的路线，选取了四个著名的天险，高度概括红军长征途中的“万水千山”，所以描写红军是隐态的，借山水来反衬红军的壮举。“腾”“走”两个动词使山化静为动，是红军精神的外显。

“五岭逶迤腾细浪，乌蒙磅礴走泥丸。”由于有“不怕远征难”的精神，绵亘于江西、湖南、广西等之间“逶迤”的、峰峦起伏的五岭，在红军的脚下，只不过像河里泛起的细浪；气势“磅礴”，广大无边的乌蒙山，在红军的脚下，只不过像滚动的“泥丸”。诗人不写红军之动，而写五岭、乌蒙山之动，这种变静为动的艺术表现手法丰富了诗句的内涵，增强了表达能力。

“金沙水拍云崖暖，大渡桥横铁索寒。”颈联这两句是写金沙江，写大渡河上的泸定桥，其实是写红军所进行的巧渡金沙江、飞夺泸定桥的战斗。颈联两句虽然只是写江之险、桥之险，但红军坚韧不拔，英勇顽强，所挡者破，所击者败的英雄形象，却从侧面得到了表现。“暖”字温馨喜悦，表现的是战胜困难的激动；“寒”字冷峻严酷，传递的是九死一生后的回味，含不尽之意于其中。

“更喜岷山千里雪，三军过后尽开颜。”是对首联的回应。开端言“不怕”，结尾压“更喜”，强化了主题，升华了诗旨。“更喜”承上文而来，也是对上文的感情收束。“尽开颜”这是最后胜利即将到来的欢笑，以此作结，进一步凸显了全诗的乐观主义精神。

陈醇在分析这首诗的时候说：诗句“红军不怕/远征难”，很多人都读成“四三”的句子。你说他错不错，也不能说他错，但意思就不对了。应该是“红军/不怕远征难”，处理成“二五”的句子，第二句“万水千山只等闲”又是“三四”的句子，那你怎么办？你只能“二二三”。“红军/不怕远征难，万水/千山/只等闲”这样来调整，从节奏变化上给他把诗的韵味读出来。很多人都读不好毛泽东的《沁园春·雪》中的“惜秦皇汉武略输文采，唐宗宋祖稍逊风骚”这句诗，这个“唐宗宋祖”我们应该是肯定他而不是否定他，肯定他这个人但是又觉得他还有不足，因此毛泽东又说“数风流人物还看今朝”。另外，朗诵毛泽东的诗歌还要注意他诗歌里面的“韵”，他的湖南话应该怎么念，很多人不知道，所以我觉得朗诵他的诗歌呢，主要是“情”要把握得准，另外“节奏”很重要。①

四

谈到诗歌朗诵的节奏，陈醇的认真程度不亚于诗人创作的讲究程度。

《有的人》这首短诗，自1949年发表以来，一直受到广大读者的喜爱。这首诗的生命力如此强盛，究其原因应该是它对一个革命人生观的形成有着普遍意义。人为什么活着？不同人生观，立场不同，就有两种看法。以鲁迅为代表的人生观，就是为人民服务——就是“俯首甘为孺子牛”，鞠躬尽瘁，死而后已，就是革命者的人生观。与此相反，一切为自己，以别人——特别是广大劳动人民——的利益作牺牲的人生观，都应当为我们所唾弃。《有的人》表面上并没有人生哲学的说教，是因为作者巧妙地运用对比手法，判若天渊的爱憎让它隐了形，这便是此诗的高明之处。陈醇谈到对于这首诗的朗诵有很多心得，他说：你别一开始“有的人活着他已经死了；有的人死了他还活着”，就是一个高

① 根据笔者2005年8月8日对陈醇访谈记录整理。

调，你这时候语调应该下来了。这个“活着”是帽子。后面呢?“有的人骑在人民的头上：‘呵，我多伟大!’”这是反的。“有的人情愿作野草，等着地下的火烧。”这时候你的语气应该加重了。“有的人把名字刻入石头想‘不朽’；有的人情愿作野草，等地下的火烧。”诗的后面那句“他活着别人就不能活的人，他的下场可以看到”这跟前面那句“有的人活着别人就不能活”就不一样了，这时候，态度就要更清楚啦。“他活着为了多数人更好的活的人，群众把他抬举得很高，很高。”后面就是一种强烈对比，褒扬与批判的鲜明对比了。“骑在人民头上的，人民把他摔垮，给人民做牛马的，人民永远记住他!”像这种节奏的变化一定要在朗诵创作时仔细体味。这首诗我读过多遍，也演出了多遍。给我的印象最深的，粉碎“四人帮”以后再朗读这首诗，脑子也不知怎么，突然觉得那句“有的人活着他已经死了”，指的就是“四人帮”；“有的人死了他还活着”，这就是周恩来。我这脑子里好像马上就对上了。其中的情感怎么说呢，也不是自己故意去唤醒一个什么记忆或者一个具体的人，这是时代背景唤醒的，就很自然的联想到了现在：有的人怎么打也打不倒，有的人怎么捧也捧不起来……就是作者创作的时候有创作背景，当播读的时候又有播读的背景。有的诗就是这样才能流传百世，比如《乡愁》也是没几句，但就能流传下来。①

还有《再别康桥》特别能体现出徐志摩“新月派”诗歌的特点，全诗共七节，每节四行，每行两顿或三顿，不拘一格而又法度严谨，韵式上严守二、四押韵，抑扬顿挫，朗朗上口。这优美的节奏像涟漪般荡漾开来，契合着诗人感情的波动，有一种独特的审美快感。徐志摩非常推崇闻一多“音乐美”“绘画美”“建筑美”的诗学主张，《再别康桥》可以说是“三美”俱备，而尤重“音乐美”。他甚至在《诗刊放假》中写道：明白了诗的生命是在它的内在的音节（internal rhythm）的道理，我们才能领会到诗的真的趣味；不论思想怎样高尚，情绪怎样热烈，你得拿来彻底地“音乐化”（那就是诗化），才能取得诗的认识。《再别康桥》七节诗错落有致地排列，韵律在其中徐行缓步地铺展，正体现了徐志摩的诗美主张。

五

陈醇有一首配乐古诗朗诵录音作品，是白居易的《琵琶行》，在这首配乐朗诵中，陈醇既需要表现出诗作的韵味和节奏，同时还要兼顾与琵琶乐曲的和谐，

① 根据笔者 2005 年 8 月 8 日对陈醇访谈记录整理。

这就是一次“戴着镣铐舞蹈”般的配乐朗诵。

元和十一年（公元816年）秋天，白居易被贬江州司马已两年，在浔阳江头送别客人，偶遇一位年少因艺技红极一时，年老被人抛弃的歌女，心情抑郁，结合自己的路途遭遇，用歌行的体裁，创作出了这首著名的《琵琶行》。

琵琶行

唐　白居易

浔阳江头夜送客，枫叶荻花秋瑟瑟。主人下马客在船，举酒欲饮无管弦。醉不成欢惨将别，别时茫茫江浸月。

忽闻水上琵琶声，主人忘归客不发。寻声暗问弹者谁，琵琶声停欲语迟。移船相近邀相见，添酒回灯重开宴。千呼万唤始出来，犹抱琵琶半遮面。转轴拨弦三两声，未成曲调先有情。弦弦掩抑声声思，似诉平生不得志。低眉信手续续弹，说尽心中无限事。轻拢慢捻抹复挑，初为《霓裳》后《六幺》。大弦嘈嘈如急雨，小弦切切如私语。嘈嘈切切错杂弹，大珠小珠落玉盘。间关莺语花底滑，幽咽泉流冰下难。冰泉冷涩弦凝绝，凝绝不通声暂歇。别有幽愁暗恨生，此时无声胜有声。银瓶乍破水浆迸，铁骑突出刀枪鸣。曲终收拨当心画，四弦一声如裂帛。东船西舫悄无言，唯见江心秋月白。

沉吟放拨插弦中，整顿衣裳起敛容。自言本是京城女，家在虾蟆陵下住。十三学得琵琶成，名属教坊第一部。曲罢曾教善才服，妆成每被秋娘妒。五陵年少争缠头，一曲红绡不知数。钿头银篦击节碎，血色罗裙翻酒污。今年欢笑复明年，秋月春风等闲度。弟走从军阿姨死，暮去朝来颜色故。门前冷落鞍马稀，老大嫁作商人妇。商人重利轻别离，前月浮梁买茶去。去来江口守空船，绕船月明江水寒。夜深忽梦少年事，梦啼妆泪红阑干。

我闻琵琶已叹息，又闻此语重唧唧。同是天涯沦落人，相逢何必曾相识！我从去年辞帝京，谪居卧病浔阳城。浔阳地僻无音乐，终岁不闻丝竹声。住近湓江地低湿，黄芦苦竹绕宅生。其间旦暮闻何物？杜鹃啼血猿哀鸣。春江花朝秋月夜，往往取酒还独倾。岂无山歌与村笛？呕哑嘲哳难为听。今夜闻君琵琶语，如听仙乐耳暂明。莫辞更坐弹一曲，为君翻作《琵琶行》。感我此言良久立，却坐促弦弦转急。凄凄不似向前声，满座重闻皆掩泣。座中泣下谁最多？江州司马青衫湿。

这首脍炙人口的现实主义杰作以人物为线索，既写琵琶女的身世，又写诗人的感受，交汇于“同是天涯沦落人”一句。歌女的悲惨遭遇写得很具体，算是明线；诗人的感情渗透在字里行间，随琵琶女弹的曲子和她身世的变化而荡起层层波浪，可算是暗线。这一明一暗，一实一虚，使情节波澜起伏。它所叙述的故事曲折感人，抒发的情感能引起人的共鸣，语言美而不浮华，精而不晦涩，内容贴近生活而又有广阔的社会性。

朗诵这样一首艺术性是很高的经典作品，需要把握住其鲜明的艺术特色：首先，把歌咏者与被歌咏者的思想感情融二为一，二者相互倾诉，命运相同、息息相关；其次，写景物、音乐的语言生动形象，与写身世、抒悲慨的诗句紧密结合，气氛一致，自始至终贯穿着悲凉哀怨的基调；再次，诗作语言凝练精妙、高度概括、简洁灵活，诸如“千呼万唤始出来，犹抱琵琶半遮面”“别有幽情暗恨生，此时无声胜有声”“门前冷落车马稀，老大嫁作商人妇”“夜深忽梦少年事，梦啼妆泪红阑干”“同是天涯沦落人，相逢何必曾相识”等名句脍炙人口，耳熟能详。

第一部分着重表现江上送客，忽闻琵琶声，为引出琵琶女而铺垫。

从“浔阳江头夜送客”至“犹抱琵琶半遮面”，叙写送别宴无音乐的遗憾，邀请商人妇弹奏琵琶的情形，细致描绘琵琶的声调，着力塑造了琵琶女的形象。

首句“浔阳江头夜送客”，陈醇通过诗句铺陈的七个字，将地点“浔阳江头”、时间“夜”、事件“送客”，以及人物“客”等内容，以淡入、平缓的声音平铺直叙地完成了概括性的表达，为全诗后面的叙事做好了铺垫。对“枫叶荻花秋瑟瑟”一句的处理，陈醇深谙此句对环境的烘托效果，以低缓沉郁的表达着重渲染秋夜送客的萧瑟落寞之感，正因为氛围的萧瑟，反衬出“举酒欲饮无管弦”的落寞。“无管弦”三字，既为琵琶女的出场和弹奏作铺垫，又与后面第四部分的“终岁不闻丝竹声”相呼应。因“无管弦”而“醉不成欢惨将别”，铺垫已十分有力，再用“别时茫茫江浸月”做进一步的环境烘染，陈醇在朗诵这两句时，情绪并没有继续往前推进或者往上昂扬，而让语势随着情境的氛围，渐次低落下来，在三言两语之间便为全诗奠定了一个沉郁的基调，同时语势上落下的收束感，与下面琵琶女的出场时“未见其人先闻其声”产生一个强烈的反差，为后面的叙事做了铺垫，就使得下一句“忽闻水上琵琶声”被反衬得具有强烈的空谷足音效果。于是，也就难怪“主人忘归客不发”，要“寻声暗问弹者谁”“移船相近邀相见”了。

诗歌的叙事从“夜送客”之时的“秋萧瑟”“无管弦”“惨将别”的萧瑟落寞，转为“忽闻”“寻声”“暗问”“移船”，直到“邀相见”，对琵琶女的出场做足了喜剧性的铺垫，确实可以说是“千呼万唤”了。陈醇在朗诵这几句时，按照叙事发展的顺序，将这一系列人物的行为以颇具视觉效果的画面一一展现，通过节奏的变化和主观视角，让这一系列情节从听觉上能形象地感受到电影镜头般的视觉剪辑效果，不能不说语言功力之深厚。“移船相近邀相见，添酒回灯重开宴。”一句，陈醇陡然提高了声调，将这种听到动人琵琶曲而产生的意外惊喜，以一种盎然的情绪调动表现出来，为叙事的表达增加了很多变化和色彩。然而“邀相见”并不那么容易，还要经历一个“千呼万唤”的过程，琵琶女才肯“出来”，对于这些并未完全由诗句点破的原因，陈醇以一种行将娓娓道来的语调辅以表达，让这一细节更具吸引力。并不是因为琵琶女在意自己的身份，这倒可以通过诗句中“琵琶声停欲语迟”“犹抱琵琶半遮面”几句生动形象的肖像描写暗示出琵琶女有她自己的难言之隐。陈醇在朗诵时对琵琶女出场过程的细致表达，让听者对未见其人先闻其琵琶声、未闻其语先已从曲调表露出其内心之隐痛充满了好奇，为后面情节的发展造成一些悬念做了很好的铺垫。

第二部分着重表现琵琶女及其演奏的琵琶曲，生动地揭示了琵琶女的内心世界。

琵琶女因“平生不得志”而“千呼万唤始出来”，又通过琵琶声调的描写，表现琵琶女的高超弹技。粗弦沉重雄壮如“急雨”，细弦细碎如“私语”，清脆圆润如大小珠子落玉盘，又如花底莺语，从视觉和听觉角度描述。“弦弦掩抑声声思”以下六句，总写“初为《霓裳》后《六幺》”的弹奏过程，其中既用“低眉信手续续弹”“轻拢慢捻抹复挑”描写弹奏的神态，更用“似诉平生不得志”“说尽心中无限事”概括了琵琶女借乐曲所抒发的思想情感。此后十四句，在借助语言的音韵摹写音乐的时候，兼用各种生动的比喻以加强其形象性。“大弦嘈嘈如急雨”，既用“嘈嘈”这个叠字词摹声，又用“如急雨”使它形象化。“小弦切切如私语”也是如此。诗人觉得这些描述还不够，“嘈嘈切切错杂弹”已经再现了“如急雨”“如私语”两种旋律的交错出现，再用“大珠小珠落玉盘”进一步使其形象化，这样一来视觉形象与听觉形象同时显露，令人一时视听感官为之震撼，应接不暇。琵琶演奏的旋律继续变化，出现了先“滑”后“涩”的两种意境。“间关”之声轻快流利，而这种声音又好像“莺语花底”，通过视觉形象之美来强化听觉感受之妙。“幽咽”之声，悲抑哽塞，而这种声音又好像“泉流冰下”，以视觉感受强化听觉感知。由“冷涩”到“凝绝”，表现的是“声渐歇”的过程，诗人用“别有幽愁暗恨生，此时无声胜有声”的佳句描绘了余音袅袅、余意无穷的艺术境界。弹奏至此，本以为演奏结束，谁知那“幽愁暗恨”终究难以压抑，于是如“银瓶乍破”、水浆迸飞，如“铁骑突出”、刀枪鸣响，把“凝绝”的暗流陡然推向又一个高潮，随即曲终收拨，如“裂帛”一声戛然而止。然而一曲虽终，而回肠荡气、惊心动魄的琵琶演奏的高超技巧和无尽魅力却并没有消失。在这一段表现琵琶女精湛演奏技艺的段落里，陈醇通过节奏的快慢变化、气息的强弱控制、吐字的轻巧喷弹，以及情绪的起伏变化和语言的形象生动，将琵琶女演奏时用手指叩弦的“拢”，用手指揉弦的“捻”，顺手下拨的“抹”，反手回拨的“挑”等娴熟自然的动作表现得惟妙惟肖、活灵活现。之后诗人又用“东船西舫悄无言，唯见江心秋月白”的环境描写做侧面烘托，陈醇在表达这两句的时候，同样通过下行的语势，在收束感中继续保持情感和气息的运动，这种声断气不断的技巧运用，与诗句的意境相得益彰，为听者留下了隽永回味的广阔空间。

第三部分记叙琵琶女所述身世。

从“沉吟放拨插弦中”至“梦啼妆泪红阑干”：诗人以文字代商妇诉说身世，由少女到商妇的经历，亦如琵琶声的激扬幽抑。曲终之后，略去了关于身世的询问，而用两个描写肖像的句子向“自言”过渡：“沉吟”的神态，显然与询问有关，这反映了她欲说还休的内心矛盾；通过“放拨”“插弦中”和“整顿衣裳”“起”“敛容”等一系列动作表情，表现出琵琶女克服矛盾、意欲一吐为快的心理活动。“自言”以下，用如怨如慕、如泣如诉的抒情笔调，为琵琶女的半生遭际勾勒了令人动容的生动图景，与“说尽心中无限事”的琵琶乐曲交织在一起，共同完成了琵琶女曲折动人的形象塑造，这一形象塑造得生动真实，颇具代表性和典型性，琵琶女的遭际也深刻地反映了封建社会中无数被侮辱、被损害的乐伎、艺人以及其他底层女性的悲惨命运。

第四部分着重抒写诗人深沉的感慨。

从“我闻琵琶已叹息”到最后一句“江州司马青衫湿”共二十六句，除了抒写了诗人贬官九江以来的孤独寂寞之感，还从中感慨自己的身世，抒发与琵琶女的同病相怜之情。诗人和琵琶女都是从繁华的京城沦落到这偏僻处，诗人的同情中又饱含叹息自己的不幸，“似诉生平不得志”的琵琶声中也诉说着诗人的心中不平。陈醇的朗诵当中，能够鲜明地感受到诗人感情的波涛为琵琶女的命运所激动，由此而发出了“同是天涯沦落人，相逢何必曾相识”的感叹，陈醇在处理这两句的表达时，特别强调了“同是”“何必”二词，难以抑制地表达了同病相怜、同声相应、惺惺相惜的情怀，同时朗诵这段诗句时陈醇依据诗韵明快，步步映衬的诗作特点，声音、气息和节奏的变化能够随着感情的起伏而收放有度、轻重缓急，一气呵成、感人肺腑。

听完陈醇的这一版琵琶配乐的《琵琶行》朗诵，很多人听来都觉得很不错，可是陈醇自己感觉并不理想，他认为这次配乐朗诵是“戴着镣铐的舞蹈”。其实琵琶配乐朗诵版的《琵琶行》是这样诞生的：上海民族乐团的张晓风创作了这曲琵琶协奏曲，后来为了舞台演出希望陈醇能够完整地全文朗诵这首名诗，但是毕竟音乐的艺术表达规律和语言艺术的表达规律有很大的不同，陈醇在录制的时候需以音乐表现为主、语言表现为辅，因此在朗诵的时候尽量就着协奏曲演奏而不能完全遵循自己对诗歌本身的理解进行二度创作。不过，尽管如此，还是最大限度地在乐曲旋律与诗歌之间找到了平衡，既保证了乐曲演奏与呈现的完整，也表现出了诗歌本身的情感、意境、韵味和节奏。所以，陈醇特别有感触地强调：对诗歌朗诵的诠释和表达一定要有自己的准确理解才能恰切地把握好节奏，从而朗诵出诗歌的韵味，不能因为要去“迎合”什么，或者去“就”什么，而违背了朗诵创作的本身原则。

图 5-4 陈醇 2019 年 1 月参加“放歌新时代——朗诵雅集”，获得第五届“朗诵艺术贡献奖”

（获此荣誉的个人从左向右分别是：著名播音艺术家陈醇，著名播音艺术家葛兰，中国第一代电视工作者陈铎 人民网尹星云摄）

陈醇在诗歌朗诵中对节奏的把握达到了“快而不乱，慢而舒展，抑扬顿挫，运用恰当”的境界，让听他朗诵的人在感受到了诗歌意境的同时也体验到了诗歌的韵味以及诗歌特有的韵律美，这正是诗歌朗诵带给人们的审美体验。

第六章　陈醇解说配音艺术

陈醇几十年的播音生涯中曾经参与了大量的专题片的解说工作，其中既有广播专题，也有电视专题，还有很多舞台演出的解说，也参与过电视剧的旁白解说、动画片的配音等语言艺术创作活动。

陈醇在谈到专题片解说的体会时说：专题分为很多种，但是我大量参与的是不出图像的解说。我所指的解说，是除了现场报道之外，专题类节目的解说，这个呢，也可以出图像，也可以不出图像，这个里面我觉得有很多东西值得琢磨，为什么呢？因为不同的内容、不同的场合、我们解说人不同的身份，要求你解说的都是不一样的。什么叫不同内容呢，因为有的是讲历史的，有的是讲文艺方面的，有的是讲人物的等等，内容都不一样。不同场合，就是说有的时候解说人在现场，有的时候解说人没有去参加现场的采制，回来后做后期，有的要求解说员呢用第一人称或者第三人称。① 陈醇觉得，不管哪种类型的解说，归结起来主要有三个要点，就是要对所解说的内容吃透，要抓住解说对象的特点，最后解说者还要明确自己在解说中的身份问题。

---

① 根据2005年11月26日陈醇访谈记录整理。

第一节　吃透内容，重在理解

对于专题的解说，陈醇觉得其实和所有的有声语言艺术创作的规律都一样，首要的一点就是要对创作客体有一个深入细致的理解和感受，有了这个充分的准备才有可能把专题解说工作做好，所以说把解说内容吃透，是解说好专题的关键和基础。

陈醇在专题解说方面一直主张解说者首先要对解说的内容进行提前的了解和把握，如果不知道内容他就会常常觉得无法开口。陈醇认为，现在很多节目的解说，没有特色，有的人解说专题片每次都一个味道，语言和节奏都是一样的，没有什么变化。因此，他猜测这是不是由于解说者创作初期没有很好地做准备造成的呢？陈醇说："现在很多时候有人找我来录制专题片的时候，也是对我说不用看了，来了直接录就行了，我对他们说：对不起，这可不行，我要备稿，我必须提前看好，要了解和熟悉一下这些内容，要不然弄不好出洋相了都不知道，不这么做就是违背我们正确地创作道路啊！"①

一

陈醇曾经担任过三集电视专题片《京剧武功艺术欣赏》的解说，他说：这个专题片的第一集叫作"一招得来费春秋"，就是说武功"打"这一招，可不是一朝一夕就能练得成的，是"台上一分钟台下十年功"的意思，第二集叫作"武打中的靶子功"，第三集叫作"惊心动魄的'毯子功'"。如果你对京剧一点也不了解，对武戏一点也没有感情，你怎么去读它呢？你又怎么去解说呢？当然我们不是京剧专家了，但是我们起码在做这个解说的时候要培养对京剧的爱好、对武戏的爱好，而且对讲的这些东西要充分地了解好、准备好，不准备好就无法担任解说了。京剧的武功引人入胜、扣人心弦，武功表现了京剧艺术的高度技巧，所以这个一招一式呢，同样一个起霸、同样一个亮相、同样一个跑圆场、同样一个踢腿……演员都不是一天两天能够把握的，所以我们在解说之

① 根据2005年11月26日陈醇访谈记录整理。

前，一定要对内容进行准备。① 陈醇从小就对京剧耳濡目染，因此对京剧的兴趣和了解可能比一般的播音员要多，他在解说这部专题片的时候，丝毫没有因为自己对京剧相对熟悉而放松对专题内容的认真准备，所以陈醇最终在片中的解说不但让人信服，而且他细致入微、丝丝入扣的解说，把受众带入了一个个生动形象的京剧武功场面，和整个专题片形成了一个有机的整体。

陈醇担任解说的广播录音专题《幕后英雄》，为听众介绍了戏曲舞台上鲜为人知的幕后工作者，让普通听众对戏曲舞台表演幕后默默无闻的工作和工作者有所了解。

听众们，提起上海青年京昆剧团，你不会感到陌生吧，也许你还欣赏过他们精彩的表演！是啊，这批新人里面生旦净末丑，各个行当都不乏有才华的人！

（同期声：锣鼓声）

可是，今天打算介绍的却不是在舞台上抛头露面的演员，而是一些幕后的英雄。管理道具和司幕是一件麻烦而又重要的工作。嗯，就拿他们现在演出的《杨门女将》来说，大小道具少说也有几百件，光刀枪靶子就摆满了后台道具间，就像个古代军火库。不过这些刀枪剑戟，不能随便儿乱放，否则演员拿错了，就会在演出的时候儿造成笑话儿。更不能短少一件，舞台上每一件道具都有它不同的用处，有时候儿道具还能做戏。

（同期声：京剧唱段）

就说这把金刀吧，在《校场点兵》这场戏当中用处可大了，当舞台上金光一闪，整个场子的注意力都被吸引到这把金刀上来。要是这场戏少掉这把金刀，成吗？从这里可以看到道具的重要性。管理道具工作一点儿也不能疏忽，要不就是演出受影响。同样的在后台管理服装、盔帽和化妆工作也都重要，特别是化妆，不仅工作复杂，而且还是一件细致的艺术工作。比如说《杨门女将》里的柴郡主与穆桂英同样是花旦，但是一位是婆婆，一位是媳妇，年纪不同，人物气质也不一样，这都得从化妆上区别开来。

（同期声：京剧唱段）

不错啊，柴郡主是皇家贵族出身，而穆桂英是山寇之女，从化妆上就显出不同的人物身份来。

---

① 根据2005年11月26日陈醇访谈记录整理。

（同期声：京剧唱段）

亲爱的听众，如果没有这些后台工作者的辛勤劳动，舞台上的英雄就会失去鲜艳的光彩了。我们敬佩这些不露面的幕后英雄，同时也祝贺他们新生一代的成长！我们愿牡丹开得更艳丽，也愿扶持它的绿叶长得更鲜美！

（选自《艺坛先声——著名播音艺术家陈醇广播作品选》）

这一节目的主要受众是那些对戏曲感兴趣而又不甚专业的广播听众，所以在语言的运用和表达上，力求通俗易懂，除了将戏曲专业知识深入浅出地讲清楚，在语言表达上也尽量选取更适合听觉辨识、易于理解且不产生歧义的口语词汇和表达方式。

陈醇在这一节目的解说当中，首先就是将节目内容做了充分的准备，当然这些关于戏曲，尤其是关于京剧的内容，陈醇打小就感兴趣，他出生和成长的北京高碑胡同能接触到很多著名的戏曲演员，像京剧南派名家小达子李桂春以及其子李少春、赵燕侠、雪艳琴等京昆名角儿。陈醇曾说："我就是在这种环境下耳濡目染，京昆艺术中那熠熠闪光的语言文化让我如痴如醉……"① 加之多年从事播音工作的积淀，对于节目当中的这些内容来说应该说是能驾轻就熟的。其次就是对象感的确定，在节目当中，陈醇以一种近乎专家和朋友交流似的方式进行内容的介绍，将专业知识讲解得通俗易懂的同时，更增加了与听众之间交流的亲切感。还有在语言上尽量避免了太专业或者太书面语的用语，使用了很多日常口语中常见的语言方式，比如节目一开始就用一个问句"提起上海青年京昆剧团，你不会感到陌生吧"来作为这期节目的起始，还有举例子的时候用"嗯，就拿他们现在演出的《杨门女将》来说"里的"嗯"字，好像若有所思，边想边说，再比如用一种假设句的句式"要是这场戏少掉这把金刀，成吗?"体现出一种循循善诱，引起听众的兴趣。同时在节目当中还将很多词"儿化"处理，比如"时候儿""笑话儿""一点儿"等等，非常符合北方方言口语化的特点。

陈醇在解说《幕后英雄》时，除了这些语言表达上的特点，更为重要的就是对戏曲艺术舞台表演中幕后一些工作的介绍。为了介绍"管理道具"和"司幕"的重要，用《杨门女将》来举例，将后台形象地比喻成"古代军火库"；比如也非常重要的"盔帽"和"化妆"，就用同样是花旦，但是身份与出身有

---

① 路欣：《根植在大众艺术中》，《为了孩子》1993 年第 12 期，总第 144 期，第 1 页。

区别的柴郡主和穆桂英来举例等等。像这样的内容，要想解说得通俗、晓畅，就必须做大量的相关知识的了解和准备，虽然我们并不一定需要让解说者必须是专家和学者，但是解说者若能做到心中有数、了如指掌，那么在解说中就能更好地体现出专业性和权威性。

二

由陈醇担任解说的录制于1962年的录音专题《心脏停止跳动以后》，在当时具有很强的医学科学和心脏外科的科学性和专业性，就是放在当下，相关的专业知识对很多人来说也并不熟悉。所以在短短几分钟内，如何让听众感兴趣且听得懂，解说者除了要在语言表达上下功夫，最重要的工作就是如何将内容吃透，还要先于听众对内容理解得深入。

亲爱的听众，今天我们听一听本台记者沈木兰制作的录音报道《心脏停止跳动以后》。

心脏停止跳动就意味着一个人的死亡，这是大家都知道的常识了，可是亲爱的听众，你知道吗？现在的医学科学已经发展到了这个地步了，可以叫人的心脏停止跳动半个钟头、一个钟头，甚至于再多一点儿的时间。以便医生把心脏切开，把心脏里面的毛病治好，然后缝好心脏，使它再恢复跳动，你觉得奇怪吗？这是我最近亲眼看到的事实呢。

前几天我在中山医院就看到了一次这样的手术。在医生的许可下，我换了一身消毒衣，戴上了口罩、帽子，穿了手术室专用的白跑鞋，然后才走进手术室。胸外科专家徐美鑫、万德兴、林宏琛医生等和护士们正在给一个姓茂的男病人动心脏手术呢。他们把病人的体温从正常的摄氏37度降到20度以下，使他的新陈代谢减慢，氧的消耗量减低，同时装上人工心肺机，让它代替病人的心和肺进行血液循环，这一切准备工作做好之后，医生们就使心脏停止跳动，并且切开无血的心脏。这时候手术室里很安静，只有手术器械碰击的清脆声音，偶尔主刀医生也做一些只有两三个字的简要指示。我在旁边儿看着，心情很紧张，可是医生和护士却是那么有把握，操作起来是那么熟练，十几个人配合得就像是一个人的左右手一样。经过200多分钟的仔细、认真和紧张的手术，这个病人心脏的病变部分就全部治疗好了。当我看到病人剖开的胸膛完全缝起来以后，才深深地舒了一口气啊。原来据了解，在这个医院里，这样的手术他们已经做过70多次了。

三年前我们还没有人工心肺机，医生对于许多需要切开心脏来治疗的复杂的心脏病人，真是心有余而力不足啊，当时徐美鑫医生深深地感到苦恼。在上海市卫生局和上海第一医学院党委的领导和鼓励下，徐美鑫和科里的医生大胆地设想：能不能自己动手来做一架目前在国际上还是尖端的人工心肺机呢？在中山医院党组织领导和支持下，医生和技工一起发奋图强，经过193次动物实验，终于在1959年庆祝伟大祖国成立十周年的前夕，制成了我国第一架人工心肺机，并且在临床上运用成功了，使我国的心脏外科跃进到了一个崭新的水平。

我们和徐美鑫医生谈起了这架人工心肺机：

(采访同期声)

记者：徐医生啊，现在您在用的这个机器是不是当初那一架？

徐美鑫：现在我们用的机器已经跟五九年的时候不一样了……

（1962年11月1日录音报道《心脏停止跳动以后》节选）

在这个录音专题报道当中，科学和医学知识不但对普通听众来说相对陌生，就是对新闻工作者和担任解说工作的播音员来说也具有一定专业性知识的要求和难度，所以这篇专题报道从稿件的写作上就力求通俗易懂，而在解说这篇报道之前，解说者更需要对相关知识做一些了解，这样才能在解说过程中对普通听众关心的问题着重进行讲解和介绍，真正实现对我国科学技术进步及取得成果的宣传报道效果。

陈醇根据专题报道第一段的内容来确定语言表达的方式。在专题的开始部分，并没有一开始就从介绍心脏手术或者介绍人工心肺机入手，而是通过人们最普遍的常识，引入心脏停止跳动的科学含义，然后进一步介绍在当时难以令人相信的医学技术进步，也就是说让心脏再次恢复跳动，从而引出这篇专题报道记者亲身观察和体验手术过程的详细介绍，所以陈醇抓住稿件谋篇布局的特点，在这第一段的解说当中，也尽量表达出稿件中的两个问题：其一，你知道吗？其二，你觉得奇怪吗？然后紧接着通过“这是我最近亲眼看到的事实呢”来为下面的亲眼所见做好铺垫。在这一段解说当中，陈醇以记者的视角和口吻，以一种激动、兴奋的心情急于将中华人民共和国成立以来心脏手术的新技术新成果告诉广大的听众朋友，所以在表达“你知道吗？”以及“你觉得奇怪吗？”这两个问句的时候，似乎难以掩饰内心的自豪和喜悦。

在接下来一大段，主要是记者亲身体验与亲眼所见的手术情况。在这一段落中，记者详细描述了从进手术室前的准备，一直到手术结束200多分钟时间里的所见所闻，以此来满足听众的好奇心，以及通过翔实的现场体验来告诉听众朋友，这个手术不但是可行的，而且在技术上是非常成熟的，从而为下一段介绍相关技术研发人员和进展情况做铺垫。陈醇在解说这一段落时，主要抓住一些细节的描写，比如进入手术室之前换消毒衣、戴口罩和帽子、穿白跑鞋，还有医生如何将病人体温降下来、换上人工心肺机等等，通过凝练的语言最大限度地让听众了解心脏手术的准备工作，然后就是最为重要的手术过程了，仍然通过言简意赅的描述，将扣人心弦的心脏手术过程描述给听众，这一段里既有记者视角对客观环境与手术过程的描述，也有旁观者观察体验过程的感受和心理描写，这些也是最能够吸引听众，或者说听众最想了解、最感兴趣的重点。陈醇的解说以第一人称视角，将医护人员以及手术过程表述得惟妙惟肖、活灵活现，直到“当我看到病人剖开的胸膛完全缝起来以后，才深深地舒了一口气啊”一句，才让听众也跟着松了口气、放了心。一句简短的“在这个医院里，这样的手术他们已经做过70多次了”道出了这篇报道的主旨：人工心肺机技术及其在心脏手术上的应用在我国已经实现了技术成熟。陈醇的解说，仿佛手术室里的一切和手术过程都能够在脑海中呈现出来，给人以一种身临其境的真实感，非常精准地实现了这篇专题报道所要达到的预期效果。

如果说前两部分主要说的是以第一人称记者视角的观察和体验，那么接下来的段落就是对我国人工心肺机科技攻关技术及成果的客观介绍和报道。这里面既有对科研阶段的简单概括，又有对科研攻关艰辛过程的描述。

这篇专题报道，虽然没有一开始就介绍心脏手术或者介绍人工心肺机，但是作为解说者来说仍然要查阅资料或者向专业人士请教相关的专业知识，以做到心中有数。比如解说者需要了解到人工心肺机属于体外循环装置，由氧合器、血泵和辅助设备组成的设备，这一设备从静脉系统引出静脉血，在体外进行氧合，再经血泵将氧合血输回动脉系统实现心肺转流。还要知道人工心肺机设备主要用于心脏手术的体外循环、肺移植的辅助呼吸、大血管外科手术以及急性呼吸衰竭的辅助治疗等信息，同时还应该了解到我国于1956年开始人工心肺机研制，上海医疗器械厂生产了上海Ⅰ型和Ⅱ型人工心肺机，1958年6月第四军医大学用体外循环为一名6岁男孩做了室间隔缺损的直视修补术并获得圆满成功，7月上海胸外科医院用国产人工心肺机为一名9岁女孩做心内直视手术也获得了成功等等相关内容和信息，有了这些了解和准备，才能在专题制作和播出的时具有时代意义的新闻敏感，从而激发出一种自豪感，准确恰当地把握好解说时的态度和基调。

三

陈醇还为录音专题报道《南京路上无轨电车今天正式通车》做过解说。

提起上海的电车，人们的脑海中立马就会浮现出这样的印象："叮叮当，叮叮当"有轨电车穿梭在老上海的大街小巷，身着旗袍的摩登女郎腕挎手袋，款款而上电车的踏板，头戴礼帽的"老克勒"① 侧倚在木长椅的车厢里翻着《申报》，或漫不经心地浏览车窗外的大马路（南京路）。这一幕幕街景，是人们在影视剧作品中常常能看到的画面。

然而在 1963 年的 8 月 15 日，南京路上的有轨电车被国产的无轨电车接替了，当时的广播节目是这样记录这一历史时刻的。

> （同期声：有轨电车铃铛声）
>
> 15 号 0 点 17 分，南京路上最后一列有轨电车离开静安寺车站开向外滩，它宣告了南京路上行驶有轨电车的历史从此结束。
>
> （同期声：有轨电车铃铛声）
>
> 像这样的电车铃声已经在南京路上响了 55 年，南京路上的有轨电车是 1908 年正式通车的，它曾经是英帝国主义吮吸上海人民血汗的千百条吸血管之一。在解放前的几十年里，光是有账可查的就被他们剥削搜刮去 280 多万英镑。解放以后，它回到了人民手里，为沟通城市交通发挥了应有的作用。现在上海工人用自己制造的新式交通工具来代替它了。
>
> （同期声：有轨电车铃铛声）
>
> 南京路上永远结束了这种有轨电车的声音。就在这种声音在南京路上消失三个多小时以后，也就是 15 号清晨 3 点 52 分，第一列崭新的无轨电车，满载乘客从静安寺向南京路进发了。
>
> （同期声：新式无轨电车喇叭声）
>
> 这就是新型无轨电车行驶时的声音，这是中国工人自己制造的车子。这种新式的无轨电车，我们上海工人在几年以前就成批地制造出来，他们

---

① "老克勒"中的"克勒"是外来语，从英语 old white－collar 来，按意思翻译，应为"老白领"是"collar"职员的意思音译过来解释的，也有 class 作等级、阶级解释的。

满载着乘客飞驰在全市各条马路上，行驶在兄弟城市的街道上。现在南京路上也换上了这种新式的交通工具，它将把贯穿市中心的南京路打扮得更加美丽。

（1963 年 8 月 15 日《南京路上无轨电车今天正式通车》节选）

为了对南京路上国产无轨电车正式通车的专题有更深入的了解和体会，陈醇在 1963 年 8 月 14 日夜，由外滩乘最后一班 20 路有轨电车行至静安寺，通宵参加启出轨道铺整马路的劳动，15 日凌晨再乘第一班无轨电车回到静安寺，然后回到电台制作专题报道。

在对这则录音专题进行解说时，同样需要对上海的公共交通历史及现状有所了解，一个城市的公共交通与市民的生活息息相关，是城市当中普通百姓非常熟悉的事物，如果有哪些信息掌握不全面，都不能准确理解和体会广大市民与乘客对电车的感情与态度，所以在对这则专题报道进行解说前，非常有必要对上海的公共交通，尤其是电车的历史与发展有清楚的认知，否则难以体会并激发出应有的感情基调。

从相关的文献里面我们了解到，上海英商有轨电车线路最早开始行驶，上海的公交肇始于 1908 年 3 月 5 日开通的有轨电车线路，该线来往于静安寺与黄浦滩（设站在上海总会，即广东路外滩）之间。最初并无线路名称（就这一点而言，香港电车至今仍保留该传统），后定名为 1 路。因此，上海的公交创始线路是 1 路。我们拿今天的 20 路无轨电车线路来与早期 1 路有轨电车对照，发现二者总体走向相仿，但又不尽相同。因为当年哈同花园的南京西路一侧围墙外是没有“当当车”（上海人对有轨电车的昵称，与香港人所称“叮叮”一样）开行的，而今天的 20 路电车走的几乎是南京西路全程。①

60 年代初无轨电车“称霸”南京东路，20 路无轨电车线开通于 1928 年 9 月 27 日，从最初的静安寺至兆丰公园（中山公园）的“短驳线”发展成为威海卫路（威海路）、福州路一线主力公交。1963 年 8 月 15 日，因南京路全线停驶有轨电车，20 路无轨电车以鼻祖公交 1 路有轨电车替代品的角色实现了华丽转身。②

另外，我们还可以从上海地方志办公室官网查阅到如下一些资料：

---

① 《图说百年来上海公交之傲人成绩》，zzm1008 图书馆转载，2020 年 7 月 12 日，http：//www. 360doc. cn/mip/923771407. html？ivk_ sa = 1024320u。

② 《图说百年来上海公交之傲人成绩》，zzm1008 图书馆转载，2020 年 7 月 12 日，http：//www. 360doc. cn/mip/923771407. html？ivk_ sa = 1024320u。

光绪三十一年（1905 年），英商布鲁斯·庇波尔公司与比商东方万国公司分别取得公共租界、法租界有轨电车专营权。规划线路从静安寺至外滩。因为静安寺是沪上一古老市集，居民众多，英籍犹太人富商哈同在附近置买了大片土地，准备建房出租；邻近的爱文义路（今北京西路）、小沙渡路（今西康路）为西区外侨集居点；南京路（今南京东路）是公共租界最繁华的商业大街，与静安寺路（今南京西路）连接，是“十里洋场”的中心；外滩，是各国洋行的总汇，英、法等国领事馆都设立于此。光绪三十四年二月初三（1908 年 3 月 5 日），上海第一条有轨电车线路正式通车营业，全线长 6.04 公里。标志着上海城市公共交通开始进入运用现代交通工具的时期。①

1960 年 2 月 8 日，上海市公交公司上报上海市公用事业管理局《关于有轨电车线路的调整规划》。报告提出：由于道路条件及噪声等因素有轨电车已不能适应现代城市的需要，建议逐步拆除市区的有轨电车。1960 年 6 月 1 日，淮海路上新辟的 26 路无轨电车正式通车，代替原行驶于淮海中路、重庆南路以西的有轨电车线。同年 6 月中旬，第二期拆轨架线工程完成，26 路由淮海中路向东延长经人民路转入江西中路、汉口路至海关。1963 年 8 月 15 日，20 路无轨电车代替原有轨电车在南京路上通行。②

1963 年 8 月 15 日南京路有轨电车 1 路、12 路等全部停驶、轨道拆除，20 路电车改道于南京西路、东路行驶，并将终点改至南京东路外滩，后又调整为九江路外滩。改道南京路后首发的 20 路，配车 SKD663 型铰接式无轨电车。③

通过对上海电车，尤其是南京路上的电车前世今生的了解，相信再看这则专题报道就会有了不一样的感受与情感。

陈醇在对这个报道进行解说的时候，从稿件内容出发，着重在南京路上无轨电车正式通车的新闻现场、历史时刻、时代价值、里程碑意义等方面来进行突出和强调。比如第一自然段，在现场同期声之后，非常郑重地播报出日期和

① 《第三节公共交通》，“第六篇城市道路交通规划第二章交通规划”，2003 年 9 月 5 日，上海地方志办公室网站专业志 - 上海城市规划志：http：//www. shtong. gov. cn/newsite/node2/node2245/node64620/node64630/node64705/node64711/userobject1ai58515. html。

② 《第三节公共交通》，“第六篇城市道路交通规划第二章交通规划”，2003 年 9 月 5 日，上海地方志办公室网站专业志 - 上海城市规划志：http：//www. shtong. gov. cn/newsite/node2/node2245/node64620/node64630/node64705/node64711/userobject1ai58515. html。

③ 《有着 91 年历史的 20 路电车虽不是最老的，但无疑是上海最经典的线路》，悦读城市，2019 年 7 月 29 日，https：//www. sohu. com/a/329957083_ 120043355。

时间，以非常振奋与庄重的声音状态，郑重其事地向听众介绍南京路上最后一列有轨电车的动向，同时郑重宣告南京路上有轨电车历史的结束。在这一句解说中，陈醇所用的发声状态以及语言的节奏等细节，都是十分贴合内容的，对于在上海备受瞩目的这一事件专题报道的解说，必须以这种速度来进行，才既能体现出事件的关注程度与分量，又能保证解说内容的准确清晰，甚至能够让听众有充分的时间来反应一下所闻内容的细节等等。

在接下来的一个段落，主要就南京路上的有轨电车的历史与属性做了定性的评价，资料所显示的这条有轨电车线路的前世今生，正如稿件中所述：“它曾经是英帝国主义吮吸上海人民血汗的千百条吸血管之一”“在解放前的几十年里，光是有账可查的就被他们剥削搜刮去280多万英镑”，所以“现在上海工人用自己制造的新式交通工具来代替它”才足以令人振奋和自豪。所以陈醇在这一段的表达中，对过去那段殖民地历史的不堪回首与解放后电车回到中国人民手中之间的强烈对比，从语言的情绪和态度上就能够非常鲜明地感受得到。

接下来的两个段落，着重就南京路上“第一列崭新的无轨电车”始发，以及“这是中国工人自己制造的车子”，来进一步阐发“南京路上无轨电车今天正式通车”的里程碑意义。陈醇在这两个段落的解说中，把握住了这种感情和情绪的层层推进关系，将作为上海市民、中国人民内心的无比振奋与自豪，都通过稳健、激昂而又饱满、热情的解说传递出来。

图6-1　第一辆国产SKD663型铰接式无轨电车20路1963年8月15日凌晨3点52分满载乘客从静安寺向南京路进发（图片来自网络）

四

广播专题节目《一朵“极美丽的古代花朵”》是上海电台1995年录制的，这是一部介绍中国古典乐器古琴乐曲的音乐专题。陈醇在接到解说任务后，首先做的工作就是仔细研究文字稿件并和作者、编辑交流他们创作的思路和过程。这样他就对整个节目有了一个初步认识。接下来，陈醇愣是把节目中的古琴音乐都认真听了一遍，去感受古琴乐曲的节奏和韵味，从中寻找自己的创作灵感。除此之外，陈醇还向作者和编辑了解了很多古琴的音乐知识，总之，为了解说好这个音乐专题，陈醇已经全身心地投入到他的解说创作当中去了。在节目录制的时候，为了很好地和女搭档以及节目中的音乐配合协调好，陈醇经常反复地听每个段落介绍的古琴音乐并和搭档不断磨合，有些段落感觉不是很好，就重新录一遍，直到编辑和他们自己满意为止。

上海人民广播电台的音乐编辑毕志光回忆道：作为电台的音乐编辑，我与陈醇先生有过几次愉快的合作，其中有陈醇、麦风演播的音乐专题《一朵“极美丽的古代花朵”》《古诗词吟唱曲欣赏》分别获得第五届上海国际广播音乐节“金编钟”奖和1996年度中国广播政府奖音乐专题类二等奖。在我们的合作过程中，我深切感受到了陈醇先生播音的艺术魅力。我发现他的播音有着“抑扬顿挫，韵浓味醇”的鲜明个性。

音乐专题《一朵“极美丽的古代花朵”》有这样一段播音词：扶着风，裹着电，翻腾着，呼啸着，长江从冰雪茫茫的高原，从天地洪荒的远古奔流而来了。它冲过峡谷，穿过丛林，绕过险滩，流过平原，虽千回百转却矢志不渝地向东方而去……

这是一辑介绍我国的古琴和古琴音乐的音乐专题。古琴音乐虽说也题材广泛，风格多样，但给人的总体印象是深沉悠缓的，因而陈醇在演播这辑专题时总体上采用了悠缓内敛的格调。但即便如此，他还是充分运用各种表达功能，播得起伏有致，余味隽永。

如果说这段文字是“歌词”，那么陈醇的演播室在为它谱上“曲调”，使无声的文字具有了“生命”。真是“听君细陈，如饮甘醇”①。

---

① 毕志光：《抑扬顿挫　韵浓味醇——陈醇先生播音风格试析》，《陈醇播音生涯五十周年研讨会征文集》（内部资料），上海人民广播电台2001年10月，第21－22页。

正是由于陈醇的这股“钻”劲儿，音乐专题节目《一朵“极美丽的古代花朵”》获得了极大的成功。正像上海人民广播电台台长李尚智所说：他那“抑扬顿挫、韵浓味醇”的演播，为这一专题增光添彩，终于获得了国际广播音乐节“金编钟”大奖。①

第二节　抓住特点，合情合理

对于专题片解说，陈醇认为第二个关键的问题就是要抓住创作对象的特点。他认为：几种形式的解说都是不一样的，应该抓住节目本身的特点，比方说京剧和音乐节目肯定不一样，诗歌朗诵的解说也不一样，总之，解说的形式非常多样。我觉得作为一个解说者或者朗诵者，得去区分它，区分得越细致，把握得越准确，才能够把解说糅在整个节目当中。②

一

在陈醇担任解说的电视专题片《琵琶行》中，有演员表演的部分，其中三个演员一个扮演白居易、一个扮演客人，一个扮演琵琶女。陈醇说：“你去朗诵、去解说，就得根据他们表演的节奏和程序去解说了，要根据他们的内容，有的时候需要紧凑，有的时候需要拉开。”③ 陈醇的这番话总的说来就是一个意思，那就是要注重创作客体的特点。

在大量的解说中，陈醇发现了这样一个问题：“就是我们现在手段和技术比较先进了，我们的解说应该是片子为主，语言为辅的，但是我们台里也好，外面也好，编辑往往不让我先看片子，让我先把解说部分单独录制好，然后再去剪贴画面，就变成他们的画片来配我的解说，我就觉得，让我感觉拿不准，这个语言的‘情’和‘节奏’怎么能糅进去呢？比如说：你开口是响呢还是轻

---

① 李尚智：《陈醇播音生涯50周年研讨会征文选·前言》，《陈醇播音生涯五十周年研讨会征文集》（内部资料），上海人民广播电台2001年10月，第2页。

② 根据笔者2005年11月26日对陈醇访谈记录整理。

③ 根据笔者2005年11月26日对陈醇访谈记录整理。

呢？是近呢还是远呢？还有就是他们在有些地方要不要配音乐呢？……”① 在谈到专题片解说时，陈醇认为还有一个很典型的问题就是衔接。他说：如果片中有人讲话，这个人的同期采访声音和解说怎样才能衔接好呢？不能说你的解说在和这个人物的语言衔接的时候一下跳出来了。另外，还要注意节目最后结束的时候音乐是怎样的，如果说音乐是起来的，解说的声音也应该扬起来一点，如果最后音乐是收的，就不能把声音扬上去了，那样就很不和谐。因此，陈醇觉得，怎样把播音员的解说和专题片内容及形式特点很好的糅合在一起是非常重要的。

二

现在一提起“包身工”，大家一定都会想起夏衍于1935年创作次年6月发表于上海《光明》月刊创刊号的报告文学《包身工》，反映了20世纪30年代上海纺织厂里包身工的情况，真实地描述了包身工的苦难生活，揭露了帝国主义和封建势力相互勾结、压榨中国人民的罪行。

陈醇在1963年录制过录音专题报道《一个包身工的今昔》，讲述了昔日曾经是包身工的潘年芳在中华人民共和国成立后的生活。

亲爱的听众，今天我们要请您听录音报道《一个包身工的今昔》。

在上海工人文化宫阶级教育展览会里，陈列着一只又破又旧的饭篮，讲解员告诉观众，这是潘年芳做包身工时候用的。潘年芳现在是国棉十二厂的女工，29年前，当她只有12岁的时候，就被日本纱厂的包工老板以五块钱的代价，从泰州农村买到上海来做了包身工。在包工老板的心目里，只不过是会说话的机器罢了。潘年芳和小姐妹们就好比跌进了活地狱，过着猪狗不如的生活。

（音乐）

他们没有一点儿自由，每天被包工老板押着上工下工，不准和外人讲话，不能和亲人见面。

（音乐）

从早到晚，这些十一二岁的孩子要在尘埃飞扬、潮湿闷热的车间里连续工作12小时，小小的年纪，哪里经受得住这样繁重的劳动呢，她们到上海不久就被折磨得只剩下一身骨头了。

---

① 根据笔者2005年11月26日对陈醇访谈记录整理。

（音乐）

这还不算，车间里还有三条毒蛇：那些穿着大皮靴的日本领班、穿着木屐的东洋婆和手拿皮鞭的拿摩温，他们整天在向包身工寻事生非。

（音乐）

有一年夏天，潘年芳脚底心里生了疮。烂得见到了骨头，还是咬着牙关捱下去。那天她实在疼得难熬，刚弯下腰去揉一揉伤口，日本领班穿着皮靴的脚就朝她身上狠命地踢过来，拿摩温又拖着她的辫子一直拖进写字间，罚她在一张朝天放着的方凳脚上足足跪了三个钟头。还有一回，她因为饿得难受，用手在饭碗里抓了把冷饭吃，就被穿着大皮靴的日本领班一脚踢倒，昏倒在地上。从那个时候起她的腹部就受了严重的内伤，一到阴天下雨，肚子就疼得像针扎的一样。解放前夕，不到30岁的潘年芳被折磨得一身是病，连路也走不动了，可是为了活命，每天她不得不让她丈夫背着去上工。

（1963年5月15日《一个包身工的今昔》节选）

在这个录音专题报道中的主人公潘年芳，她的亲身经历与夏衍的报告文学《包身工》里的主人公几乎一模一样。20世纪二三十年代，在上海日本殖民者开设的纱厂中，一大批被骗来的农村少女以一种奇特的方式包给了带工的老板，因而称作“包身工”。这些年纪很小的女孩子，大多数是纱厂的工头从江苏、浙江一带贫困的农村地区“包”来的。她们每天的工资就是老板的收入，因此即使包身工生病时也被老板用拳头、棍子等强迫去上工。她们住的是充满粪臭、汗臭和湿气的工房，吃的是喂猪的豆腐渣熬成的稀粥，劳动环境极其恶劣，又要受到各种惨无人道的虐待。

从能够查阅到的一些资料显示，包工头在招工时，会尽量把工厂的条件和待遇说得如何如何好，使正为吃不饱、穿不暖而走投无路的女孩子家长或女孩本人信以为真，从而使他们同意让自己的孩子跟着包工头出去做工。家长和包工头之间要有一个包身文字契约，契约中写着包工时间为三年。三年中女孩做工的全部工资归包工头，由包工头负责女孩的生活费用，而且包工头每年还要给女孩父母一些钱，作为父母把孩子包出去的“包身费”。年龄很小的女孩来到上海或苏州的纱厂后，看到工厂里的一切并不像包工头说得那样好。厂房破旧，车间里很潮湿，灯光也很暗。每天要做十几个小时的工，累得腰酸腿疼。半夜三点钟，她们要顶着星星、带着疲困的折磨去上工；下工时，已是月升中天。每当下工回到工棚里，她们连衣服也不愿意脱，倒在铺上就睡着了。在厂房里做工时，她们要受到包工头的看管；下班后离开工厂也要受到监视，一点儿人身自由也没有。就是这样，她们仅能从包工头那里得到一点点钱，根本不够吃饭用。

"包身工"则是一种十分残酷的卖身雇佣制度，实际上就是卖身奴隶。资本家为了雇到大批便宜的劳动力，指使包工头到农村去，趁广大农民被地主富农剥削得活不下去的时候，哄骗农民把自己的儿女，用最低的价钱卖给包工头。他们欺骗农民说：到工厂做工吃得如何好，穿得如何好，住得如何好，家里还能得到一笔钱，说得天花乱坠。饱受苦难的农民，用怀疑的眼光打量着这些外来人，知道是骗子。可是，在那个暗无天日的旧社会里，农民们走投无路，"明知是火海，也得往下跳"。就这样，资本家派出的包工头，趁农民之危，以最低的身价，连买带骗地把许多农村女孩子带进了工厂。

包身工的遭遇更是凄惨痛苦。他们每个月的工钱，全归包工头所有，还要给包工头做家务事。他们吃的是猪狗不如的饭菜，发了霉的粮食里边，还掺了好些豆腐渣和烂菜叶子。菜就更不用提了。顿顿咸菜、老青菜。住的地方跟牢房似的，一间十几平方米的房间，要挤着住二十来个人，两个人给一床破席子。就是这样的居住条件，还得分日夜两批轮流睡觉。穿的更是破烂不堪，大多数包身工没有衣服换，晚上脱下来洗，一早就穿着没干的衣服去上工。到了夏天，由于没有衣服换，又没有澡洗，身上都发了臭。夜里蚊虫一咬，浑身长疮。所以包身工十之八九生疮烂脚。

图 6-2 这是上海国棉十二厂做工的潘年芳当年作包身工时候穿的衣服。不论春夏秋冬，她都穿着它，一共穿了十多年。①（图片来自网络）

---

① 黄静：《资本家怎样剥削和压迫工人》，工人诗歌联盟，2007 年 8 月 22 日，http：//m. wyzxwk. com/content. php? bclassid = 4&classid = 31&id = 19739&style = 0。

陈醇在对这个录音专题进行解说时，依据稿件写作的倒叙手法，一开始先从上海工人文化宫的展览会的展品讲起，虽然是客观地进行着陈述，但已经能从语气当中感受到一些沉重。随后一句话介绍了主人公潘年芳“现在是国棉十二厂的女工”，转而通过“29 年前，当她只有 12 岁的时候，就被日本纱厂的包工老板以五块钱的代价，从泰州农村买到上海来做了包身工”让时空回到中华人民共和国成立前的旧社会，自此开始了回忆昔日“包身工”潘年芳悲惨经历的倒叙。在“29 年前”这一时间状语之前，陈醇通过内在语的技巧为我们补上了“然而”这样的转折语句关系，一下子就让“现在”与“29 年前”形成了鲜明的对照。

这个专题报道里对潘年芳包身工生活的描写，与夏衍的报告文学《包身工》里所描述的包身工悲惨状况别无二致。陈醇在进行解说时，将包身工所遭受到的悲惨境遇表现得令人深感同情，将包工老板、领班、东洋婆、拿摩温等等的表现令人痛恨得咬牙切齿。在表达“每天被包工老板押着上工下工”这句时，将“上工下工”通过停顿的间隔，简单的四个字，能让人听出包身工们“上工”与“下工”时的沉重；通过强调“从早到晚”“十一二岁”“尘埃飞扬、潮湿闷热”“这样繁重”“骨头”等词，将包身工日常的惨状鲜明地勾勒了出来，让人仿佛看到了夏衍笔下的“芦柴棒”形象；在“这还不算，车间里还有三条毒蛇”一句中，强调表现的“三条毒蛇”四个字，以及后面对“穿着大皮靴的日本领班、穿着木屐的东洋婆和手拿皮鞭的拿摩温”这三组典型形象的描述和表达，不但令人毛骨悚然，更令人恨之入骨。陈醇在解说潘年芳某年夏天脚底生了疮这段时，极具感染力的有声语言表述能够让听众感受到强烈的画面感，仿佛身临其境般地感受到日本领班的残暴、拿摩温的残忍，以及潘年芳的惨痛，让人久久难以平静。对潘年芳曾经的包身工生活准确、形象的表达，为节目后面反映及表现中华人民共和国成立后潘年芳成为国棉十二厂女工的现状做了很好的铺垫与对比反衬。

三

中共中央原书记处书记，全国政协原副主席郝建秀，1935 年 11 月生于山东青岛，1949 年至 1954 年青岛国棉六厂工人，1954 年 5 月加入中国共产党。1954 年至 1958 年中国人民大学速成中学学习。1958 年至 1962 年华东纺织工学院纺织工程系棉织专业学习。作为曾经的纺织女工，在平凡的工作岗位上积极进取，其刻苦钻研、努力学习的先进事迹曾经鼓舞了很多人。在郝建秀学习成长的过程中，克服了很多常人难以想象的困难，从一个普通纺织女工成长为全国劳模，通过刻苦努力终于获得了大学学历。当时的广播媒体就郝建秀刻苦努力学习的精神，专门采制了录音专题报道。

图6－3　郝建秀在纺织厂工作中（图片来自网络）

经过八年苦学，这位半文盲的细纱女工本来连报纸也看不通的，现在已经能够理解含义比较深的古文，翻看俄文的原版书；本来弄不懂 x + y 这样的简易代数概念，现在能够独立进行课程设计了。郝建秀终于开始大踏步走进了工人阶级知识分子的行列。如果没有党，她是做梦也想不到会有今天这一切的。

（采访郝建秀同期声）那么解放以前呢，我是一个穷孩子，我父亲那个赶大车，一家人穷得连肚皮都填不饱，做梦也没想到能上大学。当时呢倒很想上学，但是呢，只能在小学的这个墙的外边，听听有钱人家的孩子读书的声音。那么然后呢，自己能去拾煤渣、挖野菜，我能有今天，都是党给我的，就是在青岛解放的那一年，我才进了青岛国棉六厂。

然而，学习的道路对于郝建秀来说却并不是十分平坦的。而当她在学习中遇到困难的时候，党又给了她亲切的关怀和鼓励，告诉他，今天党和人民要求你掌握更多的知识，以便将来能更好地挑起建设社会主义的重担。厂里的老战友也不远千里给她捎来一封封书信，勉励她拿出工人阶级的志气来，拿出搞好生产的劲头，攻占科学文化的堡垒。

党的教导，阶级弟兄的嘱托，鼓舞着郝建秀勇往直前！

在厂里她虚心向老师傅学习，给细纱机各种清洁工作排队，摸出生产规律，创造先进工作法。如今她保持和发扬了这种虚心学习、刻苦钻研的精神，吸收同学们学习当中的先进经验，替“功课”排队，并计划一门门地攻克困难，占有学问。

（1962年1月24日《在学院里访郝建秀》节选）

听了这个专题报道的片段，相信大家都会被郝建秀刻苦钻研、努力学习的精神所鼓舞。如果大家了解了郝建秀的成长过程，会更加被她克服困难、积极进取的事迹所感动。

郝建秀是家里的老大，还有8个弟弟妹妹，小的时候家里很穷，经常吃不饱穿不暖。勉强念了一年学后，12岁那年，郝建秀就退学回家拾煤核补贴家用，13岁报名进了青岛国棉六厂当工人。郝建秀和姑姑都被分到了细纱车间成为一名挡车工。“给棉线接线头是件很累的技巧活，一旦接不好棉线就会变得疙疙瘩瘩，成为皮辊花，只能被清理出来当边角料处理掉，很浪费。皮辊花出得越多，就意味着纱线产量越低。”由于年龄小，郝建秀刚开始找不到干活的技巧，经常连续几天受到批评。有一次因为皮辊花超重，受到批评的郝建秀在回家的路上哭了起来，她对姑姑说：“我不想拖集体后腿，一定要把技术搞上去。”从此，如何多纺纱、纺好纱成为郝建秀每天的“思考题”，下班回家后她会在小本子上涂涂画画进行总结，第二天再带着新想法到车间去实践。此外，她还专门拜老工人为师。凭着一股不服输的倔脾气，不到3年时间，郝建秀还未满16岁的时候，终于熟练地掌握了纺车的性能和操作规律。摸索出一套多纺纱、多织布的高产、优质、低耗，改进整个纺织业技术的“细纱工作法”，1951年，该工作法在全国推广，整个纺织企业的产量大幅提高。从此，纺织女工“郝建秀”这个名字开始变得家喻户晓。

郝建秀工作法的“秘籍”就是四句话：工作主动有计划、双手结合交叉做、工作分清轻缓急、做好清洁工作。郝建秀接线好、浪费少、清洁棒的好技术最终引起原纺织工业部和全国纺织工会领导人的重视，他们专门派人来总结她的工作方法。1951年6月，有关部门组成专门小组，对郝建秀的接头动作、接头时间、清洁工作时间、动作顺序等进行观察、测定、分析和研究，总结出一套“细纱工作法”。1952年，在全国纺织系统大会上，这套方法被正式命名为“郝建秀工作法”。原纺织工业部和全国纺织工会随后发出指示，号召全国各地纺织企业普遍学习和推广"郝建秀细纱工作法"，她的经验在全国得到全面推广后，每年可为国家多生产4.4万件棉纱，相当于供400万人一年用布的棉纱。1951年10月3日，毛泽东主席嘱托中央办公厅复信表扬了郝建秀："由于积极工作和学习，创造了新的工作方法，这个成绩是值得表扬的。"当年10月5日，青岛团市委发出通报，号召"全市青年团员向郝建秀同志学习、看齐!"同年10月13日，团中央授予郝建秀"优秀共青团员"称号。随后，毛泽东、周恩来等中央领导亲切地接见了她。1952年5月，细纱车间甲班第七生产小组被命名为"郝建秀小组"。

陈醇在这一专题解说中，通过功力深厚的语言表达，非常准确地把握住特点还原了稿件中所记录和描述的郝建秀克服困难、努力学习、不断进步的先进事迹，几十年过去了，依然对听众具有极强的感染力，尤其是年轻听众仍然能从这则昔日的专题当中受到鼓舞和启迪。在专题解说中，我们能从陈醇的解说里感受到鲜明的感情和态度：郝建秀刻苦钻研、努力学习的拼搏精神值得大家学习；郝建秀的肺腑之言"我能有今天，都是党给我的"；党和人民以及工人阶级的期望和嘱托成为郝建秀不断上进、不断前行的动力。

图6-4 郝建秀1962年8月回到国棉六厂"郝建秀小组"与姐妹们切磋技艺

（图片来自网络）

这一段专题节选当中，陈醇用准确、流畅的有声语言，将郝建秀刻苦攻克学习困难的先进形象刻画得准确而生动，在强调重音方面尽量"少而精"，不但显得句子和意思的表达流畅自如，而且只需对不多的重音稍加强调，重点和主旨便跃然纸上。比如节选的第一句话，只强调了"八年"，便将郝建秀1954年至1958年在中国人民大学速成中学、1958年至1962年在华东纺织工学院纺织工程系棉织专业“苦学”的过程概括了。接下来只强调了“报纸”“古文”“俄文”，以及“x+y”“课程设计”等词组，便将稿件中对两组“本来”与“现在”的鲜明对比表现了出来。再比如，第一段的最后一句重音落在“没有党”和“做梦”上，而不是选取假设关系的“如果”一词作为重音，其强调和对比的关系以及表达的效果则更为准确和鲜明。

四

提起《变形金刚》和《太空堡垒》等动画片，应该是很多人儿时的回忆。但是也许很多人并不知道，这两部曾经风靡一时、家喻户晓的动画片中的旁白就是由陈醇担任的，同时还在其中为很多角色配音。

> 大约几百万年以前，在塞博特恩（又译作塞伯坦）星球上曾经存在过生物，但是和我们地球人不一样。这些生物是一种有思想有感觉的智能机器人，他们一部分叫作汽车人，一部分称作霸天虎。
>
> 霸天虎，他们凶狠残忍，他们更野心勃勃。为了追求霸权，他们想消灭热爱和平的汽车人。于是在斯特恩善与恶之间爆发了激烈的战争。
>
> 连续不断的战争几乎耗尽了星球上所有的资源。
>
> 面对死亡的威胁，汽车人做出了不屈的斗争！
>
> 大约到公元2005年，一场旷日持久的战争结束了，汽车人终于胜利了。
>
> 当汽车人和他们的新领袖补天士在欢庆胜利的时候，残存的霸天虎躲藏在查尔星球上，这是颗烧毁了的行星，这帮霸天虎缺少能量、没有首领，在那儿苟延残喘。
>
> （《变形金刚》选段）
>
> 1999年，南太平洋麦克罗斯岛的高空发生了一场异常的现象，它使人类的历史发生了巨大的变化。
>
> 一艘庞大的外星太空船穿过了超太空体系，在追赶地球时失去控制，坠落在麦克罗斯岛上。
>
> 这艘外星太空船有3/4英里长，但没有发现外星球的宇航人员。
>
> 这艘装甲的船体正面撞上了地球，遭到严重的破坏，但它装备着非常尖端的技术系统，飞船留下的遗物证明，它是超过人类最先进的智慧几千万光年的一种文明。

在这个时刻，人类还不停地进行战争，破坏着自己的星球，使地球在外星文明面前相形见绌。

由于感觉到外星世界对人类的威胁，全世界的领袖们聚在一起，宣布立即停战，并且组成了全球统一的政府。

在新政府领导下，全球最聪明的人们组成了一支研究队伍，对飞船进行了研究和重建，他们破译了外星人的文件，艰难地解开了复杂的技术奥秘，并命名它为太空堡垒。

太空堡垒将要修复的时候，地球的领导者们决定举行一次盛大的庆祝会。

在下一集里，外星人全面打击地球，在麦克罗斯城展开了激烈的巷战，情况十分危急。

在太空来的超级武器面前，人类的勇气和战斗力受到了严峻的考验。

人类为了挽救地球，展开一系列英勇不屈的斗争。

不要错过长篇动画片《太空堡垒》悬念突起、惊心动魄的第二集《堡垒出击》!

（《太空堡垒》选段）

图6-5 动画片《变形金刚》片头截图

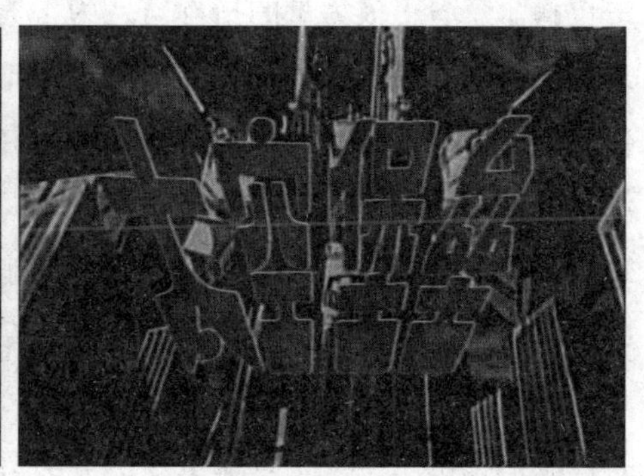

图6-6 动画片《太空堡垒》片头截图

《变形金刚》（Transformers）是孩之宝公司为配合旗下同名相应玩具销售而制作的系列动画片，共4季98集，另有1部剧场版。本动画讲述了以擎天柱为首的汽车人和以威震天为首的霸天虎双方变形金刚正邪交战的故事。1984年98集经典变形金刚动画一共65集动画，美国版本将其划分为第一季16集和第二季49集。国内1988年引进了该系列的美版动画，并由上海电视台译制配音。

科幻动画片《太空堡垒》（Robotech）描写了三代地球人反抗外星侵略者的

故事，其核心内容是战争与爱情。1985 年，美国公司 Harmony Gold（金和声）将三部日本动画作品《超时空要塞》《超时空骑团》《机甲创世记》重新编辑成为 85 集的长篇电视动画，取名“Robotech”，并赋予 Robotech 人物西方化的语言、思维以及名字，并重新编配了所有配乐和插曲。1991 年中国播出了从金和声公司引进、上海电视台译制配音的《太空堡垒》。

上面提到的这两部动画片曾经是很多人的集体记忆，至今仍然吸引着大批观众。陈醇在这两部经典动画片中担任了旁白解说的同时，还为其中诸多角色配音，令人印象深刻。

《变形金刚》这部动画片里每一个汽车人和霸天虎都能力超群、个性鲜明，如果说动画片旁白是在对整个故事进行相对客观的讲述，那么要对《变形金刚》里的机器人进行配音，那就必须对每一个机器人的性格、能力、履历、特点等进行全面了解。陈醇不但为《变形金刚》进行了旁白解说，还为其中多位机器人进行了配音，这足见陈醇语言功力之深厚。在《变形金刚》这部动画片中，陈醇为震荡波、大火车、爆炸、吊车、录音机等机器人配音，陈醇声音跨度之大、变化之多，令人赞叹。

比如震荡波，他是力量强大，非常聪明，令人敬畏的狂派战士之一，他是一位将命令看得极为重的指挥官，为了完成首领的命令甚至可以牺牲自我。他忠实地遵循着威震天的命令，实际上，他对威震天的征服欲并不苟同，他认为任何形式的激情都是成功的阻碍。陈醇在为震荡波配音时，用厚重有力的声音和果敢刚毅的语气，将震荡波力量强大、最残酷无情，说话时冷冰冰的语气表现得很准确，既像霸天虎认为的震荡波也许就是一台没有任何情绪的机器，同时语言的变化又能让人领略到震荡波足智多谋的一面。

录音机是汽车人成员、情报员，可变形为录音机，汽车人磁带部队队长，是博派情报部队的骨干。他虽然战斗力并不出众，但冷静的思维和出色的判断力往往使他得以战胜强大的敌人，录音机做任何事情都一马当先。他的成长过程着贯穿几部作品。用自己的生命领悟了作为博派应有的那种舍己精神，算得上一名可歌可泣的英雄。陈醇在为录音机配音时，通过日常口语化的语气和调侃式的语调，将录音机机智、幽默的性格特点一下子就凸显了出来，把《变形金刚》故事中有着很高人气的录音机形象刻画得活灵活现。

大火车是被震荡波改造成为三变战士的第一批狂派战士，他在三种形态之间的转换速度几乎是普通变形金刚的 2 倍。大火车可以变形成洛克维尔航天飞机跟 D51 型蒸汽火车，早期是狂派体型最大的成员，变成航天飞机或火车时可以收纳所有的狂派人员，长期担任运输工作。大火车喜欢凭借三变战士的优势来制造混乱，常常令对手眼花缭乱。陈醇在为大火车配音时，在其语言设计上通过胸腔共鸣和口腔共鸣来塑造大火车能力上的强大和形体上的高大，在语气上着重抓住大火车总是会趁机消灭对手而尤感快意且乐此不疲的性格特点。

爆炸是红蜘蛛在被威震天流放时造出来的五个变形金刚之一，战车队队员，爆炸擅长空中攻击，是一名优秀的战士。除了作战，他还能胜任运输其他狂派和物资的任务，有多面手的美称。尽管爆炸是变形金刚故事众多人物的一名配角，在整部故事中登场不多，但是陈醇在为爆炸配音时，还是尽量贴近角色的性格点，比如通过语言表达上的抑扬顿挫来表现爆炸有好大喜功的缺点，还通过语气的冲撞来表现爆炸脾气火爆而常常和其他站车队员发生争执的性格。

吊车是汽车人成员，变形为起重机，是塞伯坦上誉满全球的首席建筑师，这使他同其他汽车人多少有些疏远，他不太适应自己的汽车形态，所以经常会发生机械事故。吊车设计的一座著名建筑在战火中化为灰烬让他感到既愤怒又羞愧，而此前对于上百万无辜生命的消亡他竟然无动于衷。很快，他加入了博派的队伍。陈醇在为吊车配音时，可以从吊车语气上的不确定和不自信中听出其天性忧郁敏感的艺术家特性，将吊车经常陷入闷闷不乐的压抑状态表现得很传神。

陈醇在为这两部动画片录制旁白的时候，能够从语言的节奏、语气、语调、语感等方面感受到语言的变化，除了需要在旁白和解说中对剧情起到穿针引线的作用，最主要的是要随着剧情营造出一种悬念来推动情节发展，另外还能从中感受到这两部动画片当中所蕴含的科幻色彩，同时还要兼顾原版动画片里西方化的语言和思维习惯，角色的语言都会带有鲜明的西方语感。这两部动画片旁白解说和配音的成功，对于听惯了陈醇新闻播报、小说播讲、诗歌朗诵、散文朗读等其他类型语言艺术创作的听众来说的确是一种惊喜。

第三节 明确身份，画龙点睛

在专题片解说中，陈醇认为第三个关键问题就是要明确解说人的身份。这也是在现实实践中一个突出的问题。

一

陈醇认为解说千万不要把听的人或者看的人引开了，不能画蛇添足，不能以解说者自己为主，应该以节目内容为主，这个不能搞错了。解说者的解说，是在协助和帮助受众了解和理解节目内容。他说："我们很多同行在一起研究交流的时候认为，这个解说员起码要分两大类解说的立场，一大类是，解说者是站在被解说的事件里面；另一大类是，解说者是站在旁观者的角度。通俗一点说，就比如说解说一个舞台演出，你是站在舞台上和演员融为一体呢？还是坐在观众席在观众旁边来做解说呢？这就不一样了，就是说你的身份、你的态度，你应该从什么角度去解说，这个恐怕是很重要的……专题我觉得要能够解说得好是很不容易的，它起到叙述、评介、画龙点睛这样一个作用。而且你还得把你的解说糅在整个节目当中，不能最后这个节目挺好的，你一解说就跳出来了，要把解说变成整个节目的有机部分，要和节目融为一体，所以我认为要能够解说好专题节目是很不容易的。"①

专题片的解说在语言表达方面和小说、诗歌、散文等文体的播读从根本上和表达的基本规律上是一致的，但是还有些细微的差别，对此，陈醇是这样阐述的："专题片一般的来说需要朴实，不能太夸张，不主张解说者去扮演或者去表演。我们不管播读什么东西都切忌表演，一旦夸张了或者表演了就会喧宾夺主。我们的目的还是在传达内容上……我们的解说有的时候甚至于比没有音乐、画面的朗读还要难。因为，如果没有画面和音乐的情况下，朗读者可以根据自己的理解去进行创作，这个专题片解说必须得根据片子的内容、画面和音乐去进行创作，还要和片子糅在一起，我觉得挺难的。"②

科学教育制片厂曾经拍摄过一部叫作《那布楞斯》的专题片，陈醇后来为这部片子担任解说，他谈到当时的情况时说道：这部片子是个大摄影家拍摄的，本来打算不用解说的，完全用音乐和画面来表现主题。最后制作成了都快要放映了，还是觉得有的地方需要加点儿解说。因为专题片是个综合的艺术，有的时候解说的成分可以减少，但是不可能没有解说。如果作为电视来讲，解说是作为电视形象、电视画面的一个"画龙点睛"，共同创作中的一个元素，还不能说谁重要，谁不重要。如果没有解说很多时候受众就看不懂、听不懂了，如果

① 根据笔者2005年11月26日对陈醇访谈记录整理。

② 根据笔者2005年11月26日对陈醇访谈记录整理。

看不懂、听不懂，那么这个片子就成了最大的浪费了。就是说我们的有声语言创作最后成为其中的一个元素，成为共同创作的一分子，应该糅进这个专题片当中。当然也不能够突出解说者自己，如果不管内容只顾自己朗读，朗读完配上画面的话就把解说者变成主要角色了，但是我们的解说者不应该是专题片的主角，这样就容易使受众受到干扰。我们的解说应该是把受众带入到专题片的画面里头，而不是要把受众的思维从中拉出来，这就要保证一个完整性。①

陈醇也解说过一些舞台演出的专题，有的时候他不但要为舞台演出解说，同时录制的电视专题片也会由他担任解说。陈醇认为无论什么形式的解说，作为解说者来说，首要的任务是要为节目和内容服务，要淡化解说者个人的身份，一切表达服从和服务于专题片的内容本身，绝对不可以突出自己。解说的作用是为专题片进行必要的解释和补充，以便受众更好地了解和理解节目内容，起到“画龙点睛”的作用，从而最终和其他表现手法共同协作，传达出专题片本身的内涵和韵味。

当然，说到最后，解说者的语言基本功还是要有的。一部专题片有的时候画面少，稿件字数多，解说要快一点；有的时候画面长，稿件字数少，还得让画面舒展一下，不能太快，留下过多的空白。解说的时候就是要在速度快的时候不让人觉得“乱”，而在速度慢的时候也不让人觉得解说“拖”，这很能够体现出一个解说者的语言功力。

二

陈醇曾经参加过一些影视剧的解说和配音，比如电视剧《家·春·秋》的解说，还有动画片《变形金刚》《太空堡垒》的解说和配音等。

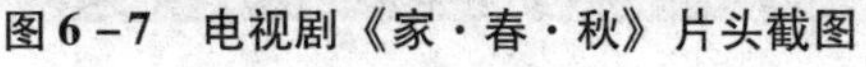

图6－7　电视剧《家·春·秋》片头截图

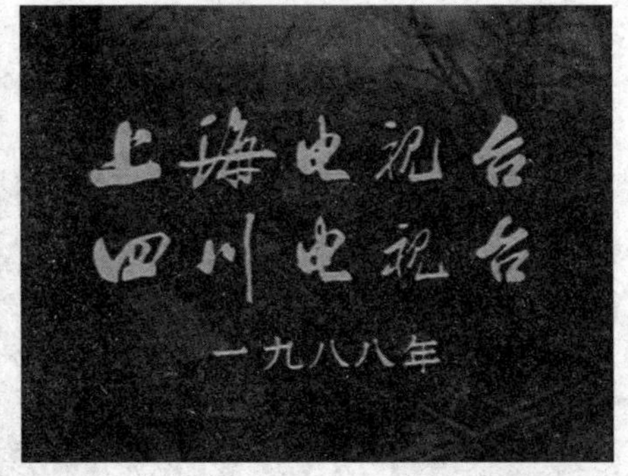

图6－8　电视剧《家·春·秋》片尾截图

① 根据笔者2005年11月26日对陈醇访谈记录整理。

上海电视台和四川电视台 1988 年摄制完成的电视剧《家·春·秋》改编自巴金的“激流三部曲”《家》《春》《秋》，主要讲述了金陵城高公馆一家的盛衰，旧中国的没落与腐朽，封建家庭旧礼教的残酷以及在黑暗势力压迫下的年轻人的不同命运。全剧共 19 集，前后总共有 20 段话的解说，本来导演想请巴金自己出来录制这些段落，但是巴老的特点就是尽管他写起文章来“下笔如有神”，可是并不善于口语表达，而且他的四川话很多人不大听得懂，因此后来就让陈醇来读巴老的这 20 段话。这 20 段话编导采用的是一种“点睛”手法，就是每一集都用一段话来“点”。陈醇回忆道：他们精选了 20 段话，我觉得如果读得好，可以“锦上添花”，帮助观众来理解这一集的内容，要是读不好呢，那就“点金成铁”了，破坏了全剧的完美了。

第一集：

这本书里叙述的并没有一件是我自己的事，虽然有许多事都是我看见过，或者听说过的，然而横贯全书的悲哀却是我自己的悲哀。——巴金

第二集：

我仿佛在跟他们一块儿受苦，跟他们一块儿在魔爪下面挣扎。我陪着那些可爱的年轻的生命欢笑，也陪着他们哀哭。——巴金

第三集：

青春是魅力的东西！——巴金

第十九集结尾：

在无边的黑暗中，一股激流涌动，通过乱山碎石，创造着自己的道路；它迸发出了各种水花，有美，有恨，有欢乐，也有痛苦——这一切汇成奔腾的激流，以排山之势，向着大海冲去！——巴金

图 6－9/10/11　电视剧《家·春·秋》解说字幕截图

陈醇在这部电视剧中的解说，正如他自己所理解的，认为“这是编导采用的一种点睛之法”。

第一集开头的解说，像是一段独白，陈醇用一种深沉的语气，将巴金内心深处的所思所想准确而细腻地诠释出来，也将这三部小说构成的“激流三部曲”的恢宏巨作的大幕在这深沉的声音当中缓缓拉开，意犹未尽，令人深思。

第二集开头的解说，依然是截取自巴金的文字，这概括性的文字，表现出作者巴金自己的经历与小说中人物命运息息相关，因此“我陪着那些可爱的年轻的生命欢笑，也陪着他们哀哭”。陈醇的解说是以第一人称的视角，从巴金这样一位创作者的角度，去表现自我与小说人物之间的关联，字字句句都渗透着共情与共鸣。

在结尾这一段的解说，与之前每一集开始的一段话有所不同。巴金凝练概括性的文字激昂恣肆，紧扣“激流三部曲”的主旨，陈醇的解说也在内敛中更激发出一种势不可挡、排山倒海的力量，气势磅礴、语调高亢地表现出这段话的内在力量，为人留下回味无穷的思考。

巴金众多小说中的《家》《春》《秋》三部长篇组成了《激流三部曲》。《激流三部曲》是20世纪20年代初中国社会变动的一份珍贵的艺术记录。

作为向封建势力讨还血债的檄文和鼓舞青年掌握自己命运的号角，它对于三四十年代许多知识青年冲出旧家庭的藩篱，走向革命，起到启蒙的作用。直到今天，它仍激动着许多中国的和外国的青年的心。《激流三部曲》不仅展现了封建家庭内部的罪恶和腐败、倾轧和迫害，还着力表现了青年一代在五四新思潮影响下的觉醒和对封建势力的不妥协斗争，满怀激情地歌颂了他们叛逆封建家庭、封建制度的革命行动。

陈醇回忆道：当时在朗读的时候我就强调了这么几条：第一条就是用声传情。巴金曾经说过：“我不是一个冷静的作者，小说里面我个人的爱憎实在太深了。”所以我们在解说的时候就不能客观冷静、不动感情地去朗读，这样就不对了。《家·春·秋》这部电视剧，就是要用“悲愤之情”“深沉之声”去体现原著内涵的鲜明爱憎，这是我的一条体会和感受；第二呢，要力求朴实。巴老的作品是非常朴实的，原作是一部写实的小说，我要用一种朴实的语调来表达作者的呼号、呻吟，唤起观众“寒冷的长夜笼罩在心上”的那种感受，争取情真义深地去表达，产生这样的效果；第三呢，因为文中的句子很短，所以要“字字清晰、富有韵味”。每段解说词都较短，最少的只有八个字（第三集），所以每个字都不能轻易地放过，要读得字字清晰，并且语速要适当地放慢，尽量用上朗读诗歌的一种韵味，尽管它本身不是诗。这样，不仅使人听得真切，而且要体现出巴金作品那种缠绵的特色，达到耐人寻味、引人深思的效果。①

图6－12/13　电视剧《家·春·秋》字幕截图

抓住细节特点是陈醇进行解说创作的重要依据。陈醇在对《家·春·秋》这部电视剧进行解说的时候，对原著和解说文稿都进行了认真的理解和感受，当然他和巴老多年的密切交往也为他提供了很好的创作优势，对于具体的内容和细节，陈醇也常常直接向巴老请教，因此电视剧《家·春·秋》播出后，陈醇的解说受到了广泛好评，收到了各地观众肯定和鼓励的来信，巴金自己对陈醇的解说也是非常肯定的。陈醇自己却也曾在文章中谦虚地表示：其实由于我的语言功底不深，表达技巧也欠丰富，在处理上仍有不如意的地方，虽然最后一段按导演的要求重读过一遍，声音是加强了，可内在力度却仍显得不足。②

三

当代女作家茹志鹃，其创作以短篇小说见长。笔调清新、俊逸，情节单纯明快，细节丰富传神。善于从较小的角度去反映时代本质。其代表作是1958年发表的《百合花》，文坛在1959年至1961年，围绕茹志鹃的作品展开了关于风格题材的大讨论。

下面这则录音专题报道就采制于这一时期。

---

① 根据笔者2005年11月26日对陈醇访谈记录整理。

② 陈醇：《陈醇谈感受——电视连续剧〈家·春·秋〉解说词情真意深》，《汉语拼音小报》，1989年8月20日。

在上海市年轻作家的队伍里，有一个从革命部队里来的女作家，叫作茹志鹃，她的成长，和许许多多工农兵文艺家一样闪耀着毛泽东文艺思想的光辉。

农业，是国民经济的基础，反映农业战线上的火热斗争，是作家的迫切任务。从去年春天起，茹志鹃就深入上海郊区人民公社，生活在群众中，站到生产最前线，为自己的思想和创作吸取新的养料，找寻丰富的源泉。

茹志鹃同志在上海县梅陇公社胜利生产队当党支部副书记，她告诉我们，这次深入生活有了不少新的感受和收获。

（同期采访）

（1961 年 2 月 2 日《访问青年作家茹志鹃》节选）

图 6－14　茹志鹃 1978 年和丈夫王啸平、女儿王安忆在家中

（图片来自网络 https：//m. sohu. com/a/237588469_ 748568/？ pvid＝000115_ 3w_ a）

陈醇在这个录音专题中担任解说工作，对于这一人物专题节目的解说，陈醇特别清楚地知道，将听众想知道和了解的作家茹志鹃是如何生活在群众中、站到生产最前线的情况，通过解说能够准确、生动、形象地呈现出来，就是解说工作最大的成功。通过一些资料我们可以了解到茹志鹃的生平和创作历程，尤其是对这则专题播出时代有哪些创作和经历更要了解得全面而清楚，这些都是做好解说工作应该提前准备好的案头工作。

茹志鹃 1925 年 9 月 13 日生于上海（1998 年 10 月 7 日逝世），祖籍浙江杭州。家庭贫困，由于两岁丧母，父亲离家出走，她只得随祖母辗转沪杭两地，靠祖母在上海、杭州两地做手工换钱过活，后进上海妇女文化班学习。11 岁才上小学，断断续续在一些教会学校、补习学校念书。祖母去世后，被孤儿院收养。1942 年初中毕业于浙江武康县武康中学。1943 年她当小学教师，并随兄参加新四军，先在苏中公学读书，以后一直在军区话剧团当演员，后调到军区文工团创作组。1947 年加入中国共产党。1955 年从南京军区转业到上海，在《文艺月报》做编辑。1960 年起从事专业文学创作，是中国作家协会会员，又被选为中国作家协会上海分会理事。

茹志鹃 1943 年与哥哥一起参加了新四军，从此她找到了自己"真正的家"。部队火热的战斗生活，给予这位女战士多方面锻炼和提高，战争年代她作为一名文工团员边行军边写下快板、歌词、日记。这些快板、歌词加上 1943 年她当小学老师时在《申报·副刊》上发表的短篇小说《生活》，可以看作是她最早的文学创作。中华人民共和国成立后，茹志鹃在南京军区文工团任创作员，1952 年创作的话剧《不拿枪的战士》曾获军区创作奖。1955 年 7 月她从部队转业到上海任《文艺月报》编辑，1960 年转入专业创作。茹志鹃在"文革"前的作品以短篇小说见长，分别收在《高高的白杨树》《静静的产院》两本集子中。题材大都反映革命战争年代的生活，另一类则反映社会主义时期的新生活。虽然这时期茹志鹃的创作在对生活的开掘上并未能超出同时代的其他作家，但她是社会主义新生活的一位热情的歌者，同时也是艺术风格的勇敢追求者和探索者。

茹志鹃是 1958 年以《百合花》而正式进入文坛的。1958 年，当"大跃进"的热浪席卷全国，文学界也因此充满打擂比武的声音的时候，陕西省文学刊物《延河》上发表了一篇题为《百合花》的小说。尽管《延河》地处西北，《百合花》也仅只是一篇几千字的短篇，但它却以自己独有的百合花般的气息与芬芳，给当时一片燥热的文坛带来一缕清新的风。茹志鹃著有短篇小说集《高高的白杨树》《静静的产院》《草原上的小路》，散文集《母女同游美利坚》以及报告文学《离不开你》《红外曲》等。许多作品被译成日文、英文、法文、俄文、越南文等国文字。

最早发现她的艺术追求并给予热情赞扬的是文学前辈茅盾。茅盾不仅称赞了茹志鹃的探索，而且也指出了《百合花》在艺术探索上带有突破性意义。1959 年至 1961 年，围绕茹志鹃的作品，文坛展开了关于风格题材的大讨论。有人批评茹志鹃笔下缺乏高大的形象，有人指责《高高的白杨树》"有方向性问题"，有热爱茹志鹃作品的同志也规劝她应注重写"重大斗争"与"英雄人物”。这一切曾给初登文坛的茹志鹃带来压力，但她同时又是十分幸运的，在她探索的路上，不仅一直得到茅盾的匡护与鼓励，而且在这场讨论中，她又得到著名评论家侯金镜、魏金枝、叶以群等人热忱的肯定与指点，这一切给了她勇气与力量，她的艺术风格日见成熟了。

60 年代以后，中国社会风云变幻，文艺界的风浪也一阵紧似一阵。对茹志鹃作品的评价分歧愈来愈大，否定意见在逐步升级，甚至要求她放弃自己的风格，去攀登重大题材的高峰，去描写“高大全”式的英雄形象。在众说纷纭面前，她有点拿不准，感到无所措。1960 至 1961 两年，茹志鹃已离开编辑岗位，从事专业创作，却只写了四篇小说《三走严庄》《同志之间》《阿舒》《第二步》。

陈醇的专题解说大都建立在对稿件内容的了解，对专题报道主人公生平以及事迹的了解，所以在这则专题报道中也对主人公茹志鹃的生平及创作先做了一些情况了解，正如以上所列资料。

从这则专题采制的时间来看，正好是在茹志鹃离开编辑岗位，从事专业创作的时期，所以无论是文艺界还是读者都在关注并期待茹志鹃能够有新的文学创作问世，而茹志鹃为了更好地创作反映农业战线生活的文学作品，深入到人民公社，生活在群众中，到生产第一线采风，汲取新的养料和丰富的创作源泉。

陈醇在这则专题的解说一开始，只强调了“年轻”“部队”“女”几个词，便将主人公的主要身份标签凸显出来，然后热情地介绍名字“茹志鹃”三个字，这种先介绍人物特征，再介绍人物名字的开场方式，既是一种铺垫，又像为大家揭开了谜底一样，具有一定的悬念效果，非常能够吸引听众。接下来的一句中，陈醇只强调了“工农兵”和“毛泽东文艺思想”两个词组，便凸显了茹志鹃文艺创作的路线和方向。通过对茹志鹃这一阶段创作背景的了解知道，很多人希望她去攀登重大题材的高峰，去描写“高大全”式的英雄形象，所以农业、农村和农民将是茹志鹃这一阶段文学创作的题材，所以在这一段里，陈醇的解说将重点放在“农业”“农业战线”“迫切”几个词上，还有隐含的因果关系内在语于其中：（因为）农业是国民经济的基础，（所以）反映农业战线上的火热斗争是作家的迫切任务。这样一来句子意思非常清楚，让后一句里强调的“春天”“郊区”“生活”“最前线”有了依据，也让强调“新的养料”和“丰富的源泉”两个词组找到了终极原因。

四

相信很多人对1964年拍摄的电影《霓虹灯下的哨兵》一定不会陌生，这部电影在1960年上海警备区司令员王必成委托南京军区政治部文化部以八连为原型创作话剧《霓虹灯下的哨兵》的基础上拍摄而成，以“南京路上好八连”官兵为原型，成功地塑造了陈喜、赵大大、童阿男等一个个剧中人物形象，讲述的连队用艰苦奋斗精神培育他们转变成长的过程，教育感动了一代又一代人。

图6-15 “好八连”连长张继宝打草鞋（图片来自网络）

1963年4月25日，中华人民共和国国防部授予该连“南京路上好八连”称号。5月5日，“南京路上好八连”命名大会在上海军人俱乐部大礼堂隆重举行，南京军区司令员许世友授奖旗。下面这则录音专题报道就是在命名大会前两天播出的。

在南京路上好八连我们常常听到这首歌儿《连长教咱们打草鞋》

（歌曲同期声）

战士们对这首歌有特殊的感情，因为它描绘了革命战士艰苦奋斗的本色，也反映了革命战士发扬革命传统的心愿。好八连连长张继宝入城以来

14 年一直保持劳动人民的本色，和战士们一起穿草鞋、扛锄头、拉粪车，把老红军的革命传统传下来。

老战士李祖根就对我们说：

（同期声）

（1963 年 5 月 3 日《保持劳动人民的本色——南京路上“好八连”》节选）

陈醇担任了这则录音专题报道的解说任务，在专题解说中特别要注意的就是解说者必须明确身份。陈醇以介绍者的身份将内容准确、生动地传达出去，在解说当中以真挚的情感、准确的表达，以及深厚的语言表达功力为专题稿件的二度创作起到了画龙点睛、锦上添花的作用，为“南京路上好八连”的宣传起到了积极作用和良好效果。

据资料记载 1949 年 5 月 27 日上海解放，第八连随之进驻上海南京路，担负警卫和巡逻任务。1963 年 7 月 29 日晚，毛泽东在中南海怀仁堂观看《霓虹灯下的哨兵》话剧。3 个小时的演出，毛泽东全神贯注。演出一结束，毛泽东健步走上舞台，连声称好，并同全体演职员合影。两天后，在 8 月 1 日建军节那天，毛泽东写了他一生中唯一的一首民歌体的杂言诗《八连颂》，赞扬南京路上好八连“拒腐蚀，永不沾”的优良作风。周恩来为第八连题词并接见了该连的代表。朱德、陈云、邓小平、陈毅等同时为第八连题词。根据周恩来指示要求，1964 年初，由沈西蒙编剧、王苹导演、上海天马电影制片厂摄制的电影《霓虹灯下的哨兵》在全国公映，成为红色经典影片。

专题报道中提到的《连长教咱们打草鞋》那首歌儿，就是描写八连连长张继宝教八连战士打草鞋的故事。

其实好八连有很多值得学习、催人奋进的故事，这些故事的背景就是首任指导员张成志眼见战士们初来上海在思想和行为上的一些变化，便在党支部会议上指出：南京路是一个没有硝烟的战场，我们要让全连保持高度的警觉性，绝不能吃败仗。他提出两个务必：“务必使同志们继续保持谦虚、谨慎、不骄不躁的作风，务必使同志们继续保持艰苦奋斗的作风。”多次教育后，八连战士们开始恢复艰苦奋斗、艰苦朴素的劳动人民本色：衣服破了，缝缝补补再穿；用破布麻绳打草鞋穿在脚下，行走在南京路上；扛着铁锹、推着粪车，步行到十几里远的郊区开荒种菜；开展节约一粒米、一滴水、一度电等竞赛活动。于是日复一日，年复一年，八连官兵在艰苦奋斗的熔炉中锤炼出了“拒腐蚀，永不沾”的金刚之体。

陈醇在解说专题时，为了把稿件的主旨表达得更为精准，在强调重音的时候，除了将语句之间关系理清头绪，还选择了最为精当的词组作强调处理。

比如在内在语的关系方面，找到隐藏着没有直接用文字呈现的语句之间的关联，通过有声语言的表达显现出来：（之所以）战士们对这首歌有特殊的感情，因为它（除了）描绘了革命战士艰苦奋斗的本色，（同时）也反映了革命战士发扬革命传统的心愿。标注了括号的部分就是原文中没有直接呈现，但可以在解说时用内在语的技巧补充完整的语句关系，这样一来，意思逻辑关系就显得更为合理、紧凑。

再比如在需要强调的重音方面，除了要找到句式特点，将相同结构但不同内容的部分找出来强调加以区别，还要对一些关键性名词词组做强调处理，以凸显主旨。“因为它描绘了革命战士艰苦奋斗的本色，也反映了革命战士发扬革命传统的心愿。”一句中，“描绘”与“反映”对应、“艰苦奋斗”与“发扬革命传统”对应、“本色”与“心愿”对应，由此一来，对这几组相对应的词组进行强调，就将逻辑关系和内涵主旨等鲜明地呈现出来。

另外，在停连的表达方面，陈醇在没有标点符号的地方增加小的顿挫和停顿以增强效果，比如“好八连连长张继宝入城以来 14 年一直保持劳动人民的本色”一句，就在“张继宝”三个字后面稍做停顿以强调人名，在“14 年”后面加以小的顿挫以让句子的主谓宾定状补等主要句子成分划分清晰，易于从听觉上辨识；还需要将同样成分和结构的词组进行排列的地方，以“连接”的技巧加以处理，比如“穿草鞋、扛锄头、拉粪车”三个动宾结构词组的并列，既要表达出三个动作与三个名词的不同，同时在解说时不能一词一顿，而是通过“声断气不断”的方式将三个动宾结构的词组连接在一起，形成俗称“抱团儿”的紧凑效果，让人听起来既不拖沓，也没有断开。

第七章　陈醇播音艺术风格及成因

艺术风格是艺术家的创造个性与艺术作品的语言、情境交互作用所呈现出的相对稳定的整体性艺术特色，风格是艺术家创造个性成熟的标志，也是作品达到较高艺术水准的标志。

陈醇在几十年的播音艺术创作过程中，逐渐形成了“深沉稳健、舒展自如”的播音艺术风格，这既是陈醇有声语言艺术创作的个性特征，也是业界对陈醇在话筒前几十年辛勤耕耘的凝练概括和准确评价。

艺术风格包括艺术家风格和艺术作品风格。由于艺术家在世界观、生活经历、性格气质、文化教养、艺术才能、审美情趣等方面的不同，从而在艺术创作中诸如主题提炼、人物形象塑造、体裁的驾驭、艺术语言和艺术手法的运用等方面常呈现出与众不同的特色，形成独特的风格。陈醇的播音艺术风格，也因为时代、民族、阶级、地域和电台、栏目和稿件等外在因素，以及其性格特点、生活阅历、人生态度、审美追求、业务素养等内在因素而经过漫长岁月的锤炼而形成。

陈醇播音艺术风格并非只是某一创作体现出的风格，而是其众多播音艺术创作所表现出来的总的格调，体现在其作品内容与形式的统一中。陈醇播音艺术风格是其有声语言艺术成熟的标志，具有高度的思想性和艺术性，体现的是对真善美的审美追求，是陈醇区别于其他播音艺术家的显著特征。

第一节　陈醇“深沉稳健、舒展自如”的播音艺术风格特点

陈醇的播音艺术总体风格可以概括为：深沉稳健、舒展自如。

张颂教授在谈到陈醇的播音艺术风格时说道：“我说过播音创作，永远不会做到炉火纯青，它总有某些遗憾。在某一件作品里有这样的遗憾，在另一件作品里有另外的一种遗憾，这是正常的。那么在陈醇的播音创作里边呢，比如声音的浑厚、节奏的变化、语气的贴切，这都是他很大的优点。不同风格的作品，到他自己身上，他会体现一种伽达摩尔说的‘视域的融合’。就把作品、作家的风格，和自己对作品的理解、自己的表达风格融化在一起。一听，既是鲁迅的，也是陈醇的；既是巴金的，也是陈醇的，这在我们播音创作里面是非常重要的一个课题。我们往往成为文本的复制品，听出来是谁的作品，但是播音创作者的身份就会弥散了，或者只看到播音创作者自己的一种表达方式，而听不到、体味不到原作的精神实质。这两种情况在我们播音创作里都应该警惕，而陈醇在这一方面又给我们树立了一个很好的榜样。①

“他这个创作风格的形成呢，既有时代的烙印，又有自己的人生足迹。时代的烙印，他跟着时代走，观察时代的发展变化，风云变幻当中有自己的主见。自己的人生足迹里边，南北东西，包括北大荒，这么来回地颠簸奔波，有他自己的主见。这样两个主见就形成了他对社会对时代的沉稳的风格、一种心态。但是这种沉稳里头没有任何消极，我们从沉稳当中能体会到昂扬，从叙事过程里体会到他的激情。所以他的工作里面的状态是为一体的，不是两张皮，到话筒前镜头前我一个模样，到底下我又另一种人生态度，绝对不是的。这种统一性是对我们最重要的一种启示。所以陈醇老师整个这个播音生涯中的一些问题吧，是应该梳理梳理，这个对我们后人的启示作用非常大。”②

陈醇播音风格的成因是多方面的，概括起来有两大方面，即：外在原因和内在原因。

---

① 根据笔者 2005 年 9 月 21 日对张颂教授访谈记录整理。

② 根据笔者 2005 年 9 月 21 日对张颂教授访谈记录整理。

图 7-1 陈醇 1991 年 11 月在上海台播音间

第二节 陈醇播音艺术风格外在成因

陈醇播音艺术风格的外在成因，主要体现在时代、民族、阶级、地域和电台、栏目和稿件等五个方面。

一、时代

任何艺术风格的形成，都同时代密切相关。所有艺术家的创作个性，也都带有其深刻的社会历史必然性，正如恩格斯所指出：都“没有能超出他们自己时代所给予他们的限制”。鲁迅先生也说：“风格情绪之类，不仅因人而异，而且因地而异、因时而异。”这些都说明了时代对播音风格形成的重要作用。①

陈醇十八九岁投身播音工作的时候，正是中华人民共和国成立之初，对于中国的播音史来说正是一个继往开来、承前启后的历史阶段。人民广播经过了延安时期的创建和发展，已经逐渐形成了自己的独特风格。这个年代为陈醇提供了很多可以继承的优良传统和作风。赵玉明先生在《纪念中国人民广播事业

① 姚喜双：《播音风格探》，中国文联出版公司 1992 年 6 月第 1 版，第 68 页。

创建六十周年》中概括总结道："坚持做党和人民的喉舌；永远心系群众、走群众路线；发扬自力更生、艰苦奋斗的创业精神；坚持实事求是的作风——这些已融入中国人民广播事业60年发展的每一个历史阶段，成为中国特色社会主义广播事业积久沉淀并值得永远发扬的优良传统。"① 这一切也都深深地扎根在陈醇的整个播音生涯中，牢牢地印在陈醇的心窝里。

陈醇在每个历史时期的播音创作，都能够和时代脉搏相一致，这与他经常深入生产劳动第一线，经常和群众接触是分不开的。

陈醇的语言艺术日臻完美，他的播音创作能力不断增强，只有在当时那个年代艰苦的环境下才能够锻造出来。

中华人民共和国成立初期，配合党和政府的各项方针政策，各广播电台有力地宣传了每个时期所取得的建设成就，为恢复和发展生产，完成社会改革的任务，巩固新生政权，提高群众的政治和科学文化水平，丰富群众的业余生活，做出了很大贡献，极大地鼓舞了人民群众建设社会主义的热情，因而在听众中赢得了很高的声誉。陈醇在1951年参加播音工作，当时在徐州电台播音之余还经常参加劳动，深入生产生活第一线进行采访和实践，这一切都为他日后的播音艺术创作打下了坚实的生活基础。

在社会主义建设时期，各广播电台从提高节目质量入手，宣传了许多先进集体和先进人物典型，对于提高人们的共产主义觉悟，树立社会主义新风尚，发挥了很好的宣传示范作用。这一时期，陈醇已经来到了上海电台工作，大量的各种文体的播音和大型活动的直播报道，让陈醇的播音业务水平不断提升。

某些时期的广播宣传也曾出现过偏差和失误，从20世纪60年代中后期开始，有大概10年左右时间广播宣传严重背离了党和人民的利益，在国内外造成了极坏影响，直到中共十一届三中全会后，才重新焕发了勃勃生机，回到代表党和人民的正确路线上来，进入了改革开放和不断前进的新时期。"文革"时期，播音业务的优良传统被抛弃，播音风格遭到了扭曲，"高、平、空"的大喊大叫充斥广播。陈醇在那样一个特定的历史时期，也只能按照指示工作。粉碎"四人帮"后，迎来了党的十一届三中全会，人民播音事业进入了恢复、发展和创新的新时期。播音创作的内容和形式都越来越丰富，在这样的时代背景下，陈醇的播音艺术创作又得到了多方面更深入的发展。

---

① 赵玉明：《纪念中国人民广播事业创建六十周年》，2001年1月，人民网：http://www.peopledaily.co.jp/GB/14677。

在新的形势下，人民广播紧紧围绕党和国家的工作大局，不忘初心、牢记使命，高举中国特色社会主义伟大旗帜，决胜全面建成小康社会，夺取习近平新时代中国特色社会主义伟大胜利，为实现中华民族伟大复兴的中国梦不懈奋斗。陈醇退休以后，并没有离开他热爱的话筒，而是把他对祖国、对人民的爱，用他醇厚的声音通过话筒、通过录音永久地记录下来，呈现给我们以大量的经典作品。

陈醇的播音生涯经历了中华人民共和国的不同阶段和历史时期，每个时代和阶段的大环境和大背景都为陈醇的播音艺术风格提供了丰富的创作源泉，几十年的风风雨雨，几十年的开拓创新，锻造出陈醇"深沉稳健、舒展自如"的播音艺术风格。

二、民族

对于播音风格的问题，张颂教授认为："核心的问题我觉得还是民族，因为有民族才有民族的气质、民族的语言、民族的心理、民族的意境、民族的韵律。其他都是间接的或是更间接的东西，都融到这里边来了。"① 播音创作的风格，不仅受迁于时代的风尚，而且还根植于民族的土壤，"镌刻上民族性的烙印"。民族性是在特定的民族条件下，由于政治、经济环境的制约，社会风尚和文化传统的影响，所产生的民族共同感情、心理，所显示出来的民族特征。那些已形成风格的我国优秀播音员的播音创作实践，都体现着中华民族的民族精神和民族性格，显示出中国作风和中国气派。②

陈醇的播音艺术风格，根植于我们中华民族的土壤上，在我们民族精神影响下形成。十六大报告指出："民族精神是一个民族赖以生存和发展的精神支撑。一个民族没有振奋的精神和高尚的品格，不可能自立于世界民族之林。"陈醇的播音艺术创作之路从一开始，就深深地受到中华民族几千年形成的民族精神的影响而不断发展着，从抗日战争、解放战争到社会主义现代化的建设……在人民广播发展的每一个阶段，中华民族的精神始终影响着陈醇的播音艺术创作主旋律。

从历史上各民族发展的兴衰成败过程中我们可以看到一个带有规律性的现

---

① 根据笔者2005年9月21日对张颂教授访谈记录整理。

② 姚喜双：《播音风格探》，中国文联出版公司1992年6月第1版，第70页。

象：凡是能够自立、自强于世界民族之林的强大民族，都有一种特有的民族精神作为支撑；同样的，一个民族的衰亡和没落，又总是同丧失了自己的民族精神密切相关。

民族精神是一个民族赖以生存和发展的精神支撑，是一个民族生命力和凝聚力的重要体现。习近平总书记在第十三届全国人民代表大会第一次会议上发表的重要讲话，站在中国特色社会主义进入新时代的历史节点和实现中华民族伟大复兴的战略高度，在历史和现实的紧密结合中，深刻阐述了伟大的中华民族精神。伟大的时代呼唤伟大的精神。开创新时代的新气象，实现民族复兴的伟大梦想，需要我们在伟大民族精神的高扬中砥砺前行。①

中华民族在不同历史时期的奋斗历程中，培育形成了一系列彰显和反映民族精神、体现时代要求、凝聚各方力量的“精神”。

中国自古以来形成的传统民族精神，是中华民族精神之源。这些精神在今天仍然有着强大的生命力：“公而忘私、国而忘家”“先天下之忧而忧，后天下之乐而乐”“国家兴亡，匹夫有责”的爱国主义精神；“仁民爱物”“厚德载物”的博爱精神；自力更生、发奋图强的自强不息精神；“以和为贵”“协和万邦”重视“人和”、强调“德莫大于和”的团结友爱精神；勤劳勇敢、知难而进的艰苦奋斗精神；“富贵不能淫，贫贱不能移，威武不能屈”的坚贞精神；“与时偕行”“革故鼎新”“日新又新”的革新精神等等，已经成为中华民族世世代代、生生不息的力量源泉，是中华民族悠久传统文化的重要组成部分。

在中国新民主主义革命和社会主义革命与建设中，又不断地形成了中华民族的革命精神，这是中华民族精神在新时期的重要发展。这些精神就是：以“井冈山精神”“长征精神”“延安精神”“红岩精神”等为代表的排除万难、勇往直前、压倒一切困难的不屈不挠的革命精神；以“张思德精神”“焦裕禄精神”“雷锋精神”为代表的大公无私的全心全意为人民服务的精神；以“大庆精神”“铁人精神”为代表的新的艰苦奋斗、勤俭创业的精神；以“抗美援朝、保家卫国”为代表的自立自强的新的爱国主义精神，等等。这些革命精神对我国的新民主革命和社会主义革命、对我国的社会主义建设，发挥着极其重要的作用，没有这些精神作为动力和支撑，我们就不可能建立起今天

① 沈壮海、史君：《在弘扬伟大民族精神中砥砺前行》，原载于《光明日报》，2018 年 5 月 25 日，中国共产新闻网，http://theory.people.com.cn/n1/2018/0525/c40531-30013006.html。

的社会主义社会。①

十一届三中全会以来，特别是自十三届四中全会以来，在“实事求是”思想路线的指导下，在“一个中心、两个基本点”的思想指引下，在中华民族伟大复兴的感召下，中华民族精神又不断地发展以适合时代的需要，产生了一些新的精神。这些精神就是：以坚持“实践是检验真理的唯一标准”为代表的“解放思想、实事求是”的精神；中华人民共和国成立以来不断孕育发展的、以“两弹一星精神”为代表的“热爱祖国、无私奉献、自力更生、艰苦奋斗、大力协同、勇于攀登”的精神；以“抗洪精神”为代表的“万众一心、众志成城、不怕困难、顽强拼搏、坚忍不拔、敢于胜利”的精神；为社会主义四个现代化而努力的不懈奋斗精神；为实现中华民族伟大复兴、不断推动我国各个方面的事业不断发展的“紧跟时代、勇于创新”的精神；以徐虎、李素丽、李国安等为代表的新的“淡泊名利、无私奉献”的精神；以“抗震救灾精神”为代表的“万众一心、众志成城，不畏艰险、百折不挠，以人为本、尊重科学”的精神；以“载人航天精神”为代表的“特别能吃苦、特别能战斗、特别能攻关、特别能奉献”的精神，等等。这些精神是我们建设社会主义现代化和实现中华民族伟大复兴的精神财富。

伟大民族精神植根于中华文明的沃土，积蕴于漫长的民族奋斗史。中华文明源远流长、博大精深，积淀着中华民族最深沉的精神追求，代表着中华民族独特的精神标识，孕育了中国人民的宝贵精神品格和崇高价值追求，构建了中国人民的独特精神世界。

在新时代的伟大历史节点上，对中华民族精神作出新的全面阐述，有助于我们更加清晰深刻地认识自身，更有信心和毅力地创造我们民族的新辉煌，更加自觉地为人类文明贡献中华民族的智慧和力量。习近平总书记的重要讲话，明确回答了中华民族为什么能够创造出绵延至今的璀璨文明、为什么能够成功走出一条不同于世界任何国家的发展新路、为什么坚信民族复兴伟大梦想一定能够成为现实。这一重要论述，是对中华民族精神认识的进一步深化，是对中华民族何以自信的深刻回答，也是对新时代中华民族自信心的再激发。正如习近平总书记所指出的那样：“有这样伟大的人民，有这样伟大的民族，有这样的伟大民族精神，是我们的骄傲，是我们坚定中国特色社会主义道路自信、理论

---

① 罗国杰：《建设先进文化　弘扬民族精神》，转自《中国教育报》，2009 年 10 月 19 日，http：//www. zhmz. net/Article_ Show. asp？ArticleID =4235。

自信、制度自信、文化自信的底气，也是我们风雨无阻、高歌行进的根本力量!”①

所有这些民族精神鼓舞和激励了几代广播人，中华民族的精神始终影响着陈醇的播音艺术创作主旋律。陈醇是汉族，在下放农村时曾经深入到蒙古族和朝鲜族地区，后来又到过新疆、广西、湖南、云南等少数民族聚居区，每到一地，陈醇总要去了解和体验各民族的文化和风情，这一切都影响着陈醇的播音艺术创作。70 多年的播音生涯中，陈醇用他昂扬激情的语言艺术创作热情，用他“深沉稳健、舒展自如”的播音艺术风格，体现了中国人民优秀的民族精神。“他的播音里面的中华民族的庄重大方，也是体现在这个当中，这是共性。我们许多播音艺术家的共性就是庄重大方，绝不嬉皮笑脸，虽然嬉笑怒骂皆成文章，但是绝不哗众取宠，这是我们民族的一个非常好的传统，现在都变得零碎了。”②

张颂教授说，当然现在可能会有人说陈醇老师的播音也好朗诵也好，好像有一点过时，但是我们从他这个播音朗诵里听出来的，是我们民族文化的韵味。③ ……比如齐越老师，一代宗师，夏青老师、林田老师、费寄平老师，应该说是我们播音史上、20 世纪 60 年代初出现的四座丰碑、四个代表人物、四种典型的风格、无数个典范的作品，影响了一代又一代的人。这只是在中央人民广播电台，当时就是以中央人民广播电台为代表，代表我们中华民族的声音、社会主义中国的声音、人民广播的声音。④ 而作为地方台的代表人物，陈醇的播音同样始终体现着我们中华民族优秀而深厚的文化底蕴和文化精髓。

三、阶级

在阶级社会里，任何艺术风格都会受到一定的物质生活条件所产生的一定阶级的审美要求和审美理想的影响和制约。播音风格当然也不例外。而且，由于播音工作具有广播电视的新闻属性，广播电视是宣传和体现阶级意志的工具，是党的喉舌，所以，播音风格的阶级性特征就较为明显了。……播音风格所体

① 沈壮海、史君：《在弘扬伟大民族精神中砥砺前行》，原载于《光明日报》，2018 年 5 月 25 日，中国共产新闻网，http://theory.people.com.cn/n1/2018/0525/c40531－30013006.html。

② 根据笔者 2005 年 9 月 21 日对张颂教授访谈记录整理。

③ 根据笔者 2005 年 9 月 21 日对张颂教授访谈记录整理。

④ 根据笔者 2005 年 9 月 21 日对张颂教授访谈记录整理。

现的无产阶级的情感的内涵是丰富的。①

无产阶级的情感和内涵，是陈醇播音艺术风格形成的重要原因之一。

无产阶级代表着世界上最大多数人的意志和利益，它是人类历史上最先进的阶级，是新的生产力和历史发展趋势的代表，具有最强大的生命力。而中国共产党，历经风雨，带领全国人民取得了一个又一个胜利，集中体现了无产阶级的意志和利益，是一个富有生命力的政党。所以，朝气蓬勃、积极向上、亲切明朗是无产阶级播音风格的重要特征。②

陈醇的播音艺术创作，既有深沉、严肃的一面，也有轻松、抒情的一面，这些不同类型的语言创作和谐统一地体现在他的整体风格当中。陈醇所有的个人情感，都是和整个阶级、整个人民的播音事业紧紧联系在一起的，都是从节目稿件的内容出发、从媒介传播的全局出发的。因此，陈醇“深沉稳健、舒展自如”的播音艺术风格，不但是他个人的艺术风格，更是从他身上所体现出来地为人民服务和为人处事的一种状态和境界。

四、地域和电台

我国地域辽阔，电台、电视台分布全国各地。不同地区的社会风俗习惯不同，艺术审美情趣各异，这些也影响播音风格的形成。③

在地域辽阔的中国，社会民俗、审美情趣在各地也都会有着各自独特的风格特点。不同的地域和电台，直接影响着播音风格的形成。比如：中央台的大气庄重，上海台的晓畅自然，天津台的形象生动，广东台的活泼新鲜，等等。

地域和文化总是水乳交融、相互渗透的。中国文化崇尚“天人合一”“人人合一”，宋代的姜夔在《续书谱》中曾说过“艺之至，未始不与精神通”。文化是人类在历史发展过程中创造的物质财富和精神财富的总和，我们通常指精神财富。我们认识文化的传统主要是从我们民族的文化心态入手，研究播音艺术的风格，文化也是一个非常重要的因素。

陈醇出生在古都北京，深厚的历史文化底蕴早已在陈醇幼年的时候就潜移默化地影响着他的思维和视野了。十八岁陈醇来到了彭城古都徐州，在南京短

① 姚喜双：《播音风格探》，中国文联出版公司1992年6月第1版，第71页。

② 姚喜双、朗小平：《方明谈播音》，中国广播电视出版社，2000年1月第1版，第324页。

③ 姚喜双：《播音风格探》，中国文联出版公司1992年6月第1版，第72页。

暂停留之后又来到了洋溢着“海派”文化的上海。这种地域和空间以及文化的交错，让陈醇能够很好地“贯通南北”，北方的粗犷、江南的细腻；北方的大气、江南的温婉，无不影响着陈醇的播音艺术创作。陈醇播音风格中“深沉稳健”所体现出的，既有华北平原一马平川的豪爽大气，又有九曲黄河势不可挡的磅礴气势；而“舒展自如”所体现的，则既有江南水乡秀美灵动的韵味，又有万里长江大浪淘沙的底蕴。

上海是中国最早的无线电广播事业的发源地，也是中国广播的诞生地。陈醇刚刚到上海工作的时候，几家电台同时并存，既有人民电台也有私营电台，解放初过渡时期他们都必须呼三个台号：华东人民广播电台、上海人民广播电台、上海联合广播电台。陈醇回忆到当时的情景时说：“当时我们和私营台的主要区分是不一样，私营台是靡靡之音，那时伪台虽不像现在影视剧里那么夸张，但是我们是放开声音播音，他们是小音量、近距离的；我们要讲气魄、讲革命性、要体现内容……①到后来，统一称为“上海人民广播电台”的时候，上海台已经有了自己的特色和风格。陈醇在播音业务上一方面继续学习中央台的一些成功经验，同时也注重和兄弟台进行学习交流，在“华东片”的“片儿会”上，华东地区几家电台的同行互相学习、互相借鉴，并且都形成了自己的播音风格和特点。陈醇的播音风格也受到这些大环境、小环境的交叉影响，并逐渐形成的。

陈醇播音风格中的“深沉稳健”所体现出来的，既有华北平原那种一马平川的豪爽大气，又有九曲黄河势不可挡的磅礴气势；而“舒展自如”所体现出来的，则既有江南水乡那种秀美灵动的韵味，又有万里长江大浪淘沙的底蕴。这一切和谐统一地构成了陈醇那种特有的播音艺术创作风格。

张颂教授认为，在地方台，陈醇的播音艺术具有自己的风格和一定的代表性，我国20世纪60年代初出现的四座丰碑、四个代表人物、四种典型的风格是指齐越老师、夏青老师、林田老师、费寄平老师，“地方台，应该说陈醇老师是非常优秀的一位，可以和这四座丰碑相媲美，但是由于地域的限制（当然陈醇老师也在中央台播过），他的影响所及，虽不如以上四位。但是这并不意味着他的价值有所减弱。陈醇老师应该说是以上海台为代表，辐射到广大的南方地区，黄河以南。从解放一直到现在，不间断地在为广播电视事业探索、开拓，

① 根据2005年8月8日陈醇访谈内容整理。

应该说是地方台代表当中的非常有特点、贡献很突出的代表人物。也就是说他具有地方台的代表性，具有地方台代表人物里面有很大贡献的人物”①。

五、栏目和稿件

“节目和稿件对播音风格的形成，起着直接的制约作用。”② 每个栏目都有特定的语言要求，每篇稿件也都体现着作者不同的思想内涵。因此，一个播音员的艺术风格无不受到栏目和稿件的制约，在这些不同之中也无不体现着一个播音员和谐统一的播音艺术创作风格。

陈醇在70多年的播音艺术创作生涯中，涉及广播、电视的消息、评论、小说、诗歌、散文、专题片、录音报道等诸多的播音文体，而且在每个领域都有大量的成功作品，有些还成为经典的代表作品。这些不同种类文体稿件的播音，使陈醇的播音能力得到了极大的发展，陈醇的播音造诣也在这些大量的不同种类的稿件当中得到了锻造。

每种节目、每个栏目、每篇稿件，都有其独特的表达方式，同时又是相互融通的，这符合辩证法的对立统一原则。陈醇在宽广的播音艺术创作领域得到了全方位的锻炼，他将这些不同节目、不同稿件的不同语言表达艺术很好地区分开来，同时又将它们辩证地统一起来，这也是形成他“深沉稳健、舒展自如”播音艺术风格的重要原因。

第三节　陈醇播音艺术风格内在成因

陈醇播有艺术风格的内在成因，主要体现在性格特点、生活阅历、人生态度、审美追求、业务素养等五个方面。

一、性格特点

不同性格特点，影响着语言表达的方式。播音员的性格不同，也直接体现

① 根据笔者2005年9月21日对张颂教授访谈记录整理。

② 姚喜双：《播音风格探》，中国文联出版公司1992年6月第1版，第72页。

出其风格的不同。性格气质，是人的一种生理心理素质的综合，是人类高级精神活动特性的有机结合，是先天素质与后天陶染交互作用的“合金”。性格气质具有独特性和稳定性。它是播音员进行播音创作的心理和生理方面的内在动力，它构成播音员审美个性的生理心理基础。它主要通过情感、情绪的途径作用于播音员的语言表达方式。播音员外在的表达方式，必须与其构成审美个性的心理生理统一，才能具有确实属于自己独有的具有稳定性和生命力的风格。①

陈醇的性格平和、温润，儒雅、含蓄，而又热情、爽朗，他身材伟岸、举止和谈吐得体，尽显大家风范。我们在他的播音作品当中所听到的“深沉稳健、舒展自如”的播音风格，和他的儒雅、含蓄、张弛有度的性格是如此地表里如一、相得益彰。

陈醇认为自己的有时比较直白，有什么说什么，甚至还得罪人。在上海人民广播电台与陈醇的老同事一起座谈的时候，有人说陈醇当时担任播音组的领导，由于他对播音员的业务和纪律非常地严格，经常得罪一些同事，不过事后或者若干年以后大家都觉得陈醇还是为了大家好或者为了保证节目的正常播出，于是不但不对陈醇怀恨在心，而且对他的一贯作风更加崇敬了。

原中共上海市委宣传部秘书长尹明华在文章中写道：的确，陈醇是一个直言不讳、坦陈己见的人。他眼里容不得对工作的任何马虎态度，随意而不规范的工作程序，拖拖拉拉的办事效率。对一些看不惯的现象，他可以耐心地与人言之于理，在“看不惯现象”迟迟不见纠正之时，他会继续“爱管闲事”地找有关部门去直言不讳。他不知道这样做有时会得罪人，他也不在乎什么“得罪人”。一种对工作不寻常的热爱和负责精神，促使他会超越“情分”“面子”“关系”之类的重要性而“说三道四”。以至当他离开播音第一线时，依然认真地收听捕捉广播中的各种“纰漏”，一旦发现便打电话到有关部门“严肃指出”，偶尔在台内走廊楼梯口遇到当事编辑、记者，还会拉着对方认真地理论一番。“改不掉的固执习惯!”爱人张光霞常常这样说他，他也完全认账地这样说自己。可是，这个固执地严格要求自己也要求别人的陈醇，在偶尔采访的稿件被小他一辈的年轻编辑大刀阔斧删改播出以后，他却从不表现出任何不快或提出异议。他唯一的表示就是尊重地微笑和一再地“谢谢”!②

---

① 姚喜双：《播音风格探》，中国文联出版公司 1992 年 6 月第 1 版，第 74 页。

② 尹明华：《醇的声音，醇的人品——记上海人民广播电台高级播音员陈醇》，《陈醇播音生涯五十周年研讨会征文集》（内部资料），上海人民广播电台 2001 年 10 月，第 6 页。

陈醇还有非常真实、坚强、理性的一面。如果说“声如其人”的话，我们在陈醇的播音艺术作品当中听到的大多体现出了他“真实”的一面，这种真实融入的是他对作品、对作者、对听众真实的情感，丝毫没有矫揉造作之嫌；说他坚强，因为他在一段时期内经受住了苦难的考验，顽强地度过了困难，面对逆境他没有丝毫的退缩，而是镇定自若地朝着自己的方向前行；说他理性，是因为在大风大浪的洗礼当中，他总是能够非常清晰明确地认清自己的方向，不会在动荡和混沌当中迷失自我。

陈醇性格中的这些特点，潜移默化地融入进他的艺术创作当中，使得他的播音艺术生涯能够经久不衰，也才会有我们听到的一大批播音艺术的经典作品。

二、生活阅历

播音员不是生活在真空中，社会生活的时空时时刻刻都在作用着他（她）。由于播音员生理心理相统一的审美个性，不光具有其先天性，而且还有其社会性。所以，播音员的生活经历和社会实践，也影响着播音风格的形成。①

图 7－2　耄耋之年的陈醇

在谈到陈醇的播音风格时，张颂教授说：“他创作风格的形成，既有时代的烙印，又有自己的人生足迹。时代的烙印，是指他跟着时代走，观察时代的发展变化，风云变幻当中有自己的主见；自己的人生足迹，是指他南北东西，包

① 姚喜双：《播音风格探》，中国文联出版公司 1992 年 6 月第 1 版，第 74 页。

括北大荒，来回地颠簸奔波，有他自己的主见。这样两方面的主见就形成了他看待社会、看待时代的沉稳风格、一种心态。”①

从北京的高碑胡同的孩童到中央广播局学员；从徐州到南京再到上海；从大城市到农场林区；从地方到全国……这些丰富的人生履历给了陈醇以丰厚的人生积淀，也在他日后的诸多经典播音艺术作品当中有所体现。他的诗歌《有的人》《琵琶行》，散文《白杨礼赞》《愿化泥土》《奶娘的遗言》，小说《红岩》《烈火金刚》《万山红遍》《难忘的战斗》《挺进苏北》《铁道游击队》等每一部作品都是这种阅历积淀的“厚积薄发”。

三、人生态度

陈醇自己说他的人生态度是：把自己从事的宣传工作和社会的大局融为一体。

陈醇平生忙碌，尽管没有研究过怎样养生，但是在70岁之前从来没生过大病，没住过医院，生活中心平气和，遇事尽量顺其自然。所以，虽年逾古稀，精神尚好，有些工作还能承担，社会活动也照常参与。

陈醇的人生态度，从他曾经应《康复杂志》之约所写的一篇有关健康养生的小文章中就能够看出来了。文章的标题叫作《能吃能睡，“没心没肺”》。陈醇认为，一个老年人最好能摆脱琐事的劳累，也不要依靠吃补药保健，而要尽力养成豁达潇洒的处世习惯为佳。所以，陈醇的养生之道概括地说就是“能吃能睡，没心没肺”。

要能吃能睡而不贪吃贪睡，才能保持身体健康。陈醇对衣食住行一向随遇而安，对于吃的，不论精的、粗的、细的、淡的、咸的、甜的，只要吃饱就行，遇到适口的、好吃的、高档的菜肴也决不贪吃。当然，因为工作的需要，刺激性强的得少吃，甚至不沾，在用嗓时是不吃冷饮的，要注意喉部、声带的保健。从事播音工作几十年来，陈醇的嗓音没出过问题，没找过医生诊疗。他也从不失眠，工作再紧张，驻地再陌生，条件再艰苦，只要脑袋一搭上枕头就能入睡；有时还能抓紧零碎时间打个盹。陈醇认为，胃肠通畅，睡眠充足，才能使他精力集中，反应灵敏地投入播音工作。

陈醇所说的“没心没肺”，其实是说为人处世要少个心眼，多些气量：

---

① 根据笔者2005年9月21日对张颂教授访谈记录整理。

“没心没肺”这四个字的意思，按我自己的理解就是少心眼，不生气。在这市场经济的社会里，令人心态不平衡的现象比比皆是，但我一不盘算二不攀比。盘算使人费心思伤神气，心眼变小。攀比使人永不知足、徒生怨气。我一生钟爱我的事业，直到现在，还带学生、录磁带、做节目，担任不少义务的社会工作，不拿分文报酬，但若以自己对社会的贡献来衡量自己从社会的获得，我是获得大于付出，我已经心满意足。其实，大千世界，许多人追求的不外是名和利，如果一个人不计得失，不重名利，宠辱不惊，超然物外，那就会不怨不怒，不气不恼，心境平和，胸襟开阔，就会把什么事都看得开。我想，我说的“没心没肺”意思也就在于此。①

（节选自《能吃能睡“没心没肺”》）

面对一些令人不满的现象，陈醇一不计较，二不攀比，因为他认为，计较使人费心思伤神气，心眼变小；攀比使人脱离现实，徒生怨气；弄不好还会产生凶狠、贪婪的心肠，用他的话讲，那可就是“狼心狗肺”了。

陈醇一生钟爱着播音事业，他说：“若以自己对社会的贡献来衡量自己从社会中的获得，我是获得大于付出，已经心满意足了。我想，一个人不计得失，不重名利，心境平和，宠辱不惊，超然物外，那就会不怨不怒，不气不恼，胸襟开阔，什么事情都能看得开”。

陈醇平时在工作和生活中认真而又谦和，给很多人留下了深刻的印象。峻青回忆道：陈醇同志是一个非常谦虚的人，每在播这些作品之前，总要对作品反复阅读琢磨，有时还要征询作者的意见，与作者一起共同研究切磋。我不仅欣赏陈醇同志精湛的播音艺术造诣，更敬重他的为人。有道是“文如其人”，音又何尝不如其人呢？闻其声而如见其面。陈醇同志的为人淳厚质朴，坦率真诚，尊友谊，重情义。古道热肠，乐于助人。②

陈醇在平时非常注重对知识的积累：在我多年的播音实践中，经常会感到自己的知识欠缺，对要播读的书或文章不甚理解，这时我就得向书本请教，寻找解答。各种鉴赏辞典和百科全书为我提供了许多方便。若有可能和条件争取向原作者请教，使我受益匪浅。播读什么，学习什么，而且要真正学懂弄通是

① 陈醇：《能吃能睡，“没心没肺”》，原载于《康复杂志》1999 年第 9 期。

② 峻青：《德艺并重——贺陈醇同志播音生涯五十周年》，《陈醇播音生涯五十周年研讨会征文集》（内部资料），上海人民广播电台 2001 年 10 月，第 8 页。

提高自己知识水平的有效方法。平时在工作之余爱好读书是一个人提高品质修养的必要途径。①

陈醇确是一个固执的人。他坚持以规范化的标准来严格要求自己的播音工作。每次从编辑手中接过稿件，首先是认真地看，其次是“演习”似的轻声诵读，对一些专用名词，如人名、地名、产品名称等以及重音和该停顿该连接的地方，都用一定的符号把它标出来，以便于播音时连贯自然，一气呵成。他还坚持以规范化的标准来要求采编工作。对稿件的质量，诸如语法的合乎规范，语序的前后衔接，遣词造句是否得当以及编辑编排稿件、节目中的一些倾向性问题，他常常提出中肯的批评和建议。②

陈醇家中的书桌上，抄录着一首七言诗：“不炼金丹不坐禅，不为商贾不耕田。闲来写就青山卖，不使人间造孽钱。”熟悉陈醇的人都说，这是他人格的写照。陈醇应邀外出讲课，从不肯多收超出标准的讲课费；同意受聘于浙江广播电视专科学校兼职教授之前，他唯一的条件就是“坚决不收任何兼职费”。应邀在无锡台演播新小说，他不要小车接送，要了个没有彩电、沙发、卫生间的客房，服务员错领他到大餐厅吃了好几天大众饭，他非但不恼，还坚持要掏饭钱。他给无锡台的许多同志留下了可贵的“醇”。到福建电台讲课，人未归，一封由对方单位盖章的表扬信已先到了上海电台台长办公桌上，信中说：“陈醇同志在我台讲了6个半天的播音业务课，内容扎实，效果很好，每天下午和晚上还对我台播音员进行个别辅导……按照陈醇同志本人的意见，他在福州工作期间就住在局招待所，在电台食堂吃饭，外出活动步行或骑自行车，他作风俭朴、稳重，这方面给我们留下了很好的印象……”③

张颂教授说陈醇的人生态度非常地沉稳，“但是这种沉稳里头没有任何消极，我们从沉稳当中能体会到昂扬，从叙事过程里体会到他的激情。所以他的人生态度和工作状态是为一体的，不是两张皮，到话筒前镜头前我一个模样，到底下我又另一种人生态度，他绝对不是这样的。这种统一性是对我们最重要的一种启示。”④

---

① 陈醇：《播音与读书》，《新民晚报》，1999年8月4日。

② 尹明华：《醇的声音，醇的人品——记上海人民广播电台高级播音员陈醇》，《陈醇播音生涯五十周年研讨会征文集》（内部资料），上海人民广播电台2001年10月，第5页。

③ 尹明华：《醇的声音，醇的人品——记上海人民广播电台高级播音员陈醇》，《陈醇播音生涯五十周年研讨会征文集》（内部资料），上海人民广播电台2001年10月，第6页。

④ 根据笔者2005年9月21日对张颂教授访谈记录整理。

比较而言，陈醇的人生态度更为人们所称道：“现在我们整个社会的浮躁风气，深层原因不说了，市场经济的一定刺激啊，国外的殖民地半殖民地的影响啊，这都不说了，就说我们自己，急功近利、急于出名、急于得利。这样的指导思想下，不可能走陈醇的道路；想走陈醇的道路，就必须甘于寂寞，志存高远，一点一滴地做起，一步一步地走去，这只能看自己了。所以任何一个人才，像陈醇老师，包括齐越老师他们，之所以出类拔萃，就是因为他们与众不同。哪里与众不同？人生的观念不同。我这辈子活下来要干什么？我的价值所在是什么？我要为人民做些什么？……这样经常掂量生活的意义，就会对自己严格要求，而且没有止境。现在也还有一些有志的青年，在走这样一条路，但是成长起来比较艰难。甚至说我毕业了我工作了，我得养着老婆孩子，我得赡养父母，我得有房子我得有车，这都是现实问题啊。在这种竞争的情况下，如果要踏踏实实地坚持这个，那很困难，更要花费心血，更要有付出。”①

四、审美追求

播音风格的形成过程，是播音美的创造过程。所以不同的审美追求和理想，对播音风格的形成具有重要作用。……审美追求以性格气质、生活实践为基础，同时还融进了文化素质、思想修养等重要特征。②

什么叫作美？陈醇举了个例子来阐释自己的理解：“有一年在宁夏召开了一次学术研讨会，有的人说陕北时期的广播，受当时条件限制，播音的音色和语言都不算美。其实任何事物都是辩证的，任何事物也都有美的成分，粗犷有粗犷的美，简陋也有简陋的美，只要存在的，被人民群众接纳的东西就是美的，整体的、和谐的美，是高层次、总体的美。”③ 陈醇认为，美有自然美和塑造美，我们追求的是语言朴实的美，这种美不是去创造美，而是通过我们的再创作最终达到和谐的美。这种美与不美是客观的，而且随着时代的变化，审美也是前进的，比方说，地域的问题，西北的粗犷美，江南的秀丽美。

陈醇曾经表达过自己对播音业务的看法：我追求的播音效果是，诗的意境、美的享受、情趣横生、耐人寻味、雅俗共赏、爽心悦耳，给听众提供信息，使

---

① 根据笔者 2005 年 9 月 21 日对张颂教授访谈记录整理。

② 姚喜双：《播音风格探》，中国文联出版公司 1992 年 6 月第 1 版，第 75 页。

③ 根据 2005 年 8 月陈醇访谈记录整理。

他们增长知识，提高鉴别善恶美丑的能力，从而领略祖国四化建设中的无限风光。①

陈醇很早以前就谈到过自己对业务实践的一些建议：

> 自从学习了苏联经验后，男女合播及配乐的形式被大量地运用着。一篇稿件、一个节目讲几件事情，用男女声或间奏音乐把它分开是个好办法。但有的稿件中只用男声讲每个内容前面的“小标题”一句，女声讲整个内容，就不如男女声交叉各讲一内容好。有的稿件由一人问一句，另一人讲一大段，这也要男女声合播，我看这就不一定非用对话不可；还有些稿件配了乐，编辑同志仅填了一张“放送唱片通知单”，如：“希选国乐唱片两张（格调一致）作间奏曲用”，也不管是否符合稿件要求，“唱片间”就配了两张。但在播出时究竟应该怎样配法，哪个地方配哪一段，配多长时间等，使播音员做了难。往往配的音乐与播讲的感情、节奏不够调和，破坏了节目的完整性。我认为配乐的目的不是为了“好听”或“间隔”，而是配乐可以衬托感情把内容更好地贯串起来，所以不要勉强配上去。②
>
> （节选自《几点建议》）

陈醇始终都将巴老曾经说过的一段话当作评判播音作品的依据：“任何一部作品发表以后就不再属于作家个人，它继续存在，或者它消灭，要看它‘社会效益’，要根据读者的需要和判断来决定。”说得多好啊！我想，我们的播音作品也应如此。③

而对于播音员应该有怎样的业务审美追求，陈醇则认为：播音员（节目主持人）必须音色优美，语音规范，吐字清晰，不但语言能打动人，还要有真情实感，这就要求播音者深入挖掘文字作品的内涵，准确把握它的意思。对内容理解得越深刻，播音才会越有激情，越有感染力。这就得多读书，广读书，使自己具备较深厚的文化积淀。可以说播音和读书的紧密联系是与生俱来的，读书是播音员语言表达艺术的基石。④

---

① 陈醇：《深情　活泼　亲切》，《广播电视业务》（内部资料），1985 年第 11 期。

② 陈醇：《几点建议》，上海人民广播电台《边做边学》（内部资料）第 5 号，1957 年 6 月 12 日。

③ 陈醇：《“把心交给读者”——巴老的教诲》，《我们的脚印——上海老新闻工作者的回忆》（内部资料）第 2 辑。

④ 陈醇：《播音与读书》，《新民晚报》，1999 年 8 月 4 日。

在陈醇的播音艺术作品当中所呈现出来的审美追求，张颂教授是这样评价的："不同风格的作品，到他自己身上，他会体现一种伽达摩尔说的'视域的融合'。"

五、业务素养

每个人的声音条件、形象条件是形成不同风格的基础。当然这种条件只有和感情结合起来，才能具有生命力和表现力。离开了感受、感情，它只是一个空壳。①

关于播音员主持人的业务素养，张颂教授曾说过：我们是新闻工作者，新闻性是我们播音的根本属性，艺术性是它的重要属性。最核心的是语言功力，语言功力包括八种能力，从观察力开始。它不仅仅是语言的功力，光是要嘴皮子不行，要从观察开始，一直到调节。②

陈醇深知自己不但是语言艺术工作者，更是一个新闻工作者，因此在他50多年的播音生涯当中，始终以一个新闻工作者的标准来要求自己，不但苦练语言基本功，更在长期的实践当中大量的积累，如今造诣深厚的语言功力以及那么多流传至今的经典作品，都基于他几十年如一日的勤奋刻苦。

> 我一直把播音创作的每一个过程都当成是学习文化、增长知识的良好机会。我以为，播音员面对大量的稿件不能不懂装懂，更不能想当然地把一些字猜测定音。应该养成一种勤学勤问的良好习惯，遇到不懂的内容立即向编辑或作者请教，不识的字、不解的词多查字典。在五六十年代，我们与上海辞海编辑部资料室建立了联系，可随时用电话向他们咨询。为了查阅方便，我还特意购买了一些专业词典，如《中国戏曲曲艺词典》《宗教词典》等，帮我解决了播音创作方面的诸多问题。有时还请记者给我们讲述采访写稿的经过，使我们既掌握了一定的知识，也感受到了稿件文字、数字背后所具有的生命力，增强了播音创作欲望，调动了播音创作情感。那时，遇到重点报道都要做精心的准备。如我国领导人要出访某国，我们事先就得查阅该国的地理、历史、经济状况等方面的资料以及两国间的关系情况，还要把该国领导人的姓名、职务、首都名称等上口记熟，播出时

---

① 姚喜双：《播音风格探》，中国文联出版公司1992年6月第1版，第76页。

② 根据笔者2005年9月21日对张颂教授访谈记录整理。

就可以得心应口。就这样点滴积累几十年，不知不觉中使我的知识渐渐地丰富起来。①

（节选自《广播，终生事业——上海人民广播电台五十周年庆》）

陈醇从第一天当播音员开始，就没有停止过对语言功力的追求，除了苦练基本功，他还经常从其他语言艺术形式和戏曲、戏剧等姊妹艺术学习借鉴。除此之外，陈醇还特别重视自己新闻素质的提高，在年轻的时候经常亲临第一线参与新闻的采访报道，如今虽然已是耄耋老人，但他仍然把关注新闻事件作为自己日常的必修课。

正是他的这种努力和执着，陈醇才获得了今天这样的深厚造诣和丰硕成果。

图7－3　陈醇20世纪80年代在家中做文稿准备工作

① 陈醇：《广播，我终生的事业——为纪念上海人民广播电台50周年台庆而作》，《中国广播》1999年第4期，第30页。

第八章　陈醇播音主持艺术观念

艺术创作是指艺术家运用自己的艺术经验、艺术观念以及审美体验，通过一定的艺术媒介和艺术语言，把特定的艺术内容、艺术形式转化为艺术形象、艺术作品和艺术文本的创造性活动。

播音员是播音艺术创作的主体，所观照、实践和创造的对象就是播音艺术创作的客体，包括社会生活、自然界和人在内的客观世界，具体到播音创作活动中就是稿件、信息或事实等有声语言表达的依据。

播音作为一种有声语言艺术创作，创作主体播音员的艺术经验、艺术观念和审美体验，以及生活积累、思想倾向、性格气质、艺术修养，是播音艺术创作活动得以顺利开展和最终完成的前提、基础，直接影响艺术创作活动。

播音员从特定的审美感受、体验出发，运用形象思维，按照美的规律对创作素材进行选择、加工、概括、提炼，再通过音声化的具体语言表达将主观与客观交融的审美意象表现出来，最终完成内容美与形式美和谐相统一的播音艺术创作。艺术创作不应只是关注技法技巧问题那么简单，还应着重于启发人们认知并思考事物本质等核心问题。

陈醇的播音艺术观念，既是自己对跨越半个多世纪播音工作的思考，也是自己播音创作实践经验的高度概括和总结，这些观念所具有的时代性、历史性和普泛性应该会带给年轻从业者们以启示，让中国播音事业在新征程上秉承前辈优良传统，锐意进取、开拓创新。

第一节 陈醇播音主持艺术工作思考

陈醇跨越半个多世纪的播音艺术生涯，可以说是伴随着中华人民共和国播音事业发展的每个阶段一路走来。在漫长的70年中，他对播音事业和播音工作的感悟颇多，有的已经融入他的播音工作当中，有的已经形诸文字见于专业期刊杂志。对此，中国传媒大学播音主持艺术学院张颂教授曾经这样评价道："可能他的理论著述不是很多，但是他的观点非常鲜明，而且完全符合广播电视播音的规律。他提出的问题有时候深入浅出，比如像'播音是职业，主持是岗位'，他还提出'大众情人''大众仆人'的论述，他对第一线、对我们队伍里面或社会上的一些问题能够非常敏锐地捕捉到，然后可以深入浅出地阐述，这是很不容易的。这个体现了他的责任感、使命感，也体现了他的智慧。"①

一、"播音员"与"播音工作"

陈醇认为："播音员"就是专门从事播音工作的人员，"播音员"有个发展过程的，原来叫作"广播先生""广播小姐""报告先生""报告小姐"，后来又叫作"广播员"，最后演变成"播音员"。当然，这个词的定义和内涵将来可能也会有所改变，但有一点应该明确，就是说播音员一定要是在广播电视的话筒前进行有声语言传播、具有专业素质的人。

陈醇在《播音员职业介绍》中阐释道：广播电视机构中从事将书面文字变成有声语言进行再创作的专业人员。② 结合广播电视节目中播音员主持人的工作方式和现代媒体传播方式等特点，陈醇认为：播音员的用武之地是极其广阔的。直播就是播音员发挥自己优势的一种独特手段。它将全市、全国、全世界发生的最新消息，在新闻节目时间里迅速地直接播出去，这就近乎在一天中出版发行了多次报纸。直播更适宜于灵活多变的广播运转，增强与听众的直

---

① 根据笔者2005年9月21日对张颂教授访谈记录整理。

② 陈醇：《播音员职业介绍》，中学阶段职业指导研讨会交流材料（内部资料），1989年11月3日。

感交流。① 作为一个播音员，应该确立正确的政治观点和专业思想，扩大视野，认清播音工作的重要地位，掌握广播特点，扬长避短，运用播音艺术，在广播所能占有的时间和空间内，发挥最大的宣传效果，打动千百万听众的心。②

对于“播音工作”陈醇是这样阐释的：就是播音员所从事的具体工作，播音员应该用标准规范的汉语普通话，把稿件的内容准确、清晰地传达给受众，完成一次“再创作”。播音工作其实和社会上其他普通的工作一样，任何一样工作都需要人去做，任何一样工作都是在为人民服务，所以播音员所从事的播音工作，从根本上来说，也是要以为人民服务为宗旨的。

播音是一门专作用于听觉/视觉的语言艺术，是广播电台/电视台进行宣传教育的最基本的传播手段。站在广播/电视工作第一线的播音员在完成党和人民所赋予的光荣职责和发挥广播/电视优势、自己走路方面，有着特殊的职责。③

常言道，对什么人说什么话，到什么山唱什么歌。这句话可作为我们运用播音艺术的借鉴。也就是说宣传要看对象，播音要讲究语调。而对象和语调的关系又非常密切，只有把这二者辩证地统一起来，才能使播音恰到好处。④

从以上对“播音员”与“播音工作”两个基本概念的理解上不难看出，在陈醇的内心深处无论是“播音员”的身份，还是“播音工作”的本质，都是为党和人民服务，这是本质，也是宗旨。

在20世纪80年代中期，陈醇对“播音员”与“播音工作”曾经有过更为全面的阐述：

> 播音工作是广播电视宣传工作的重要组成部分，是编辑部工作的最后一环，是语言广播的集中体现者，是面对广大听众/观众进行直接交流的前线岗位。播音工作岗位是十分光荣的，同时也是十分艰巨的。

---

① 陈醇：《探求规律 自己走路——对播音工作的一些认识》，1981年全国各省市自治区广播电台普通话播音经验交流会议上的发言。

② 陈醇：《探求规律 自己走路——对播音工作的一些认识》，1981年全国各省市自治区广播电台普通话播音经验交流会议上的发言。

③ 陈醇：《探求规律 自己走路——对播音工作的一些认识》，1981年全国各省市自治区广播电台普通话播音经验交流会议上的发言。

④ 陈醇：《探求规律 自己走路——对播音工作的一些认识》，1981年全国各省市自治区广播电台普通话播音经验交流会议上的发言。

一、播音员是党的宣传员

播音工作具有鲜明的党性、严格的宣传纪律。播音工作的主要任务是紧密结合当前形势，密切联系群众实际以适当的方式运用有声语言准确鲜明生动地宣传党的纲领路线、方针政策、工作任务和工作方法；为党和政府的中心工作服务，成为党得心应手的工具；迅速、及时地提供国内外形势变化的最新消息，为广大听众服务，成为他们喜闻乐见的知心朋友；成为党和政府联系广大群众的桥梁，在两个文明建设中发挥作用。……

继承播音工作的优良传统，学习老一辈播音员热爱党的事业，满腔热情地宣传党的主张，发扬爱憎分明、刚柔相济、严谨生动、亲切朴实的播音特色，在新的历史时期，努力创新，为加快开创社会主义建设新局面的步伐作出新贡献。

二、播音员是新闻工作者

“广播电视机构从性质上说，它首先是新闻宣传机关，各方面的工作必须按新闻宣传机关的性质来要求”。“广播电视新闻的播出，最后是由播音员完成的”。新闻性节目是广播宣传的骨干，播音员的首要任务是把新闻性节目播好。……

我们要适应时代发展的要求，克服新闻播音中存在的缺点，在新闻改革中搞好播音工作的改革。

三、播音员是语言艺术家

播音员是以编辑部的文字稿件为依据，运用有声语言进行再创造，这就要求播音员不仅能正确而深刻地体会稿件的思想内容，并且要在运用有声语言艺术方面具有丰富的语言表达能力，这是一个播音员必须具备的基本技能。

对于普通话播音员来讲，还负有推广全国通用的普通话的光荣使命，自然也就必须注意自己的语音规范，语调正确。

播音员在进行语言艺术再创造时，必须遵循正确的创作道路，即：在“理解稿件—具体感受—形之于声—及于受众”的过程中，达到正确理解与准确表达的统一，达到思想感情与尽可能完美的语言技巧的统一，达到体裁风格与语言形式的统一，坚持语言技巧为宣传内容服务的原则，努力把稿件的内容和精神实质传达给听众。……

新的历史时期，对广播宣传工作提出了新的要求，要通过广播努力反映新时期的时代风貌，反映人民群众丰富多彩的生活情趣。播音也应发挥它的独特作用，创出新的形式、新的风格，使我们的播音百花齐放，更好地为广大听众服务。①

（节选自《播音——光荣的工作岗位》）

我们所说的主持，是广播电视节目的主持。节目主持人是应广播电视节目的设置而产生的，并不是先有主持人再定节目，这一点应该首先明确。做一个节目的主持人，必须有与这档节目相关专业的较丰富的知识。在中国，广播节目主持这一形式在新中国成立前就有，那时称“报告先生”“报告小姐”，他们中至今仍有健在的。当年有资本家在私营电台里买时间，找艺人演播，他们便受雇“主持”，并在话筒前广告、介绍节目内容，有的人甚至“赶场子”跑几家电台去播音。……那时不叫主持人，但工作性质和现在的节目主持人确是一样的。或许“节目主持人”这一名称将来还会发生变化，但这并不重要，重要的在于其工作的实质如何。②

二、“播音工作不是青春职业而是终生事业”

关于“播音不是青春职业而是终生事业”的思考由来已久，直到 1992 年陈醇写了一篇文章明确地谈到并阐述了个人对此观点的认知才真正形诸文字，并受到业内同行和专家们的赞同和肯定。

1992 年上海台的徐杨、杨磊、魏星、王丽四位播音员到了退休年龄。回顾 35 年前的冬天，这四位年轻同志经过中央广播事业局培训后从北京来到上海投入播音工作的情景还在眼前，时光荏苒，他们已经到了退休年龄，上海电台为他们举办了一次活动。当时，全国范围内像他们这样在中华人民共和国成立后成长起来的很多播音员大都到了离休或者退休的年龄，从他们身上体现了播音工作是可以成为终生事业的，所以陈醇认为这些鲜活的例子足以证明：播音工作是可以成为终生事业的，而不应该狭隘地理解为青春职业。

① 陈醇：《播音——光荣的工作岗位》，《播音知识讲座》（内部资料）第 1 讲，1984 年。

② 鲁连显、陈少波：《走出误区　把握未来》，《浙江广电高专学报》，1996 年第 2 期、第 3 期合刊。

图 8－1　陈醇 1992 年 12 月祝贺杨磊、王丽、徐杨、魏星从业 35 周年并合影留念

“我们这些人干了几十年了，老喜欢考虑问题，播音工作到底是青春职业还是终生事业？作为播音员来讲，从思想认识上恐怕是一个主要问题。”“现在我们全国多少播音员是干到离退休的，恐怕也有不少人。……我的观点，播音员的发展方向不是出国打工，也不是升官发财，而是争取成为一名播音艺术家，一辈子从事播音工作。”① 和大多数同龄年轻人一样，陈醇在工作初期也出现过思想认识上的片面和偏差，对自己当时喜爱的播音工作没有十足的信心。由于受到一些错误思想的影响，和很多人一样都狭隘地认为播音工作是吃“青春饭”的，不知道自己事业的未来将会怎样、前途是好是坏，开始有了一些动摇。当时行业内出现的这一问题和现象，也引起了业界前辈们的重视和关注，当时的齐越有一个讲话录音，大致内容说的是齐越自己是怎样从一个俄语翻译改做播音工作的，而且一干就是一辈子，播音员是光荣的岗位，播音员要树立事业心。这段讲话录音，不但解决了陈醇当时的思想问题，还鼓舞了他把自己热爱的播音事业一直干到了今天，这也是陈醇后来提出“播音不是青春职业而是终生事业”的重要依据。

① 陈醇：《开拓　创新　进取——在东北三省播音工作会上的讲话》，《黑龙江广播》，1991 年第 2 期。

图 8-2　陈醇 1985 年 10 月在齐越家（右为齐越　左为陈醇）

这句话耐人寻味，富有很深的哲理，纠正了很多人一直以来的错误观点：播音员是吃“青春饭”的，播音工作也是“青春职业”。这不但对大众是一个误导，对播音员队伍的思想也起到了不良的影响。陈醇说：应该让大家清楚地知道，播音工作不但是一个职业，播音员队伍中的优秀分子，更应该把播音工作当作自己的光荣使命、当作自己的终生事业才对，为人民的广播电视事业作出自己的贡献。

所以，陈醇提出的“播音不是青春职业而是终生事业”，不但明确指出了一个普遍观念错误，并且及时纠正了这个错误，无论对播音员思想、队伍建设也好，还是对广播电视的发展来说都具有重要的意义。

三、“播音员主持人要做‘大众仆人’，而不能成为‘大众情人’”

“播音员主持人要做‘大众仆人’，而不能成为‘大众情人’”这一观点的提出，缘由在于陈醇几十年工作实践当中耳闻目睹播音员主持人群体中确实存在的部分现实情况和真实现象。

改革开放初期，广播电视行业大发展，各种各样的频道和节目如雨后春笋般涌现出来。在一些主持人节目里，主持人受到听众和观众的喜爱、认可甚至追捧，更有甚者被受众认为是“大众情人”。有的播音员主持人甚至对此炫耀、标榜，不但津津乐道，甚至沾沾自喜，完全忘记了播音员主持人作为一个新闻工作者的身份；有的播音员主持人为了迎合部分受众的低级趣味，甚至在节目里不能很好地做一个“把关人”的职责，抛开频道、节目的定位，忘却了自己的身份，大谈花边新闻、个人隐私……出现这些现象，播音员主持人完全忘记了广播电视作的“喉舌”作用，完全没有“为人民服务”的意识。

陈醇曾经不止一次谈到这个现象和问题：

> 有的文章写到“所有从事话筒前工作的播音员、主持人应像对待生活中的恋人一样爱受众”，这似乎是受“大众情人”观点的误导。①
>
> （节选自《中国广播电视学会播音学研究委员会第七届优秀播音员主持人优秀论文讲评》）

> 至于西方国家的情况，我也不太了解，无法做全面比较，但有一点，孙家正部长指出，要防止主持人歌星化的倾向。我觉得很有必要。有人曾将节目主持人比喻成“大众情人”，对这样的提法，我的回答是：我们是“大众仆人”，而非“大众情人”，我们要做“名人”，而不做“俗人”。我们现在的主持人，尤其是电视台，大多是年轻小姐、漂亮女士，这就反映了一个问题，我们的广播电视还很幼稚。前些日子我接待美国《迈阿密时报》总编，他就大为惊讶，国外的主持人多是一些成熟的男性或女性，让人信任，能压得住台。②
>
> （节选自《走出误区　把握未来》）

正如陈醇的好友李济生先生所言：“要做‘大众仆人’，而不能成为‘大众情人’，这句话表明了陈老对自己的要求，其意境不正符合一切要从‘人民根本利益出发’之旨么？也正是陈老的敬业精神。就我所知他对工作是一贯严肃认真，一丝不苟。总是处处探索，不断追求，素抱艺无止境之志。勿怪乎他能留下那么多的精彩作品。”③ 因此，要做一个德艺双馨的播音员主持人，心里始终要牢牢记住这一点。

---

① 陈醇：《中国广播电视学会播音学研究委员会第七届优秀播音员主持人优秀论文讲评》，1996 年 9 月 2 日。

② 鲁连显、陈少波：《走出误区　把握未来》，《浙江广电高专学报》，1996 年第 2 期、第 3 期合刊。

③ 李济生：《我看陈醇》，《陈醇播音生涯五十周年研讨会征文集》（内部资料），上海人民广播电台 2001 年 10 月，第 12 页。

四、“爱岗敬业、勤学苦练、遵规守矩、善严求高”的16字规范

陈醇在70多年的播音艺术生涯当中，总结自己的实践经验，提出了“爱岗敬业、勤学苦练、遵规守矩、善严求高”的16字规范。这个总结，不但是陈醇自己多年从事播音工作的真实写照，也是他自己播音生涯的一个浓缩。

根据我在播音战线上长期的实践，有几点体会供大家参考：

1. 爱岗敬业。我们要不断培养做播音主持工作的深厚感情，专心致力于语言的艺术表达，不断增强事业心和责任感。我们从事的不是一种普通的职业，我们是党的宣传员、新闻工作者，同时又是语言艺术家，要把它当作终生事业，一辈子在这一大有作为的岗位上勤奋耕耘。

2. 勤学苦练。学习播音主持专业知识，练习吐字发声基本功；学习文化艺术知识，练习语言表达技巧；学习社会生活知识，练习思想道德修养；学习政策法规知识，练习敏感的反应和判断能力。还要发扬业务民主，开展播音批评，提高鉴赏能力。我觉得对播音主持作品，尤其是自己作品的鉴赏分析，是提高语言表达能力的有效途径。

3. 遵规守矩。服从管理，遵守纪律，讲求职业道德是播音员和节目主持人的天职，认真参加组织安排的学习活动和工作例会，加强政治理论和业务知识的学习，时刻不要在受众面前突出个人，而是要让受众记住你传播的内容，你是代表电台、电视台倡导一种思想，提倡一种风气，宣扬一种精神，所以必须严格遵守党的宣传纪律，规范自己的言行。

4. 善严求高。我们不能只满足于完成日常的工作，而是要对自己高标准严要求。在生活中做一个志趣品行高尚的人，在工作中要善于和勇于向艺术的更高境界攀登。要使自己的播音主持作品，不仅能得到受众的欢迎，更要经得起业内专家的推敲，不仅当时得到肯定，过若干年后拿出来还是精品。这就要求我们在艺术创作中要有极严肃的创作态度，高标准的艺术追求，同时还要多进行专业艺术理论的探讨。①

（节选自《队伍建设和人才培养之我见——2000年播音学术年会讨论时的发言》）

---

① 陈醇：《队伍建设和人才培养之我见——2000年播音学术年会讨论时的发言》，2000年11月6日。

陈醇播音艺术生涯给我们的启示颇多，他从实践中总结出来的这16个字对我们现实业务实践也具有积极的指导意义。

（一）看清现在存在的问题

尽管我们的广播电视事业正在大踏步地向前发展，我们的播音主持队伍正在空前地壮大，但是在这种行业的繁荣之下也存在很多问题。就拿媒体的播音员主持人队伍来说，现在从能够收听收看到的节目中经常会出现问题，如果是节目或者稿件的问题，播音员主持人可能还推脱部分责任，但是对于频频出现的语言问题和语言基本功问题，恐怕播音员主持人就在责难逃了。

陈醇在"第十一届全国优秀播音与主持作品（广播部分）讲评"中提到：从语言使用的基础问题看，规范性还是没有得到足够的重视。我们所说的规范不只是指语音，包括用词、造句、断句、停顿等等。国家规定，我们这个岗位上的所有人员的普通话水品测试都要达到一级甲等方能上岗。但实际工作中是否体现了这一水平呢？看来还存在一些问题，这反映在主持人的播音用语方面较为突出。……（如）"××电化产量目前排名居全国第一，占世界第六位"……"奥数金牌""市人大委员"，都是极不准确、使听众难以理解的用语。……广播语言稍纵即逝，听众没有更多的时间进行思考，因此我们特别强调用语的规范，不能随意地简化，要遵循一定的章法。这在我们的主持人节目播音中应特别注意，务必使我们传达的信息准确无误。……①

其实除了语言不规范、不标准以外，打开现在的广播电视我们还能看到和听到各种各样的播音员和主持人，他们有的奇装异服，有的怪腔怪调，甚至有的主持人从小生长在内地却操着一口四不像的所谓"港台腔"，连港澳同胞听着也起鸡皮疙瘩。还有的主持人在汉语普通话节目当中大量地使用方言或者言语间夹杂着外语，也不知道是为了和受众缩短距离还是为了炫耀自己的语言天赋，总之，当前的广播电视播音员主持人的语言存在太多的问题了，如果没有一个统一的要求，恐怕最后受到影响的必定是广大的受众了。

（二）树立正确的业务观念

陈醇说：我们许多播音员、主持人可能一直以为播音语言的基本功就是吐

---

① 陈醇：《第十一届全国优秀播音与主持作品（广播部分）讲评》，《播音主持艺术》(2)，北京广播学院出版社，2000年6月第1版，第11页。

字发声、重音停连等等，因此认为自己已具备大学文化程度，这些基本的东西太浅显，无须费神用功。这是要不得的一种态度。……用发展的眼光来看待播音语言基本功问题，我们会产生许多新的认识。我们一直强调播音员、节目主持人应该声音圆润、吐字清晰、字音规范、语言顺畅，这些已经成为从事这一专业人员的必备素质，也是需要长期磨炼的基本功夫。……如何迅速进入播讲状态、准确认识语法规律、及时掌握感情分寸也已成为我们应该具备的基本功夫了。根据节目的内容和形式来决定我们的播讲方法，综合运用重音、停连、节奏、语气这四种语言表达基本技巧，通篇谋略、细致区分、精心处理，才能创作出高质量的优秀播音作品。①

人民广播事业发展到今天已经80多年了，在这近百年的发展进程中前人已经总结出了很多经验，逐步形成了自己的风格和传统。如今媒体的发展随着社会的发展正在大踏步地前进，但是人民广播播音事业很多优秀的经验和传统我们是不应该丢弃的，而是应该继承和发展这些宝贵的东西，这不但符合事物发展的一般规律，也是我们事业得以生存和发展的根基。

从文化传承方面来说我们的媒体应该承担着继承和发扬中华民族优秀文化传统的重任。各行各业都有自己的传统，那么对于播音来说，就是要继承播音业务的基本功。

对我们的播音艺术创作要树立正确的观念，对我们的业务基本功尤其应该树立正确的观念，有了这个正确的思想，我们在前进的道路上才不会走太多的弯路，我们的业务水平才会不断地提高和进步，我们的队伍才会大踏步前进。

（三）勤学苦练夯实基本功

播音员主持人任何时候都应该勤学苦练夯实基本功，陈醇由此阐述道：基本功的重要性，恐怕没有人会怀疑。可是为什么会有这方面的问题呢？我想，对基本功的理解是不是应该进一步加深，如到了什么程度才算是基本功过关了，看来没有固定的标准。这要看你对自己的要求如何，对自己的要求越高，基本功所包含的内容也就越丰富，因此要学习和掌握的东西也就越多。对播音艺术而言，基本功就是力量，基本功就是创造，基本功就是艺术。只有打下坚实的基本功，才能在有声语言艺术表达的广阔天地里驰骋翱翔、挥洒自如，不断为

① 陈醇：《第十一届全国优秀播音与主持作品（广播部分）讲评》，《播音主持艺术》（2），北京广播学院出版社，2000年6月第1版，第12页。

受众呈现出一篇篇优秀作品，成为受众心目中的名人。①

陈醇在《第十一届全国优秀播音与主持作品（广播部分）讲评》中谈道：播音主持基本功是指播音语言和表达技巧的基本功夫。这里有两点：一是指对语言基础、基本规律的认识和掌握；一是指对有声语言基本技巧的熟练运用。②陈醇说：中国戏曲演员历来讲究"唱、做、念、打"和"手、眼、身、法、步"的四功五法，"拳不离身、曲不离口"，登台才能得心应手。我们同样需要这样的态度来对待我们的基本功。不只要有用气吐字发声的基本功力，还要掌握艺术语言表达的基本技巧，具备丰富多彩的文化知识，并加以相互融合，才能使我们的语言根据内容需要能快能慢、能高能低、能上能下、挥洒自如。③

对于播音员主持人来说，准确规范的普通话是必备的基本素质。播音员主持人虽然是新闻工作者，但是其语言具有很强的艺术性，因此不断加强语言基本功的锻炼和练习是每个从业人员必须做的功课，除了要勤奋苦练"嘴皮子"，还要广泛学习各种知识来充实自己的头脑，有机会的话还应该深入基层深入生活去体验和积淀生活，这些都是磨炼语言功力的有效途径。

广播有声语言具有"稍纵即逝"的特点，因此一个播音员主持人是否合格，语言基本功成为重要的条件和衡量标准。标准、规范的语音，清楚、流畅的表达，正确、认真的态度等等都是作为播音员和主持人应该具备的基本素质。

"有人曾言，播音工作须有一种完整的理念，认定播音是广播节目的组成部分，是发展广播节目的重要形体，是显示节目主题和意蕴的音化构筑。播音不止是广播的外表，而且是一种内容，是广播的重要特质。如果把播音只看成是某种变无声的文句成为有声的语言的手段，那就难以充分、正确发挥播音的应有功能。"④ 由此可见，我们的播音与主持承载的是传达信息和内容的重要使命，如果没有扎实的语言基本功，没有标准规范的吐字发声，这一切都无从谈起。

---

① 陈醇：《第十届全国优秀播音与主持作品（广播部分）讲评》，1998年10月7日。

② 陈醇：《第十一届全国优秀播音与主持作品（广播部分）讲评》，《播音主持艺术》（2），北京广播学院出版社，2000年6月第1版，第12页。

③ 陈醇：《第十一届全国优秀播音与主持作品（广播部分）讲评》，《播音主持艺术》（2），北京广播学院出版社，2000年6月第1版，第12页。

④ 高宇：《可佩的敬业精神》，《陈醇播音生涯五十周年研讨会征文集》（内部资料），上海人民广播电台2001年10月，第7页。

第二节　陈醇播音主持艺术创作理念

陈醇播音主持艺术创作理念，集中体现在“情”“意”“味”“畅”“准”五字要诀，同时对播音员主持人的思想及业务素养，以及继承、借鉴与创新等方面也有颇多见解。

一、“情”“意”“味”“畅”“准”五字要诀

陈醇在几十年的播音艺术实践当中总结出了“情”“意”“味”“畅”“准”五个字的播音要诀，生动体现了其正确的创作道路的精髓。在自己最初参加播音工作的徐州人民广播电台成立40周年的时候，陈醇将其潜心提炼的“情”“意”“味”“畅”“准”五字要诀传授给了年轻的从业者。

（一）“情”

播音是一门语言表达艺术，艺术就要讲究感情。语言是人们交流思想的重要工具，既然是交流思想，势必要表达观点、态度和感情。同时，很难想象，会有“不带感情”的播音，事实上，“不带感情”的播音，是没有的，而只有感情运用得恰当和不恰当的问题。①

有的人认为，播音员不用把自己的感情强加给受众，主张播音应该是不带感情、纯客观的，对此，陈醇并不认同。他拿播新闻来作例子，比方说新闻所报道的都是客观真实的事件，但是采编是有选择的，这就有个观点态度和倾向的问题，对于灾害性事件的报道就不能用一种轻松的、与己无关的口吻来播，而应该用一种关切、同情的口吻。

播音员要以声传情，就要善于调动和控制感情。调动感情的关键首先是对所播节目的内容要深入了解和感受，也就是说对稿件要有感情；其次是对服务对象要有感情，仿佛听众就坐在你的面前，在仔细听你的播音，他的细微反应

① 陈醇：《我从那儿起步》，《徐州人民广播电台成立40周年纪念专辑》（内部资料），徐州人民广播电台，1989年7月30日，第79页。

你都能感觉到。这样的播音才动情，才能感染人。同时，播音员还要善于控制自己的感情，总不能悲痛时泣不成声，气愤时声嘶力竭吧！而是要用真情实感去打动你的听众，使他们同你一起悲痛或气愤。①

“爱憎分明，刚柔相济，严谨生动，亲切朴实”是过去总结的播音工作的播音风格总体要求，陈醇认为这一概括是科学的，对现在的播音工作仍然是适用的，其中的“爱憎分明”就是指播音中要有鲜明的态度、恰当的感情。

（二）“意”

陈醇从事了几十年的广播播音与主持工作，他说：要让听众理解节目的内涵，体会到播出的意味，播音员必须自己对所播稿件的含意有充分的理解，并表达出应有的情调和意念。我国古代艺术家在谈论书画时，有“意存笔先，画尽意在”之说。他们在长期艺术实践中总结出来的艺术经验，对于今天我们从事语言艺术工作的播音员来说，仍有极大的现实意义。现在，我们广播节目中涉及新学科、新知识的内容越来越多，要把稿件含蓄蕴藉的意义表达得情真意切，使听众可以意会得到，确是十分困难的，需要我们付出艰苦的劳动。对于一个专业播音员来说，看稿件时如果能够像音乐家看五线谱或工程师看线路图那样认真，那样理解去感受，上面所说的那种困难是可以不断克服的，播音才会达意清晰，声尽意在，意味深长。②

陈醇是这么说的，也是这么做的。他无论在播讲几十万字的小说还是朗诵几十个字的小诗，他都要做大量的案头工作，为了表达出作者在原作中要传达的意思，他会反复琢磨甚至亲自去体验。没有这些艰辛的付出，我们就听不到这么多流传至今的经典，中国播音史上也不会有这位造诣深厚的播音艺术大家了。

（三）“味”

陈醇在谈到什么是“味”的时候说：“味”，播音作品展示的意趣和气韵。第一，它是在外部形式上的认同，即“像不像播音”？第二，蕴藉内涵的厚度和

---

① 陈醇：《我从那儿起步》，《徐州人民广播电台成立40周年纪念专辑》（内部资料），徐州人民广播电台，1989年7月30日，第80页。

② 陈醇：《我从那儿起步》，《徐州人民广播电台成立40周年纪念专辑》（内部资料），徐州人民广播电台，1989年7月30日，第80页。

力度。第三，体现出不同体裁、不同作者写作的个性、风格。我们常常说“某播音够味”，大致也是在这些层面上的趋同感。①

经常会在平常的广播电视节目当中听到或者看到一些平淡、甚至枯燥的播音，对此，陈醇认为：我们的播音最忌枯燥无味，而是要有意味，有趣味。只有播出味道来，听众才能听得有劲，当然，“味”是一种通俗的讲法。也就是说，所播稿件是什么体裁的？是什么内容的？以至于古、今、中、外，酸、甜、苦、辣，我们都要去研究体味，只有真正掌握了，播起来才会津津乐道，把各种意味播出来，使听众和播音员共同品尝。如果对所播内容兴趣淡薄，播音必然味同嚼蜡，不受听，不耐听。这就涉及语言表达的刚柔相济和节奏韵律的巧妙运用。还要讲究含蓄，有时将情意含而不露，才更耐人寻味。如果声音平直或感情过于外露，甚至矫揉造作，那会令人生厌的。当然，我们还得发扬个人的独特风度韵味，或炽热，或淡雅，或严谨，或挥洒，只要你的表达符合内容需要，你的播音就会意味无穷。②

（四）“畅”

播音是一种有声语言的艺术表达，它的语势应该似淙淙清泉，流得非常顺畅、自然，字字句句明快入耳，使听众一听就懂，毫不费解。一般说来，播音可分为有稿播音和无稿播音（现场描述或发挥）两大类。

陈醇认为：一个优秀的播音员在有稿播音时应该做到“锦上添花”，用声传情，完美表达。而在无稿播音时则能“出口成章”，快而不乱，慢而舒展，抑扬顿挫，运用恰当。现在，许多节目设置了“主持人”，而节日主持人是以个人面目出现的，是发挥广播特色的一种形式。作为主持人应该有更深的语言功力，在声调的运用、节奏的掌握、词汇的撷取方面有更高的造诣。播音语言中不能“水分太多”，听众急于了解的，讲时不得拖泥带水，如词不达意，快慢不当就会使人觉得不顺畅。……俗话说畅所欲言。只有流畅，才能通达，才能尽情地说清所讲的内容，也才能使听者舒畅，无阻碍地接受播者所传播的情意。③

---

① 范惠凤：《播音——陈醇的第二生命》，《播音主持艺术》（4），北京广播学院出版社，2002 年 1 月第 1 版，第 73 页。

② 陈醇：《我从那儿起步》，《徐州人民广播电台成立 40 周年纪念专辑》（内部资料），徐州人民广播电台，1989 年 7 月 30 日，第 81 页。

③ 陈醇：《我从那儿起步》，《徐州人民广播电台成立 40 周年纪念专辑》（内部资料），徐州人民广播电台，1989 年 7 月 30 日，第 81 页。

陈醇还认为：现在很多的广播电视节目当中都有了主持人的设置，而主持人又多以个人的形象、身份和受众进行交流，因此作为主持人的语言更应该体现出深厚的语言功力，语言也应该更加地得体、贴切、自然、流畅。

（五）“准”

对于“准”的理解，可能有不同的观点。但是陈醇认为：专业播音员语言要规范，首先语音语调要准确。说起来这是个常识问题，其实并没有真正解决。读破句、读别字的现象时有出现。所谓“准”的问题，是指语法要准确，用词要准确，语音要准确。前两部分当然还涉及记者和编辑，但是，如果播音员的基本功差，语法正确的句子被你读成破句，该连读的没有连读，不该连读的却连读了，听众就会费解，以致误会。而语音“准确”的问题，则是靠播音员来解决的。中国汉字是形音义相结合的文字，一字多音和多字同音的现象很多，播音员的吐字归音稍不注意，因发音欠准而使听众弄错意识的实例屡有发生。这方面是需要下苦功夫才能解决的。当然，“准”还包括对稿件内容和精神实质表达的准确完整。①

无论是语音的标准，还是语法的规范，或者是表达的准确，都涵盖在了陈醇所说的这个“准”字当中，要想做到这“准”，没有刻苦钻研、没有勤学苦练、没有日积月累，是不可能达到这种功力的。

二、思想及业务素养

陈醇认为“政治强、业务精、纪律严、作风正”这几点对社会主义新闻工作者的要求，同样适用于要求播音员主持人在思想政治素养以及业务素养方面：

> 政治强，我想不仅仅是指政治立场坚定，态度鲜明，时刻和党中央保持一致，其中也应该包含一种政治敏感性，体现在播音中，就是在任何时期，都要坚持正确的舆论导向。播音员有一个把关的任务，当然更不能随意乱说。……从某种意义上说，我们应该成为一个政治家。作为播音员，我们应该理直气壮地承认我们的喉舌作用，这是我们工作性质决定的。我们说政治强才能成为一个合格的播音员。

---

① 陈醇：《我从那儿起步》，《徐州人民广播电台成立40周年纪念专辑》（内部资料），徐州人民广播电台，1989年7月30日，第82页。

业务精，应精在何处？这里有两个理论误导应加以驳斥。第一，有人说播音员就会“照本宣科”。我回答：我们依照的是党的基本路线，宣传的是科学社会主义的思想，这关涉到宣传内容。其二，说播音员就知道“字正腔圆”。我回答：“字正”才能达意，“腔圆”才能传情。这是我在全国会议上的发言。这就是我们播音员的业务素质，我们的工作就是表情达意的，怎能不在字正腔圆地照本宣科上下功夫呢？……作为播音员，我们就应该有扎实的基本功，力求将我们所要传达的内容完美地表现出来，这才是基本的。业务精才能做一个称职的播音员。

纪律严，纪律主要是指宣传纪律和工作纪律。作为党的宣传员，首先应该遵守宣传纪律。该说的说，不该说的绝对不能说。不遵守宣传纪律，迟早会发生错误。工作纪律也是我们所必须强调的。无组织、无纪律，如何去有效地宣传党的方针、政策，如何为广大听众观众提供及时、准确、实在、周到的服务呢？纪律严才能是成熟的播音员。

作风正，指的是我们时刻不能忘记自己是党的宣传员、新闻工作者。随时随地都要严格要求自己。然而，我们有些播音员、主持人，有的开店赚钱经商，有的到别人厂里、店里要东西，更有甚者，甘做“金丝雀”。两种身份反差如此之大！很难让人相信从豪华别墅出来、开着“奔驰”的你，到台里后会把党的宣传工作做好。也许有人会说我是“老古板”、不开放。但我觉得，一个人的生活态度体现在他的生活作风之中。……作风正，才能成为一个优秀的播音员。

以上四点不是孤立的，他们是相互联系与制约的。①

（节选自《走出误区　把握未来》）

对传统媒体来说，新闻立台的宗旨让播音员主持人必须将思想素养放在第一位，同时还需要有过硬的业务素养和业务能力，以及广博丰富的知识积淀。因此陈醇提出了三点建议：第一，要努力学习政治理论和时事政策，取得理解和掌握稿件内容的能力，并充实和改造自己的思想感情。第二，由于我们的广播包括非常广泛的内容，这要求播音员要有广泛的知识，我们的文化水平越高，各方面的知识越丰富，工作起来就越方便越有把握。第三，播音艺术方面的修

---

① 鲁连显、陈少波：《走出误区　把握未来》，《浙江广电高专学报》，1996 年第 2 期、第 3 期合刊。

养和学习对播音员来讲也很重要。播音是用语言把内容传达给听众。因此，运用语言的技巧对播音员来讲比任何其他艺术表现形式要求得更高。我们要向生活中的语言学习，要坚持不懈地锻炼自己的声音和朗读能力。①

（一）关于思想素质

从陈醇半个多世纪的播音艺术实践当中，我们看到了老一代播音员端正严谨的态度和过硬的思想政治素质。从他的身上可以看到播音员主持人具有党的宣传员、新闻工作者和语言艺术工作者，三位一体的性质。

我国的人民广播从1940年12月30日开始，就是伴随着中国人民的革命斗争成长起来的。从抗日战争到解放战争再到中华人民共和国的建设和改革开放，作为战斗号角的人民广播激励着中国人民不断前进，因此，作为党和政府以及人民喉舌的播音员主持人，始终应该把思想政治素质作为非常重要的职业要求，贯穿在播音主持工作和业务实践当中。

陈醇曾经在发表于《新民晚报》的《播音与读书》一文中写道：记得培根这样说过："读书使人明智，读诗使人灵秀，数学使人周密，自然哲学使人精邃，伦理学使人庄重，逻辑修辞学使人善辩。"我读的书不多，深感底蕴不足，可我的亲身体会是，抓紧时间多读点书，尤其是文学类图书，对丰富播音创作情感和语言表达手段是大有好处的。当然，播音员是党的宣传员，马列著作、邓小平理论是必读的，这是做好播音工作的根本。②

从延安时代开始工作的播音员很多虽然都没有经过正规的专业训练，但是，他们都怀着饱满的政治热情和高度的责任感，以勇敢的开拓者的姿态，独立开创了人民广播的一代新风。他们每天认真读报，互相切磋，探讨和掌握播音要领。接到稿件，他们全身心地投入，认真准备，……仔细体会稿件的中心思想，以便把党的政策精神准确无误地传达给听众。当时没有任何录音设备，全部节目都是直播，如果出错就无法挽回。他们面对这样艰苦的环境和极差的工作条件，靠高度的责任感和严细的工作作风，出色地完成了党交给他们的任务。③

回顾我国人民广播的历史，无论革命战争时期，还是社会主义现代化建设

---

① 陈醇：《正确认识播音工作　在勤学苦练的基础上提高播音业务》，上海人民广播电台《收音和通讯》（内部资料），1955年8月6日。

② 陈醇：《播音与读书》，《新民晚报》，1999年8月4日。

③ 姚喜双：《播音学概论》，北京广播学院出版社，1998年5月第1版，第187页。

的今天，播音员都是党和政府的喉舌以及和人民群众紧密联系的纽带，因此，思想政治素质是一个优秀的播音员主持人首要和必备的基本素质。

在谈到陈醇的播音艺术对我们年轻的播音员主持人都有些什么启示的时候，张颂教授说："要热爱这个专业，矢志不渝，既不随波逐流，也不抱残守缺，这在思想上是非常重要的。现在思想混乱在哪儿呢？有些人对'党、政府和人民的喉舌'这一提法比较反感，这是非常错误的。一个国家要有一个国家的意志、国家的利益，我们作为新闻工作者必须去维护，任何一个国家的媒体都是在这么做的。有的纪律比我们的严得多，我们现在不是这个观念的错误，而是我们要做好，在思想上一定要提高，要重视思想觉悟。另外呢就是我刚才说的浮躁心态，急功近利，追求时髦和时尚，随波逐流，贪于一时之功、一时之欢，这样的几个极大地影响世界观、人生观和价值观的形成。"①

（二）关于业务素质

播音主持工作有其特有的工作方式和创作规律，因此，对播音员主持人的选拔和培训都是从以下几个方面来衡量的：标准、规范的普通话语音、清晰的口齿和圆润的嗓音条件、较好的语言感受能力和表达能力、较敏锐的思维能力与灵活应变能力、较好的形象气质条件和综合文化素质。

陈醇曾经这样阐述自己对播音员主持人素质与修养的理解：素质与修养包括许多方面，如理论、思想、学识、品行、艺术等诸多方面。作为节目主持人更应该注重业务修养，要有扎实的语言基本功和丰富的表现力，有较强的临场应变能力等等。然而这些，是不可能一蹴而就的，它要靠节目主持人持之以恒的学习、时间，日积月累才能获得。②

陈醇在《播音员职业介绍》中对播音员的专业素质有如下一些阐述：

> 从事播音专业的人员，必须拥护中国共产党的领导，热爱社会主义祖国，努力学习马列主义、毛泽东思想，宣传和执行党的路线、方针、政策；密切注意国内外形势的发展，在思想上、政治上与党中央保持一致，恪守新闻工作纪律和职业道德，为实现党在各个时期的任务贡献力量。……
>
> （播音员）应有广博的科学文化知识和丰富的社会生活经验，掌握现代

---

① 根据笔者2005年9月21日对张颂教授访谈记录整理。

② 陈醇：《〈感悟与升华〉序》，写于2000年。

汉语，懂得古汉语，最好能懂一门外语。尤其要熟悉播音基础理论和专业知识。

从事播音工工作必须具有良好的嗓音条件。音色纯正大方，还必须具备较高的理解感受力和语言表现力。……

必须经过严格而艰苦的业务磨炼，要使自己的嗓音保持良好状态，就得学会科学的用气发声吐字等方法；要使自己的语言规范、语调正确，就得掌握标准的普通话，语言、词汇、语法都很少甚至没有差错；要是自己能播送各种广播电视节目，就得熟练地运用停连、重音、语气、节奏这四种语言表达的基本技巧；要使自己的播音感情真挚、语言朴实，就得经常深入实际、联系群众、调查研究，全心全意为广大听众、观众服务。

播音员面对听众、观众说话，语言应清晰流畅，声音要朴实圆润，仪态须大方庄重，形象得优美传神。播音员要在各种条件下、多种场合里进行紧张的创作活动，所以必须具有良好的体质，尤其是五官需保持健康状态，还得有冷静的头脑，才能以充沛的精力和坚强的毅力，去驾驭自己的声音和形象。

因为播音是新闻性工作，所以播音员往往需要争分夺秒，准确及时地去完成任务，而播音时又多是独立性劳动，这就要求播音员具有高度的事业心、责任感和政策水平，以及严肃认真、一丝不苟的工作作风，有处理工作中遇到的困难和矛盾的能力。①

（节选自《播音员职业介绍》）

这些理念正好暗合了学界专家张颂教授的看法：播音主持业务上呢，关键就是深入探讨广播电视语言传播里有声语言的传播特点和规律。这么多年，我们的古籍浩如烟海，但真正谈有声语言的凤毛麟角，这是我们这一代的责任，所以我们一定要有一个标尺。有声语言的大众传播绝不能混同于老百姓的日常谈话，它要有更高的技巧、很高的境界、很强的魅力，否则就是枉在大众传播里干这行。② 张颂教授认为：播音员主持人是新闻工作者，新闻性是我们播音的根本属性，艺术性是它的重要属性。最核心的组织，语言功力，语言功力包

① 陈醇：《播音员职业介绍》，中学阶段职业指导研讨会交流材料（内部资料），1989 年 11 月 3 日。

② 根据笔者 2005 年 9 月 21 日对张颂教授访谈记录整理。

括八种能力，从观察力开始。它不仅仅是语言的功力，光是要嘴皮子不行，要从观察开始，一直到调节。①

播音员和节目主持人的普通话语音对于全社会来讲具有重要的标志作用和示范作用，因此播音员和主持人的普通话是必须标准、规范的。播音员和主持人工作的特殊性体现在要通过现代电子传媒技术和平台的传播才能完成有效传播，现代电子传媒技术和设备对有声语言有着特殊的要求，那就是播音员和主持人的声音应该是清晰的、圆润的，干涩、暗哑的声音既无法满足受众日益提高的审美需求，也不利于现代媒体技术和艺术方面的传播效果。同时，播音员和主持人还是语言艺术工作者，他们的语言和表达必须具有感染力和说服力，因此，除了要有准确清晰、圆润动听的语言面貌，还应该具有很强的文字感悟能力和语言表达能力。播音员和主持人在实际工作中有大量的直播节目或者是有现场观众的节目，很多情况都是不可预知的，作为整个节目的主导者，播音员和主持人应该具有敏锐的思维能力和灵活应变能力。播音员和主持人在某种程度上都是社会公众人物，较好的形象和气质对树立一个良好的公众形象是有积极作用。同时我们还应该意识到，光有较好的外在形象还只是空架子，最终能够胜任媒体工作并获得良好传播效果的，播音员主持人内在的综合素质才是关键，因此，较好的形象、气质还应该和丰富的文化内涵结合起来，真正达到“赏心悦目”“声形俱佳”的要求。

三、继承、借鉴与创新

播音主持艺术的继承、借鉴与创新之间是辩证统一的关系，首先要继承人民广播事业八十年来传承下来的优良传统，在最广阔范围内学习并借鉴播音主持艺术的精华，同时结合形势发展不断创新。

（一）关于坚持播音艺术正确的创作道路

陈醇根据自己几十年播音实践的经验总结出了“情”“意”“味”“畅”“准”的五字播音要诀，生动体现了其正确的创作道路的精髓。在播音理论上，表达体系分为内部技巧和外部技巧两部分，内部技巧主要有：情景再现、内在语、对象感。外部技巧主要有：停连、重音、语气、节奏。这些和陈醇所提炼

① 根据笔者 2005 年 9 月 21 日对张颂教授访谈记录整理。

出来的“五字经”是相辅相成、相映成趣的。

播音是一门语言艺术。播音创作的基本规则和方法，是由播音基本的创作运动规律所决定的，正确的播音创作道路要求我们：“站在无产阶级党性和党的政策的立场上，以新闻工作者特有的敏感，把我国内外形式的发展变化和人民群众的思想实际，准确及时地、高效率高质量地完成‘深入理解—具体感受—形之于声—及于受众’的过程，以积极自如的话筒前状态进行有声语言的再创造，达到恰切的思想感情与尽可能完美的语言技巧的统一，体裁风格与声音形式的统一，准确、鲜明、生动地传达出稿件的精神实质，发挥广播电视教育和鼓舞人民群众的作用。”①

播音员主持人作为创作主体，要树立自觉传达意识，对稿件进行深入理解、具体感受、把稿件文字变为自己要说的话，传达给受众。具体准备稿可分为：划分层次、提炼主题、联系背景、明确目的、分清主次、把握基调等六步。播音创作的主客观方面的普遍性特征构成了思维反应律、词语感受律、对比推进律、情声和谐律、呼吸自如律、自我调检律等播音表达的共同规律。

在实践中，很多播音员主持人不能够按照规范正确的播音创作道路进行播音艺术创作，这种丢弃了播音创作的优良传统、违背语言艺术创作规律的做法，不能不说是一种遗憾。陈醇说：“正确的播音创作道路是一个基础，在这个基础上坚持有声语言传播的创造性和审美性，这样我们就不会放松自己的刻苦学习和训练，广泛地积累，和一丝不苟地做。”②

（二）关于继承、借鉴与创新

陈醇认为：要继承传统，勇于创新。我们正处在中兴的时代，变革的时代，继往开来的时代。就播音工作而言，要前进，要创新，首先要把老一辈播音员的好传统、好作风真正地继承下来。要继承老播音员严肃认真、一丝不苟的创作态度；要继承和发扬爱憎分明、严谨朴实、庄重大方的播音风格；满怀革命激情地宣传党的政策，热情为听众服务；从稿件内容出发，结合本人条件，使播音各具特色。③

---

① 闫玉主：《中国广播电视学》，中国广播电视出版社，1990 年 9 月出版，第 535 页。

② 根据笔者 2005 年 9 月 21 日对张颂教授访谈记录整理。

③ 陈醇：《提高认识　明确方向——参加全国播音会议的体会》，《广播电视业务》（内部资料），1981 年第 12 期。

我国的广播事业的发展是伴随着中华人民共和国解放战争和共和国成长的脚步一起成长起来的，所以人民广播的传统还是以"延安精神"为核心，与中国人民同呼吸、共命运、心连心，也已经成为中国现代文化中不可分割的一部分了。时至今日，在改革开放的时代，在以经济建设为中心的时代，广播事业也在不断地变革中谋求新的进步和发展。中国的广播事业必须面对如何继承和发展这样一个课题。继承，我们应该把过去的优良传统保留下来并且要发扬光大；发展，我们就应该去糟粕、取精华，并且能够结合现实情况、展望未来发展趋势，不断地开拓创新。

我国人民广播的传统可以简单地概括为：在中国共产党的领导下，宣传马克思列宁主义、毛泽东思想，宣传党和政府的政策、法令，站在党性的立场上，积极反映一切为广大人民群众所关心的重大问题，准确、生动、及时、多方面地报道、介绍人民的生产、生活情况、祖国的各项成就以及国际时事、动态，语言通俗、简短，有趣味和具有吸引力，以各类节目、多种形式为全中国人民和全世界人民服务，并采取各种办法收集广大听众和观众的意见，尽力满足他们日益增长的需要。全体从业人员坚持党性原则，严格职业道德规范，发扬"延安精神"，提高新闻工作者的素质，加强思想、文化、业务基本功力，努力提高节目质量和传播质量。①

人民广播的理论传统也可以概括为以下几点：1. 广播电视播音员是党和政府的喉舌、广大人民群众的知心朋友，是以有声语言为主要手段在话筒前（包括摄像机镜头前）工作的新闻工作者；2. 播音是一项创造性劳动，节目（或栏目）是播音创作的"舞台"，需要高度的创作觉悟、正确的创作道路、严肃的创作态度、饱满的创作热情、高超的表达技巧；3. 播音语言不同于日常谈话，它具有规范性、庄重性、鼓动性、时代感、分寸感、亲切感的特点。在播音创作中，通过有稿播音锦上添花，无稿播音出口成章，取得以事醒人、以情感人、以理服人的效果；4. 播音创作中，要遵循播音表达规律，以有声语言的多种样式表现丰富多彩、千变万化的语言内容，尽可能完美地符合稿件和节目（栏目）的体裁风格，满足受众的认知、审美需要；5. 人民广播（包括电视）的播音风格是"爱憎分明、刚柔相济、严谨生动、亲切朴实"，各台、各节目（栏目）、各人都可以也应该有各自的风格特色，二者是相辅相成的；6. 播音创作是一种

---

① 张颂：《播音语言通论——危机与对策》，北京广播学院出版社，2002 年 1 月第 2 版，第 31 页。

个体劳动，但只有在群体中、集中群体智慧，才可能体现个体价值，发挥出个体的聪明才智。这六点，基本上概括了播音理论的主要内容。但是，播音理论的传统比这更丰富、更深刻。①

播音主持，作为广播传播中的重要一环，在整个传播过程中具有非常重要的地位和作用。播音主持的传统可以简单地概括为以下几点：坚定的党性和党的政策的立场，爱憎分明的饱满的感情和特有的新闻敏感；和人民群众息息相通，热爱他们，关注他们，急他们所急，想他们所想，努力融入播音创作中；经常深入生活，学习社会；苦练基本功，努力提高政治思想、科学文化、编播业务的水平；严肃认真、一丝不苟、兢兢业业、精益求精，发挥主动性、创造性，保证播出的高效率和高质量；团结写作，艰苦奋斗。

对于播音传统，陈醇有着自己的理解和认知：播音传统则指的是播音工作中所形成的优良作风和良好道德风尚。夏青同志在长期的播音实践中所表现出的对党的新闻事业的忠诚态度，对业务技能刻苦钻研、勤奋学习的精神面貌，对播音创作一丝不苟、严肃认真的工作作风，对个人名利淡泊处之的道德品格都是中华人民共和国播音传统的具体体现。没有传统就失去发展的基础。只有继承和发扬我们老一代播音员在工作实践中确立的这些光荣传统，才能在跨世纪的广播电视事业中，进一步发挥我们作为党的宣传员的应有作用。②

这些传统的积淀，在播音队伍中成了众所周知的常识。但在某些时期，有的被引向极端，有的被误解、扭曲，特别是“十年浩劫”，从内容到形式，从态度到作风，都成了反传统的牺牲品。③ 然而，在社会主义现代化建设蓬勃发展的今天，这些优良的传统中，有些我们做到了，有些我们还远远不够，甚至有些都已经丢弃了，现在我们要做的应该是让中国播音主持事业的优良传统继续发扬光大。

① 张颂：《播音语言通论——危机与对策》，北京广播学院出版社，2002 年 1 月第 2 版，第 35 – 36 页。

② 陈醇：《辨析传统　冀望未来——在“夏青播音成就研讨会上”的发言》（内部资料），1998 年 11 月 18 日。

③ 张颂：《播音语言通论——危机与对策》，北京广播学院出版社，2002 年 1 月第 2 版，第 32 页。

图8－3　陈醇1991年6月21日陪夏青参观上海人民广播电台

在21世纪之初谈到播音事业的继承与创新问题，陈醇谈了一些自己的感受：

继承与创新的问题。传统如何看？现在有很多青年人都讲：你们是20世纪50年代的老传统，好像这个传统已经作为一个过去时。我曾经有一个发言，我讲，你们去查查《辞海》等工具书，据我的记忆，“传统”好像应该是世代相传的社会文化现象，好的东西传下去，再传下去，这叫传统。它不是说是过去时，过去了的东西，变成了丢弃的东西，这种认识是不对的。那么还有一个怎么样继承，怎么样创新的问题。现在往往有人想出一些点子来就说是创新，比方说，现在24小时直播，这是创新。有人问我，你们那个时候怎么样？我笑了笑说，我参加工作的时候，那个录音机还没有呢，当然是24小时直播了。那个时候包括什么直播呀，那些唱的人，包括教歌儿的都是现场教的。现在你唱的时候可以放唱片，放录音了。那个时候上海的名角唱越剧，就得到电台来唱，不像现在这样子的。所以直播就不是创新，是需要了，不能一刀切，不能一概而论。就是说我们怎么样认识这个问题，继承与创新的问题。纪念“七一”的时候，有部新电影叫《声震长空》。这个电影是写我们1940年在延安创建广播的故事，一直到解放初期。它没有写领导人，就写普通的播音员、技术人员，而且还是故事片。因为我们过去都学习过这段历史，它拍摄的地点是真实的，故事情节总的来说都很熟悉，当然作为艺术片、故事片，它可以虚构一些。在上海还搞了个首发式，我们上台与观众见了面。首发式之后，开了个座谈会，我也发了言，对这个主题、故事情节等发表意见。我最后谈了一个观点：现在随着改革开放的深入，我们都要与国际惯例接轨，但是向国际接轨的时候我们面临着哪些要接哪些不能接，哪些接的时候要辨别一下方向。尤其是我们的文化，我们民族的文化跟国际怎么个接法，对不对？还有就是我们播音就是要强调大陆的播音特色。你大陆的播音跟人家都一样，听不出来区别，这难道就算接轨了？看了这个电影之后，我有个强烈的体验，在跟国际惯例接轨的同时，不能和我们的民族传统、和我们党的广播事业的优良传统脱轨。我说接轨要明辨方向，脱轨则是要翻车的。……但是创新不能离开基础。不说什么都是创新，而且有些国际接轨等于拾人家的牙慧了，把人家的东西搬过来，那就是创新，这不好。所以我觉得播音员、主持人不要以为港台腔就是好的，美国之音就是好的。这是第二个问题，各个方面都有这个问题，如何继承创新，接轨不脱轨。①

（节选自《爱岗敬业　做好播音工作》）

与时俱进、开拓创新，应该贯穿于播音艺术创作的整个实践过程与整个历史进程当中。陈醇说：“随着时代发展，与时俱进，不开拓不创新肯定不行，节目内容都变了。”“不能说国外的东西就都是好东西，要学习，但是要结合中国国情和我们的传统。”②

但是对于播音实践中的借鉴与创新，我们既不能全盘接受，也不能全盘否定，应该用辩证唯物主义的方法去合理地借鉴与创新：

对中国广电事业发展而言，我们需要借鉴外来的东西，学习别人的长处。关于我们广电节目播音的特色，大概是1979年，我们在北广曾这样总结：爱憎分明，刚柔相济，严谨生动，亲切朴实。我觉得这比较能概括我们党的广播电视事业发展中几代播音员创造并确定的新中国播音的共同特色。而且应该继承和发扬自己的优良风格，让别人一听就知道这是社会主义中国的广播。

当然，过去也有自己的不足，严肃有余，活泼不够吧。现在如何，我

---

① 《爱岗敬业　做好播音工作》，《媒体与语言》（内部资料）。

② 根据笔者2005年8月8日对陈醇访谈记录整理。

难以概括，是不是有些活泼温柔过头了？前几年洛阳会议上有人借鉴港台特色，提出“十二字”方针，小音量、近距离、快节奏、一对一。我和几位同志当时就不同意。许多东西都不好定量，更不好统一。小音量，音量小到何种程度？再说音量大小也不纯粹是声音高低的问题；近距离，近到什么程度？再近也无非将嘴贴到话筒上；快节奏，这种提法本身就不准确，节奏不是单独指速度的快、慢，还包括强、弱、轻、重、缓、急等，这就更不好把握了。如果说播音速度要快，怎样算快？快的客观标准是什么？能否一律快？其中要有科学的依据，不能凭空想象。播音学理论中对高、低、快、慢有科学的界定：快而不乱，慢而不断；高而不嘶，低而不暗；一对一，是人际交往中的一种谈话构成。但我们是大众传媒，面对的是广大受众，既不具体，也不确定。从主观上，必须照顾到各个层面受众的需要。不过，从这几年来看，这几条也并没有完全坚持下去。①

（节选自《走出误区　把握未来》）

在播音艺术创作领域的继承和创新上，张颂教授认为：继承，就是继承基本功，从民族来说就是优秀的文化传统，从我们播音业务来说就是继承基本功，思想基本功、业务基本功、文化基本功，三个基本功，就是继承这个。基本功本身就是一种功力，这种功力本身就是一种人生的态度，我怎么对待我的事业和专业，我得提高我的思想水平，加强我的业务训练，增加积淀我的文化基础等等，这是一种人生态度，为了这个事业我去做的，不是简单的一种表层的或者浅显的一种基本功。继承这个基本功之后你才能适应当前不断变化的新形势、新形态、新内容、新受众。没有基本功你什么都谈不到，所以没有继承就没有创新。那么新形式下边呢，就是主体意识，强调主体意识以后，你的基本功有了扎实的根底然后你再根据不同的情况进行调整、适应、提高，就是你自己。出来了你自己才有创新，它不是一种形式的变化或者花样的翻新，创新的目的就是为了实现特色、创出风格。②

每当谈到继承和创新，都会有这样一个现象：当代的学员或者学生总是会对以往的播音行业及状况不了解或是了解甚少。对于今后如何把中国播音学的

---

① 鲁连显、陈少波：《走出误区　把握未来》，《浙江广电高专学报》，1996 年第 2 期、第 3 期合刊。

② 根据笔者 2005 年 9 月 21 日对张颂教授访谈记录整理。

传统教育工作做好，张颂教授说："这里面有两大问题亟待解决。一个是理论建设，一个是保存经典。从理论角度看我们还是一个稚嫩的学科，很多理论上的观点和理论思维没有为更多的人所了解，很多人只看到了实践的环节，就是在话筒前说话，针对这种现象，所以我们要建设，具体来说就是中国播音学的理论建设、中国播音史的理论建设、各类播音学科的理论建设等等，都需要加强。另外，我们的播音艺术创作的经典保存得极其不够，所以如果要让经典来说话，目前就显得很难。但是在保存经典的过程中，我们的播音和语言是一样的，它要发展，要与社会共变。很多人会质疑以前的播音，感觉好像不如现在，怎么就成了经典？所以对于这个问题就需要有多角度的阐释，如果光靠播音理论说话是不行的，还要源源不断地有新的经典问世。……因此，靠理论建设和保存经典这两方面的探索积累，这样我们的播音理论和实践才会普及，并且能够提高。"①

在当前的播音主持艺术高等教育中仍然存在一些盲目性，很多院校急于迅速看到教学成果，或者受到用人单位错误理念的误导，总是希望学生能够快速适应播音主持工作，削弱了语言基本功的训练，而加大了业务实践能力的训练，对此陈醇也谈了自己的看法：将来如何，我们不好预测，但我觉得我们现在确实存在一些理论误导。对学校而言，在教学中如果我们不抓住基本环节，只随"风"转，这就很危险。我给学生讲课时就说，学校就是要"学院派"，就要强调基本功。只要我们基础打好了，将来只要你创作道路正确，创作方法科学，就一定能出高质量的东西。我们不能将艺术语言降低到口语的基准上，不能一肯定主持人，就什么都肯定。有一种理论说"现在主持人时代开始了，播音员时代过去了"，就很不科学。如果我们学校的教学也随"风"转，那么正常的科学的教学便无法进行。② 这种舍本逐末的做法，既不利于播音主持人才的培养，也不利于播音主持艺术高等教育的发展。

陈醇说：我认为，当今应发扬老一辈艺术家认真创作的优良传统，才能多出精品。某些人把传统看作是过去的事情，是一种误解。传统是历代艺术家的优良创作流传下来的精髓，并且要在不断发展中世代相传下去，我们应努力地

① 根据笔者 2005 年 9 月 21 日对张颂教授访谈记录整理。

② 鲁连显、陈少波：《走出误区　把握未来》，《浙江广电高专学报》，1996 年 8 月 15 日，第 2 期、第 3 期合刊。

继承。只有在继承的基础上，才能不断创新，才能被社会认可。①

我们的继承不是目的，而是要在继承的基础之上不断地发展和创新。张颂教授的观点是："继承之外要善于借鉴，勇于创新。中华民族最大的特点就是海纳百川，吸收世界各民族的精华，形成自己的博大心胸支撑下的那种庄重大方含蓄的特点。比如说风趣和幽默、理趣和情趣，这在国外有很多生动的事例，我们也可以借鉴过来用在我们自己的传播过程当中，不要老是过于严肃。创新的过程当中实际就是主体性地实现了，刚才我说过了要研究自己的优势，扬长避短，因为补短有时候来不及了。这样我们就能够做到……是我在播音而不是别人在播音。既然是我在播音就有我的性格、志趣、习惯的表达方式和独特的人生体验，别人就不能代替我。"②

这样的继承、借鉴和创新理念，体现出的是播音主持艺术专业科研教学与一线业务实践十足的文化自信！

图8－4　笔者2006年5月31日硕士毕业论文
《听君细陈　如饮甘醇——陈醇播音艺术研究》公开答辩后与答辩委员会成员合影
（*左三为方明　右二为葛兰　右三为笔者*）

① 陈醇：《瑞草芳泽　温暖人间——在"张瑞芳表演艺术研讨会"上的发言》，1998年6月12日。

② 根据笔者2005年9月21日对张颂教授访谈记录整理。

参考文献

（按出版和完成时间排序）

一、专著、辞书

［1］闫玉主编著《中国广播电视学》，中国广播电视出版社 1990 年 9 月第 1 版。

［2］姚喜双著《播音风格探》，中国文联出版公司 1992 年 6 月第 1 版。

［3］张颂著《播音语言通论》，北京广播学院出版社 1994 年 3 月第 1 版。

［4］姚喜双著《播音学概论》，北京广播学院出版社 1998 年 5 月第 1 版。

［5］赵玉明、王福顺主编《广播电视辞典》，北京广播学院出版社，1999 年 10 月第 1 版。

［6］姚喜双、朗小平编著《方明谈播音》，中国广播电视出版社 2000 年 1 月第 1 版。

［7］张颂著《播音语言通论——危机与对策》，北京广播学院出版社 2002 年 1 月第 2 版。

［8］中国广播电视协会播音主持委员会编《陈醇播音文集》，中国广播电视出版社，2007 年 12 月第 1 版。

二、期刊、杂志

［1］陈醇：《播讲长篇小说的一些体会》，《北京广播学院学报》，1980 年第 2 期。

［2］陈醇：《散文朗读浅谈》，《北京广播学院学报》，1981 年 5 月，第 2 期。

[3] 陈醇：《情真意深读诗篇——读〈梅岭三章〉有感》，《汉语拼音小报》，1984年7月20日。

[4] 陈醇：《深情　活泼　亲切》，上海《广播电视业务》，1985年第11期。

[5] 陈醇：《而立之年的上海电视》，《文汇报》，1988年10月1日。

[6] 陈醇：《陈醇谈感受——电视连续剧《家·春·秋》解说词情真意深》，《汉语拼音小报》1989年8月20日。

[7] 陈醇：《在广播话筒前讲故事》，“故事大王培训学校”讲座第7讲，《少先队活动》，1990年第1期。

[8] 陈醇：《开拓　创新　进取——在东北三省播音工作会上的讲话》，《黑龙江广播》，1991年第2期。

[9] 路欣：《根植在大众艺术中》，《为了孩子》1993年第12期，总第144期。

[10] 梁苏国：《崇尚严谨——访播音艺术家陈醇》，《江苏广播电视报》第773期，1994年4月14日。

[11] 鲁连显、陈少波：《走出误区　把握未来》，《浙江广电高专学报》，1996年第2期、第3期合刊。

[12] 陈醇：《广播，我终生的事业——为纪念上海人民广播电台50周年台庆而作》，《中国广播》1999年第4期。

[13] 陈醇：《见证上海广播五十年》，《上海滩》1999年第6期，总第150期。

[14] 陈醇：《播音与读书》，《新民晚报》1999年8月4日。

[15] 陈醇：《能吃能睡，“没心没肺”》，《康复杂志》，1999年第9期。

[16] 陈醇：《第十一届全国优秀播音与主持作品（广播部分）讲评》，《播音主持艺术》(2)，北京广播学院出版社，2000年6月第1版。

[17] 陈醇：《〈故事大王〉顾问陈醇爷爷讲的故事》，《故事大王》，2000年第8期。

[18] 方明：《发扬优良传统　永葆艺术青春》，《播音主持艺术》(4)，北京广播学院出版社，2002年1月第1版。

[19] 赵兵：《富有魅力的朗读》，《播音主持艺术》(4)，北京广播学院出版社，2002年1月第1版。

[20] 范惠凤:《播音——陈醇的第二生命》,《播音主持艺术》(4)，北京广播学院出版社，2002 年 1 月第 1 版。

[21] 张书玷:《声情之树长绿》,《播音主持艺术》(4)，北京广播学院出版社，2002 年 1 月第 1 版。

[22] 高宇:《可佩的创业精神》,《播音主持艺术》(4)，北京广播学院出版社，2002 年 1 月第 1 版。

三、论文、发言、讲座、内部资料等

[1] 陈醇:《正确认识播音工作在勤学苦练的基础上提高播音业务》，上海人民广播电台《收音和通讯》(内部资料)，1955 年 8 月 6 日。

[2] 陈醇:《几点建议》，上海人民广播电台《边做边学》(内部资料) 第 5 号，1957 年 6 月 12 日。

[3] 陈醇:《提高认识　明确方向——参加全国播音会议的体会》,《广播电视业务》(内部资料)，1981 年第 12 期。

[4] 陈醇:《探求规律　自己走路——对播音工作的一些认识》(内部资料)，1981 年全国各省市自治区广播电台普通话播音经验交流会议上的发言。

[5] 陈醇:《播音——光荣的工作岗位》,《播音知识讲座》(内部资料) 第 1 讲，1984 年。

[6] 陈醇:《情真意深诵华篇——浅谈诗歌散文小说的朗读》,《播音知识讲座》(内部资料) 第 10 讲，1984 年。

[7] 陈醇:《我从那儿起步》,《徐州人民广播电台成立 40 周年纪念专辑》(内部资料)，徐州人民广播电台，1989 年 7 月 30 日。

[8] 陈醇:《播音员职业介绍》，中学阶段职业指导研讨会交流材料 (内部资料)，1989 年 11 月 3 日。

[9] 陈醇:《在华东台播音的时候》,《华东人民之声》(内部资料)。

[10] 陈醇:《在鲁迅墓前——记迁葬仪式实况转播》,《我们的脚印——上海老新闻工作者的回忆》(内部资料) 第 1 辑。

[11] 陈醇:《“把心交给读者”——巴老的教诲》,《我们的脚印——上海老新闻工作者的回忆》(内部资料) 第 2 辑。

[12] 陈醇:《中国广播电视学会播音学研究委员会第七届优秀播音员主持人优秀论文讲评》(内部资料)，1996 年 9 月 2 日。

[13] 陈醇:《瑞草芳泽 温暖人间——在“张瑞芳表演艺术研讨会”上的发言》(内部资料),1998 年 6 月 12 日。

[14] 陈醇:《第十届全国优秀播音与主持作品(广播部分)讲评》(内部资料),1998 年 10 月 7 日。

[15] 陈醇:《辨析传统 冀望未来——在“夏青播音成就研讨会上”的发言》(内部资料),1998 年 11 月 18 日。

[16] 陈醇:《队伍建设和人才培养之我见——2000 年播音学术年会讨论时的发言》,2000 年 11 月 6 日。

[17] 陈醇:《〈感悟与升华〉序》,2000 年。

[18] 秦义民:《“上海第一声”:陈醇》,《海上名人》,2001 年 4 月。

[19] 峻青:《德艺并重——贺陈醇同志播音生涯五十周年》,《陈醇播音生涯五十周年研讨会征文集》(内部资料),上海人民广播电台 2001 年 10 月。

[20] 尹明华:《醇的声音,醇的人品——记上海人民广播电台高级播音员陈醇》,《陈醇播音生涯五十周年研讨会征文集》(内部资料),上海人民广播电台 2001 年 10 月。

[21] 李尚智:《陈醇播音生涯 50 周年研讨会征文选 · 前言》,《陈醇播音生涯五十周年研讨会征文集》(内部资料),上海人民广播电台 2001 年 10 月。

[22] 李济生:《我看陈醇》,《陈醇播音生涯五十周年研讨会征文集》(内部资料),上海人民广播电台 2001 年 10 月。

[23] 范惠凤:《播音——陈醇的第二生命》,《陈醇播音生涯五十周年研讨会征文集》(内部资料),上海人民广播电台 2001 年 10 月。

[24] 朱滨:《初识陈醇——记八十年代初与陈醇老师交往二三事》,《陈醇播音生涯五十周年研讨会征文集》(内部资料),上海人民广播电台 2001 年 10 月。

[25] 刘静:《率直热情,含蓄精美——陈醇老师印象》,《陈醇播音生涯五十周年研讨会征文集》(内部资料),上海人民广播电台 2001 年 10 月。

[26] 金重建:《他的语言充盈着精神力量》,《陈醇播音生涯五十周年研讨会征文集》(内部资料),上海人民广播电台 2001 年 10 月。

[27] 张玉良:《拓荒 · 耕耘 · 收获》,《陈醇播音生涯五十周年研讨会征文集》(内部资料),上海人民广播电台 2001 年 10 月。

[28] 张书玷:《声情之树长绿——陈醇先生从播五十周年研讨会感言》,

《陈醇播音生涯五十周年研讨会征文集》（内部资料），上海人民广播电台 2001 年 10 月。

[29] 毕志光：《抑扬顿挫　韵浓味醇——陈醇先生播音风格试析》，《陈醇播音生涯五十周年研讨会征文集》（内部资料），上海人民广播电台 2001 年 10 月。

[30] 高文兰：《陈醇老师的徐州情结》，《陈醇播音生涯五十周年研讨会征文集》（内部资料），上海人民广播电台 2001 年 10 月。

[31] 高宇：《可佩的敬业精神》，《陈醇播音生涯五十周年研讨会征文集》（内部资料），上海人民广播电台 2001 年 10 月。

[32] 采访实录《爱岗敬业　做好播音工作》，《媒体与语言》（内部资料）。

[33] 仲梓源：《听君细陈　如饮甘醇——陈醇播音艺术研究》（硕士论文），2006 年 5 月。

[34] 陈醇：《忆播〈对台湾广播〉》，2006 年 7 月 18 日。

四、网络文献

[1] 赵玉明：《纪念中国人民广播事业创建六十周年》，2001 年 1 月，人民网：http：//www. peopledaily. co. jp/GB/14677。

[2]《第三节公共交通》，“第六篇城市道路交通规划　第二章交通规划”，2003 年 9 月 5 日，上海地方志办公室网站专业志 - 上海城市规划志：http：//www. shtong. gov. cn/newsite/node2/node2245/node64620/node64630/node64705/node64711/userobject1ai58515. html。

[3] 罗国杰：《建设先进文化　弘扬民族精神》，转自中国教育报，2009 年 10 月 19 日 http：//www. zhmz. net/Article_ Show. asp？ArticleID =4235。

[4] 黄静：《资本家怎样剥削和压迫工人》，工人诗歌联盟，2007 年 8 月 22 日，http：//m. wyzxwk. com/content. php？ bclassid = 4&classid = 31&id = 19739&style =0。

[5] 陈醇：《情真意切读诗篇——“中国梦之歌校园朗诵诗”诵读指导》，2014 年 7 月 3 日，https：//www. bookdao. com/article/82050/。

[6] 沈壮海、史君：《在弘扬伟大民族精神中砥砺前行》，原载于《光明日报》，2018 年 5 月 25 日，中国共产新闻网，http：//theory. people. com. cn/n1/2018/0525/c40531 - 30013006. html。

[7]《有着91年历史的20路电车虽不是最老的，但无疑是上海最经典的线路》，悦读城市，2019年7月29日，https：//www. sohu. com/a/329957083_120043355。

[8]《图说百年来上海公交之傲人成绩》，zzm1008图书馆转载，2020年7月12日，http：//www. 360doc. cn/mip/923771407. html? ivk_ sa = 1024320u。

五、影音资料

[1] 上海人民广播电台陈醇播音生涯五十周年珍藏版：《艺坛先声——著名播音艺术家陈醇广播作品选》，上海声像出版社。

[2] 中国现代诗歌散文经典作品配乐朗诵系列第二辑：著名朗诵艺术家陈醇《巴金——海上的日出》，河北教育音像出版社。

[3] 中国广播电视协会播音主持委员会、上海文广新闻传媒集团编：《陈醇播音作品选辑》，中国广播影视音像出版中心。

后 记

回想从自己当年在学校求学期间与陈醇先生相识开始，时至今日已近三十年了，这么多年陈醇先生曾经在业务方面给了我很多的指点与帮助，陈醇先生的为人处世和人生态度也曾给我颇多感悟和启示。随着后来更多更深入地接触和交流，我越发觉得陈醇先生不但是一位可亲可敬的前辈、德高望重的大师，他在我的心目中更是一位“宝藏先生”。

陈醇先生在语言艺术创作方面潜心钻研，不但技艺精湛、功力深厚，他还在语言表达艺术的实践拓展和理论研究方面颇有建树；陈醇先生不但因为小说演播而闻名遐迩，他其实在新闻播音方面功力深厚，更在散文、诗歌朗诵、影视配音等方面留下无数经典；陈醇先生不但在语言表达艺术方面有着深厚的造诣，他还在传统戏曲、器乐演奏、音乐鉴赏等方面有着浓厚的兴趣；陈醇先生不但是人民广播界的一座丰碑，他还在电视领域开拓出一片天地；陈醇先生不但以语言艺术为终身事业，他还常常涉猎舞台表演并尝试影视表演；陈醇先生不但是中国的播音艺术大家，他同时还辛勤耕耘播音艺术的教育事业；陈醇先生不但是媒体资深的新闻工作者，他还积极参与各种社会公益事业……对陈醇先生的了解越深入，就越会觉得他就是一位名副其实的“宝藏先生”。

记忆闪回到十八年前，从2003年确定了攻读硕士学位论文的选题开始深入研究陈醇老师并有机会再次向陈先生学习讨教，到2006年完成了硕士论文，再到今年陈醇先生与话筒结缘70周年纪念的这许多年，藏于我内心一个最大心愿就是希望有朝一日能够将当年学习和研究的成果集结成出版物，让更多在有声语言表达领域的读者能从中获取营养与力量，在追寻并实现梦想的同时，从有声语言创作角度来推动民族语言艺术和优秀文化传统的繁荣和发展，进而以大众传播领域语言艺术创作作为一种文化“软实力”，为最终实现中华民族伟大复兴而在语言艺术创作领域做出应有的贡献。

但是那么多年我一直缺乏信心，总觉得一己之力暂时难以实现这一夙愿，现在也并非觉得自己已有十足的功力和勇气来完成这一宏大而重要的工作，但却从心底涌动着一股强烈的力量又促使我下定决心，应该在陈醇先生从事播音工作七十周年这一意义重大的时刻，将这一愿望实现。

当我把想法与陈醇先生沟通之后，得到了先生的鼓励和支持，并在师母张广霞老师和陈老爱女陈青女士的倾力帮助下，为我提供了大量翔实而珍贵的文献资料和历史照片，陈老也在休养闲暇之余欣然地接受我的采访，并就文中涉及的很多细节再次与我确认或阐释。疫情期间，登门拜访当面求教已无可能，这次写作期间主要通过网络和电话方式沟通交流，考虑到陈老需要休养，每次沟通交流时间不能太长，但是陈老耳力相当好，而且思路非常清晰，每次简短的沟通都能一如曾经面对面交流一样，每每令我醍醐灌顶、收获颇丰。

陈醇先生年近九旬，却始终保持着一颗“童心”。所谓“童心”亦即“赤子之心”，尤其在钻研业务和潜心创作方面更是如此，陈醇先生对待创作内容和对待听众总是希望通过对原作深入细致地研读和感受，力求在语言艺术的表达中传递出最为真挚的情感，确保每次情感的调动和声音的运用都是有充分的依据，所以陈醇先生爱用巴老所言的“将心交给读者”来类比自己创作的由衷体会，就是要“将心交给听众”。

近来因为写作，与陈醇先生联系较为频繁，在今年“十一”期间，陈先生还发来一张手写的稿纸，上面清清楚楚地罗列着自己对于语言应用的一些所思所想，这其中既有对有声语言的理解，还有对体态、动作、表情等“副语言”的个人阐释，不得不让我这个晚辈敬佩。这么多年来，或许是因为我曾经给陈醇先生留下过那么一点点爱学习的印象，他也时常会发来自己的文字与我分享，让我能够感受到陈醇先生愿意广交益友、与人交流，愿意与人沟通、与人分享的好性情，还有那颗亲切敦厚、豁达耿直、与人为善的心。

也许很多业内人士或者播音主持艺术专业的学生并不了解，我们在专业学习中的很多创作技巧和理念，尤其是艺术作品演播方面的一些方法和理论，都是由陈醇先生从几十年的播音创作实践经验中概括提炼而来。早在上世纪五六十年代大量的文学作品演播实践中，陈醇先生就概括总结出了很多的创作经验和创作方法，到了上世纪七十年代末借调到当时的北京广播学院播音专业任教前，还提前做了很多案头工作和教学准备，包括当时到上海师范大学和上海戏剧学院就语言学、语音学、文学，以及用气发声、戏剧台词、舞台表现等方面的理论与教学向专家学者以及教育一线的资深教师学习和讨教，并应用到尚处于草创和发展阶段的播音主持艺术专业的教学和实践当中，同时在高校专业教学中首开了“文艺作品演播”课程，一些教学理念和方法一直沿用至今，在中国播音学的理论和实践方面有着深远的影响。

陈醇先生待人接物常常替人着想、无微不至。以前总听人说陈老待人不卑不亢、谦恭和善，尤其是对待自己的同事和学生，甚至是素未谋面的听众和同行，或者是在业务上积极进取的年轻人，总是会让人感受到陈老既像体贴入微的亲人，又像能够促膝交心的朋友。上世纪九十年代，陈老常被邀请来江苏台担任高评委，工作之余一定会关心我们这些已经走上工作岗位的学生。有一次陈老忙完工作，我邀请陈老和师母一起游览南京夫子庙，然后再去品尝南京小吃，当我去结账的时候发现陈老师早就买过单了，理由是刚参加工作的年轻人需要攒钱。还有一次我出差上海，空闲时要去拜访陈老，当我快到的时候，远远地看到高大挺拔的陈老在楼下往我这边张望，门卫说，看到陈老亲自下楼，就知道又有客人来了。

陈醇先生鲜少谈及自己的身世，其实成长于京城富足家庭，从小爱好广泛，尤其是文艺，在中学时代接触了进步思想，这让陈醇先生后来与文学泰斗巴金先生交往当中能够有更多的共鸣，使得这份情谊更为珍贵和笃厚，甚至巴老的胞弟也成为陈醇先生的好友。陈醇先生曾经播读过巴金先生很多的作品，因为多年的深交让陈醇先生对巴老作品的理解，以及语言的表达都更为精准，深得巴老的肯定和喜爱，陈醇先生还被称为“为巴老录制随身听的人”。巴老《愿化泥土》中的那句“人要忠心，火要空心”，这让我们在陈醇先生的播读中既能听出这句话所承载的深意，又能听出陈醇先生本人的感悟与赞同。

时光荏苒，70 载光阴转瞬即过，陈醇先生在话筒前毕其一生的执着和真诚铸就了中国播音史上的一座丰碑。从华北人民革命大学到中央广播事业管理处，从徐州到南京再到上海，陈醇从血气方刚的十八岁小伙儿一直到年近九旬的播音艺术大家，这充满传奇的播音艺术人生有太多东西值得人们去咀嚼和回味，尤其对于年青一代语言艺术从业者来说，更应该从陈醇先生 70 载播音艺术生涯中去探寻和继承他所积淀的那些闪光和宝贵的财富。

最后，感谢浙江传媒学院播音主持艺术学院陈醇语言艺术研究中心主任杜晓红教授、中心学术部主任张玉良教授和活动推广部主任张晓燕教授、中心其他专家学者，以及编辑出版发行等工作人员为本书给予的支持和帮助！

仲梓源

2021 年 11 月